Soziale Grundrechte in den Landesverfassungen

Verfassungs- und Verwaltungsrecht unter dem Grundgesetz

Herausgegeben von
Paul Kirchhof, Edzard Schmidt-Jortzig, Rainer Wahl

Band 30

PETER LANG
Frankfurt am Main · Berlin · Bern · Bruxelles · New York · Oxford · Wien

Anke Brenne

Soziale Grundrechte in den Landesverfassungen

PETER LANG
Europäischer Verlag der Wissenschaften

Bibliografische Information Der Deutschen Bibliothek
Die Deutsche Bibliothek verzeichnet diese Publikation in der Deutschen Nationalbibliografie; detaillierte bibliografische Daten sind im Internet über <http://dnb.ddb.de> abrufbar.

Zugl.: Göttingen, Univ., Diss., 2002

D 7
ISSN 0175-1425
ISBN 3-631-50572-8

www.peterlang.de

Meinen Eltern

Vorwort

Diese Arbeit wurde im Sommersemester 2002 von der juristischen Fakultät der Georg-August-Universität Göttingen als Dissertation angenommen.

Mein besonderer Dank gilt meinem Doktorvater, Herrn Prof. Dr. Hans H. Klein für die Betreuung und Förderung der Arbeit. Herrn Privatdozenten Dr. Peter Unruh danke ich für die Übernahme des Zweitgutachtens.

Daneben danke ich der Friedrich-Ebert-Stiftung für die Gewährung eines Promotionsstipendiums.

Ich bedanke mich ganz herzlich bei meiner Familie und meinen Freunden, die zum Gelingen dieser Arbeit beigetragen haben, insbesondere bei Renate und Bernd Meyfahrt.

Marcus Klose möchte ich besonders für seine liebevolle Unterstützung und Geduld während der Höhen und Tiefen zu dieser Zeit danken.

Mein größter Dank gilt meinen Eltern Barbara und Erich Brenne, die wie immer hinter mir standen. Ohne sie wäre diese Arbeit nicht entstanden.

Kassel im Oktober 2002 Anke Brenne

Inhaltsverzeichnis

Abkürzungsverzeichnis

BaWüVerf	Verfassung des Landes Baden-Württemberg
BayVerf	Verfassung des Freistaates Bayern
BerlVerf	Verfassung von Berlin
BrdbgVerf	Verfassung des Landes Brandenburg
BremVerf	Verfassung der Freien Hansestadt Bremen
DDR-Verf	Verfassung der Deutschen Demokratischen Republik
HessVerf	Verfassung des Landes Hessen
HmbgVerf	Verfassung der Freien und Hansestadt Hamburg
MeckPomVerf	Verfassung des Landes Mecklenburg-Vorpommern
NdsVBl.	Niedersächsische Verwaltungsblätter (Zeitschrift)
NdsVerf	Niedersächsische Verfassung
NRWVerf	Verfassung für das Land Nordrhein-Westfalen
RhPfVerf	Verfassung für Rheinland-Pfalz
RV	Reichsverfassung
SaAnhVerf	Verfassung des Landes Sachsen-Anhalt
SaarlVerf	Verfassung des Saarlandes
SächsVBl.	Sächsische Verwaltungsblätter (Zeitschrift)
SächsVerf	Verfassung des Freistaates Sachsen
SchlHlstVerf	Verfassung des Landes Schleswig-Holstein
StabG	Gesetz zur Förderung der Stabilität und des Wachstums der Wirtschaft
StuR	Staat und Recht (Zeitschrift)
ThürVerf	Verfassung des Freistaats Thüringen
ThürVBl.	Thüringische Verwaltungsblätter
VerfGH	Verfassungsgerichtshof

Bezüglich der übrigen verwandten Abkürzungen siehe: **Kirchner**, Hildebert, Abkürzungsverzeichnis der Rechtssprache, 4. Auflage, Berlin/New York 1993

Einleitung

I. Einführung in das Thema

Das Ideal vom freien Menschen, der frei von Furcht und Not lebt, kann nur verwirklicht werden, wenn Verhältnisse geschaffen werden, in denen jeder seine wirtschaftlichen, sozialen und kulturellen Rechte ebenso wie seine bürgerlichen und politischen Rechte genießen kann.
(Internationaler Pakt über wirtschaftliche, soziale und kulturelle Rechte vom 19. Dezember 1966)

Soziale Grundrechte sind immer wieder in der verfassungspolitischen Diskussion zu finden, so in der Debatte um Änderungen des Grundgesetzes oder gar einer neuen gesamtdeutschen Verfassung im Zuge der Wiedervereinigung. Als in den neuen Bundesländern Anfang der neunziger Jahre die Landesverfassungen erarbeitet wurden, spielten die sozialen Grundrechte eine zentrale Rolle. Auch in anderen europäischen Ländern sind soziale Grundrechte ein Thema und auf internationaler Ebene finden sie ebenfalls Beachtung (siehe die Ratifikation des Internationalen Pakts über wirtschaftliche, soziale und kulturelle Rechte -IPWSKR- oder die Europäische Sozialcharta).[1] Besondere Aktualität erfahren die sozialen Grundrechte aufgrund der Diskussion um die Europäische Grundrechtscharta, welche auf der Sitzung der Staats- und Regierungschefs am 07. Dezember 2000 in Nizza verabschiedet wurde und zahlreiche soziale Rechte enthält.[2]

In den deutschen Landesverfassungen sind soziale Grundrechte in unterschiedlichem Ausmaß verankert. Während z. B. die Anfang der neunziger Jahre geschaffenen ostdeutschen Landesverfassungen einen umfangreichen Katalog sozialer Grundrechte aufweisen, gibt es andere Bundesländer, z. B. Hamburg, die sich zu dieser Thematik völlig ausschweigen.

Die Präferenz für soziale Grundrechte in den ostdeutschen Bundesländern wird Umfragen zufolge von der Bevölkerung geteilt.[3] So wurde bei einer Umfrage, die 1995 vom Institut für Demoskopie in Allensbach durchgeführt wurde, den Interviewten ohne Antwortvorgabe folgende Frage gestellt: „Man hört ja so viel über Menschenrechte. An welche Menschenrechte denken sie?“ Während jeder dritte Westdeutsche „Meinungs- und Redefreiheit“

---

1 Vgl. Murswiek, in: HbdStR, Bd. V, § 112, Rn. 41; Badura, Der Staat, 1975, S. 17 (22).

2 Die Charta entfaltet allerdings keine direkte Rechtswirksamkeit, siehe dazu unten Viertes Kapitel, III. 3.

3 Wassermann, NJW 1998, S. 3025 (3026).

nannte, stand bei den Ostdeutschen das „Recht auf Arbeit“ mit 35 Prozent weit an der Spitze der Antworten. Erst an zweiter Stelle wurde von den Ostdeutschen mit 19 Prozent die Meinungs- und Redefreiheit genannt, dicht gefolgt von dem „Recht auf Wohnung“, das von 17 Prozent der Ostdeutschen als wichtigstes Grundrecht angeführt wurde (nur von 2 Prozent der Westdeutschen).[4] Nach einer 1998 veröffentlichten Umfrage (wiederum durchgeführt vom Institut für Demoskopie in Allensbach) zum Vorrang von Gleichheit oder Freiheit entschieden sich 60 Prozent der Ostdeutschen für den Vorrang der Gleichheit und nur 25 Prozent für den der Freiheit. Bei den Westdeutschen stimmten weiterhin mehr Menschen für die Freiheit (47 Prozent), allerdings auch 42 Prozent für die Gleichheit.[5] Diese Umfrageergebnisse zeigen, wie bedeutsam Bürgerinnen und Bürger soziale Sicherheit einschätzen. Diese Hochschätzung des Staates als Garanten für soziale Sicherheit ist vor allem in Ostdeutschland gegeben, nimmt aber auch in Westdeutschland zu.[6] Da entsprechende soziale Grundrechte auch in den Landesverfassungen verankert sind, mag die Frage aufkommen, welche Rolle die Landesverfassungen überhaupt innerhalb des föderativen Staatsaufbaus der Bundesrepublik Deutschland einnehmen. Hierbei ist zu berücksichtigen, dass die Landesverfassungen zusammen mit dem Grundgesetz einen Abschnitt staatlichen Denkens in der Bundesrepublik dokumentieren.[7]

II. Gang der Untersuchung

Am Anfang der Untersuchung steht die Klärung und Einordnung des Begriffs der sozialen Grundrechte sowie die Betrachtung ihrer historischen Herkunft. Anschließend werden die bestehenden 16 Landesverfassungen vorgestellt. Auf die Entstehung der unterschiedlichen Verfassungen wird dabei nur kurz eingegangen.[8] Im dritten Kapitel werden die sozialen Grundrechte der jeweiligen Verfassungen im Einzelnen betrachtet. Dafür werden sie in Gruppen zusammengefasst und hinsichtlich ihres Inhalts und Umfangs der Regelung, ihrer sprachlichen Ausgestaltung, systematischen Stellung im Verfassungstext und ihrer normativen Wirkkraft betrachtet. Dabei ist zu beachten, dass sich die Untersuchung auf die „klassischen“ sozialen Grundrechte (Recht auf

---

4 Wassermann, NJW 1998, S. 3025 (3026).
5 Wassermann, NJW 1998, S. 3025 (3026).
6 Wassermann, NJW 1998, S. 3025 (3026).
7 Beutler, S. 13.
8 Bezüglich des Prozesses der Verfassungsentstehungen wird an dieser Stelle auf die umfangreiche Literatur verwiesen, die gerade für die Verfassungsgebung in den neuen Bundesländern vorliegt; siehe z.B. Feddersen, DÖV 1992, S. 989 ff.; Vogelgesang, DÖV 1991, S. 1045 ff.; Riepe, S. 5-119; von Mangoldt, Die Verfassungen der neuen deutschen Bundesländer.

Arbeit, Recht auf soziale Sicherung, Recht auf Bildung und Recht auf angemessenen Wohnraum) beschränkt. Eine Einbeziehung auch der Umweltschutzrechte oder besonderer Gleichstellungsrechte würde in diesem Rahmen zu weit führen. In einem abschließenden Kapitel wird der Stand der verfassungspolitischen Diskussion um soziale Grundrechte dargestellt sowie ein Blick auf mögliche Parallelen zwischen sozialen Grundrechten und anderen Rechtsinstituten geworfen. Des Weiteren wird angesichts ihrer besonderen Aktualität die Europäische Grundrechtscharta in die Überlegungen zu sozialen Grundrechten einbezogen.

Erstes Kapitel: Begriffsbestimmung und Charakterisierung sozialer Grundrechte

I. Soziale Grundrechte – Begriffsbestimmung

1. Definition und Beispiele

Zunächst stellt sich die Frage, was unter sozialen Grundrechten zu verstehen ist. Die Antwort auf diese Frage ist unklar und umstritten.[9] Der Begriff „soziale Grundrechte“ kann nicht deutlich in einem Satz definiert werden.[10] Trotzdem soll im Folgenden eine Definition gefunden werden, die zur Grundlage dieser Arbeit gemacht wird.

Von *Schmitt* wurden soziale Grundrechte auch als sozialistische Grundrechte bezeichnet[11], im Ergebnis handelt es sich hierbei jedoch ebenfalls um soziale Grundrechte. Eine früher verbreitete Auffassung definierte sie als Rechte des einzelnen auf Leistungen des Staates.[12] Von *Menger* werden soziale Grundrechte als Regelungen angesehen, die im Gegensatz zu den Freiheitsrechten „den Menschen in seinen gesellschaftlichen Zusammenhängen begreifen“; dadurch versprächen sie Schutz vor das Einzelleben bedrohenden sozialen Zuständen und enthielten positive Forderungen an den Staat.[13] *Dörfler* sieht in sozialen Grundrechten solche Rechtssätze, die typischerweise aus der sozialen Frage einschließlich ihrer weiteren Entwicklung heraus geformt worden sind und das Ziel haben, die freie Persönlichkeitsentfaltung zu ermöglichen.[14]

Unter sozialen Grundrechten können nach einer anderen Ansicht in Grundrechtsformen gegossene, also subjektiv-rechtlich formulierte soziale Staatsaufgaben, wie die Rechte auf Arbeit, auf Wohnung, Bildung und gesunde Lebensbedingungen verstanden werden.[15] Wie noch zu zeigen sein wird, müssen soziale Grundrechte aber nicht notwendig in der Form von Grundrechten, also subjektiv-rechtlich formuliert, im Verfassungstext vorkommen. *Lange* schreibt daher zutreffend, dass soziale Grundrechte weder auf subjektive Rechte verengt, noch konturenlos erweitert verstanden werden

---

9 So auch Wipfelder, VBlBW 1986, S. 241 (242).
10 So auch Wu, S. 10; Lange, in: Böckenförde, S. 49 (49).
11 C. Schmitt, S. 169.
12 C. Schmitt, S. 169; von Mangoldt/Klein, GG, Bd. 1, 2. Aufl., 1957, Vorbem. zu „Die Grundrechte“, S. 59, 74.
13 Menger, S. 20, 21.
14 Dörfler, S. 76.
15 Rommelfanger, ThürVBl. 1993, S. 173 (179); Graf Vitzthum, VBlBW 1991, S. 404 (405).

sollten.[16] Es handelt sich bei sozialen Grundrechten letztlich also um die aus den sozialen Staatsaufgaben ableitbaren Forderungen und Programme zugunsten derjenigen, die sozial schutzbedürftig sind.[17] Mit den sozialen Grundrechten soll die Verfassung dem Staat Verantwortung für soziale Gerechtigkeit in bestimmten Lebensbereichen abverlangen und damit eine Verpflichtung zu staatlicher Tätigkeit begründen, welche die angestrebte „Teilhabe" der sozial Schutzwürdigen sichert.[18]

Unabhängig von der genauen Definition tauchen im Kontext sozialer Grundrechte folgende Regelungsgebiete auf:

- Arbeit und Arbeitsförderung
- Soziale Sicherung
- Bildung, Erziehung, Ausbildung und Weiterbildung
- Angemessener Wohnraum und Wohnungsbauförderung
- Behindertenförderung
- Denkmalschutz
- Recht auf Heimat
- Genuss der Naturschönheiten
- Gleichstellung
- Schutz der Umwelt und der natürlichen Lebensgrundlagen

Diercks weist darauf hin, dass mit den bisher vorgenommenen Definitionen noch keine Abgrenzung zu den übrigen verfassungsrechtlichen Leistungsrechten, wie z. B. den Ansprüchen auf die Gestaltung von Organisation und Verfahren sowie den Schutzansprüchen gefunden seien. Ihrer Ansicht nach unterscheiden sich soziale Grundrechte von den übrigen Leistungsrechten dadurch, dass letztere nicht die wirtschaftliche Existenzsicherung bezwecken.[19] Geht man davon aus, dass soziale Grundrechte der wirtschaftlichen Existenzsicherung dienen, so fallen Unweltschutzrechte nicht darunter. Zum Teil werden auch Rechte wie die Koalitionsfreiheit, die Berufsfreiheit und das Recht auf gleichen Zugang zu bestehenden Leistungssystemen und Einrichtungen als soziale Grundrechte klassifiziert, so von *Badura*, nach dessen Meinung soziale Grundrechte auch als Grundrechte im eigentlichen Sinne gefasst werden können.[20] Diese Rechte betreffen zwar die wirtschaftliche Existenzsicherung, trotzdem führt diese Ansicht aber zu weit, da der Unter-

---

16 Lange, in: Böckenförde, S. 49 (49).
17 Badura, Staatsrecht, C, Rn. 9, S. 82.
18 Badura, Staatsrecht, C, Rn. 9, S. 82.
19 Diercks, S. 6.
20 Badura, Der Staat 1975, S. 17 (27).

schied zwischen Freiheitsrechten und sozialen Grundrechten verschwimmen würde. Der Definition von *Diercks* folgend sind soziale Grundrechte also Verfassungsrechte, die ohne Bezugnahme auf Abwehrrechte den Staat zur aktiven Förderung von Menschen im Rahmen der wirtschaftlichen Existenzsicherung verpflichten.[21] Diese Rolle kommt vor allem dem Recht auf Arbeit, dem Recht auf soziale Sicherung, dem Recht auf Bildung sowie dem Recht auf angemessenen Wohnraum zu.

2. Erscheinungsformen sozialer Grundrechte

Der Begriff „soziale Grundrechte" lässt auf den ersten Blick vermuten, dass sie als Grundrechte ausgestaltet sind. Im Verfassungstext werden allerdings soziale Grundrechte und Staatszielbestimmungen oftmals nicht genau unterschieden. Ein Beispiel dafür bildet Art. 47 Abs.1 der Brandenburgischen Verfassung: *„Das Land ist verpflichtet* (nach dem Wortlaut: Staatszielbestimmung, Anm. d. Verf.), *im Rahmen seiner Kräfte für die Verwirklichung des Rechts auf* (nach dem Wortlaut: Grundrecht, Anm. d. Verf.) *angemessene Wohnung zu sorgen, insbesondere durch Förderung von Wohneigentum, durch Maßnahmen des sozialen Wohnungsbaus, durch Mieterschutz und Mietzuschüsse".* Es stellt sich also die Frage, in welcher Form soziale Grundrechte im Verfassungstext ausgestaltet sein können.

a) Ausgestaltung als Grundrechte

Nach *Neumann* können soziale Grundrechte sowohl in Form eines Staatsziels als auch eines subjektiv-öffentlichen Rechts kodifiziert sein.[22] Echte soziale Grundrechte im Rechtssinn sind nach *Brunner* gegeben, wenn sie ein subjektiv-öffentliches Recht des Einzelnen vermitteln, d.h. einen Rechtsanspruch auf die grundrechtliche Gewährleistung. Sie enthalten daher nicht lediglich eine objektive Wertordnung, sondern müssen zudem durch staatliche Tätigkeit erfüllt werden.[23] Beispielhaft könnte hier Art. 6 Abs. 4 GG angeführt werden, der als echtes Grundrecht Fürsorge und Schutz aller Mütter gewährleistet. In diese Gruppe sind auch die von *Ramm* als soziale Grundrechte im engeren Sinne bezeichneten einzufügen. Als solche lassen sich seiner Ansicht nach nur die Leistungsansprüche des Individuums gegen den Staat kennzeichnen.[24] So meint es auch *Edinger*, wenn seiner Ansicht nach soziale Grundrechte im engeren Sinne soziale Rechte bezeichnen, die wie die klassischen Freiheitsrechte vom Einzelnen einklagbar sind, im Unterschied zu

---

21 Diercks, S. 6.
22 P. Neumann, in: Neumann/Tillmanns, S. 77 (84).
23 Brunner, S. 12, 13; vgl. auch Michel, S. 122.
24 Ramm, in: Böckenförde, S. 17 (23).

diesen aber keinen Abwehrcharakter gegen staatliche Übergriffe haben, sondern Leistungsansprüche gegenüber staatlichen Organen verbürgen.[25]

Die „unechten“ sozialen Grundrechte deuten ihrem Wortlaut nach auf eine subjektive Wirkung hin, vermitteln tatsächlich jedoch keine unmittelbaren Individualansprüche.[26] Die Formulierungen „Recht auf Arbeit“, „Recht auf Bildung“, „Recht auf Wohnung“ legen zwar den Schluss nahe, es handele sich um subjektiv-öffentliche Rechte, also um „echte“ soziale Grundrechte, doch tatsächlich werden durch solche Regelungen in der Regel gerade keine grundrechtlichen Gewährleistungen vermittelt.[27] Sie können also gleichgesetzt werden mit den von *Ramm* bezeichneten sozialen Grundrechten im weiteren Sinne, die auch in der Festlegung von Staatszielen oder z. B. der Festlegung der Mindestarbeitsbedingungen zum Ausdruck kommen können.[28]

b) Ausgestaltung als Staatszielbestimmungen

Auch Staatszielbestimmungen kommen in Frage, um soziale Grundrechte in einen Verfassungstext aufzunehmen. Staatszielbestimmungen, deren Begriff ursprünglich durch *Ipsen* geprägt wurde, bezeichnen zunächst Grundsätze und Richtlinien für das staatliche Handeln.[29] Beispiele bilden Art. 20 a GG (Umweltschutz) sowie auch Art. 20 Abs. 1 GG (Sozialstaatsprinzip).

Nach den Ausführungen der Sachverständigenkommission Staatszielbestimmungen / Gesetzgebungsaufträge sind Staatszielbestimmungen „Verfassungsnormen mit rechtlich bindender Wirkung, die der Staatstätigkeit die fortdauernde Beachtung oder Erfüllung bestimmter Aufgaben - sachlich umschriebener Ziele – vorschreiben.“[30] Sie „umreißen ein bestimmtes Programm der Staatstätigkeit und sind dadurch eine Richtlinie oder Direktive für das staatliche Handeln, auch für die Auslegung von Gesetzen und sonstigen Rechtsvorschriften. Im Regelfall wendet sich eine Staatszielbestimmung an den Gesetzgeber, was nicht ausschließt, dass die Norm auch eine Auslegungsrichtlinie für Exekutive und Rechtsprechung ist. Diese verfassungsunmittelbare Wirkung für den Vollzug im Einzelfall oder allgemein für die

---

25 Edinger, in: Schmitt (Hrsg.), Die Verfassung des Freistaats Thüringen, S. 101 (106).

26 Graf Vitzthum, VBlBW 1991, S. 404 (405); vgl. auch Böckenförde, in: Böckenförde, S. 7 (14).

27 So auch P. Neumann, in: Neumann/Tillmanns, S. 77 (84).

28 Ramm, in: Böckenförde, S. 17 (22).

29 H.P Ipsen, Über das Grundgesetz, S. 14 ff.; vgl. H.P. Ipsen, in: VVDStRL 10 (1952), S. 74 (85).

30 Badura, Staatsrecht, D, Rn. 43; H. Klein, DVBl. 1991, S. 729 (733); Bericht der Sachverständigenkommission Staatszielbestimmungen/Gesetzgebungsaufträge, S. 21.

Rechtsanwendung kann dadurch ausgeschlossen werden, dass das Verfassungsgesetz durch eine entsprechende Klausel, z. B. „nach Maßgabe der Gesetze“, die alleinige Wirkung für den Gesetzgeber anordnet. Eine Staatszielbestimmung überlässt es der politischen Gestaltungsfreiheit des Gesetzgebers, in welcher Weise und zu welchem Zeitpunkt er die ihm eingeschärfte Staatsaufgabe durch Gesetz erfüllt und dabei etwa auch Ansprüche Einzelner auf öffentliche Leistungen oder gegen Dritte entstehen lässt. Ein Gesetz oder eine sonstige Rechtsvorschrift, die eine Staatszielbestimmung missachtet, ist verfassungswidrig.“[31]

Eine Legaldefinition gibt Art. 3 Abs. 3 SaAnhVerf: „Die nachfolgenden Staatsziele verpflichten das Land, sie nach Kräften anzustreben und sein Handeln danach auszurichten.“ Ähnliche Legaldefinitionen finden sich auch in Art. 13 SächsVerf oder Art. 43 ThürVerf.

Staatszielbestimmungen begründen keine subjektiv-öffentlichen Rechte des Einzelnen gegen den Staat, sondern haben objektiv-rechtlichen Charakter. Ihre Bedeutung liegt darin, den Staat bzw. die zuständigen Verfassungsorgane durch politisch-moralischen Druck in die Pflicht zu nehmen, indem sie eine Aufgabe oder ein Ziel formulieren.[32] In rechtlicher Hinsicht liegt ihre Bedeutung nach *Brunner* darin, dass sie zu Bestandteilen der verfassungsrechtlichen Wertordnung werden und als solche bei der Verfassungs- und Rechtsauslegung allgemein heranzuziehen sind.[33] Sie zeichnen sich dadurch aus, dass sie zukunftsorientiert sind, d.h. auf eine noch zu gestaltende soziale Frage hinweisen, insoweit wird auch von einem „dynamischen Zug“ gesprochen.[34]

Es stellt sich in diesem Zusammenhang die Frage, ob Staatszielbestimmungen justiziabel sind. Staatszielstimmungen können Gegenstand einer Organklage sein, in der geltend gemacht wird, dass ein Staatsorgan diese Normen nicht berücksichtigt und damit gegen seine verfassungsmäßigen Pflichten verstößt. Gemäss Art. 93 Abs. 1 Nr. 1 GG sind bei einem Organstreitverfahren jedoch nur die obersten Bundesorgane antragsbefugt, welche geltend machen müssten, in ihnen von Grundgesetz zugewiesenen Rechte und Pflich-

---

31 Bericht der Sachverständigenkommission Staatszielbestimmungen/Gesetzgebungsaufträge, S. 21.

32 Brunner, S. 9.

33 Brunner, S. 9.

34 Scheuner, in: Schnur (Hrsg.), FS für Forsthoff, S. 325 (336); P. Neumann, in: Neumann / Tillmanns, S. 77 (83).

ten verletzt zu sein. Ähnlich sind auch etwaig bestehende Regelungen auf Landesebene ausgestaltet.[35]

Daneben können Gesetze, die auf einer Staatszielbestimmung beruhen, mit der Normenkontrolle angegriffen werden Allerdings sind die Erfolgsaussichten solcher Verfahren dadurch eingeschränkt, dass die Mittel, mit denen die Verwirklichung der Staatsziele angestrebt wird, grundsätzlich im Ermessen der politischen Staatsorgane stehen.[36] Entscheidungen des Gesetzgebers in Bezug auf ein Staatsziel sind damit im Grundsatz nicht justiziabel.[37]

c) Ausgestaltung als Gesetzgebungsaufträge

Von Staatszielbestimmungen zu unterscheiden sind Gesetzgebungsaufträge. Diese sollen Verfassungsnormen sein, die dem Gesetzgeber die Regelung einzelner Vorhaben vorschreiben, sei es überhaupt, sei es auch mit Bindung in zeitlicher Hinsicht. Sie verpflichten den Gesetzgeber und können so ausgestaltet sein, dass sie einer begünstigten Gruppe Individualansprüche auf Tätigwerden des Gesetzgebers zuweisen (siehe Art. 3 Abs. 2 S. 2 GG und Art. 6 Abs. 5 GG). Ein Gesetzgebungsauftrag ist über die Anordnung gegenüber dem Gesetzgeber hinaus mit einer gewissen Garantiewirkung zugunsten seines Programms verbunden und kann durch seinen materiellen Inhalt auch die Wirkung einer Auslegungsrichtlinie haben. Es ist weiter möglich, dass eine Staatszielbestimmung mit einem Gesetzgebungsauftrag gekoppelt ist.[38]

Gesetzgebungsaufträge betreffen regelmäßig keine grundsätzlichen Fragen, sondern ausführende Ergänzungen, wobei sie meistens konkretere Handlungsanweisungen geben als Staatszielbestimmungen.[39] Ein weiterer Unterschied zu Staatszielbestimmungen besteht darin, dass sich Gesetzgebungsaufträge allein an die Gesetzgebung wenden, Staatszielbestimmungen hingegen an den Staat als Ganzes.[40] Die Bedeutung von Gesetzgebungsaufträgen wird als begrenzt eingeschätzt.[41]

---

35 z.B. von Lampe, in: Pfennig/Neumann, Art. 84, Rn. 43 ff. für das Organstreitverfahren nach Art. 84 Abs. 2 Nr. 1 BerlVerf, §§ 14 Nr. 1, 36 Berl. VerfGHG.

36 Zivier, § 35 2.1.

37 Brockmeyer, in: Schmidt-Bleibtreu, Art. 20 a GG, Rn. 4; Schink, DÖV 1997, S. 221 (223) m.w.N.

38 Bericht der Sachverständigenkommission Staatszielbestimmungen/Gesetzgebungsaufträge, S. 21.

39 P. Neumann, in: Neumann/Tillmanns, S. 77 (85); Jutzi, in: Linck/Jutzi/Hopfe, Art. 43, Rn. 5.

40 Merten, DÖV 1993, S. 368 (370).

41 Scheuner, in: Schnur (Hrsg.), FS für Forsthoff, S. 325 (334).

d) Ausgestaltung als Programmsätze

Programmsätze enthalten nach heute herrschender Meinung unverbindliche Aussagen, die kein objektives Recht enthalten.[42] Sie sind inhaltlich so vage gefasst, dass konkrete Rechtsfolgen daraus nicht entnommen werden können.[43] Sie entstehen also weder in subjektiv-rechtlicher noch in objektiv-rechtlicher Hinsicht. Hierin unterscheiden sich Programmsätze auch von Staatszielbestimmungen, die rechtlich verbindliche Verfassungsnormen darstellen und die Staatsorgane objektiv-rechtlich verpflichten.[44] Unter der Geltung der Weimarer Reichsverfassung wurde die Auffassung vertreten, dass etliche Grundrechte schlichte Programmsatzfunktion haben.[45] Gegen die Aufnahme sozialer Grundrechte als Programmsätze spricht sich *Tomandl* aus, der darin eine Gefahr für die nötige Rechtsklarheit der Verfassung sieht.[46] *Riepe* hingegen kommt zu dem Ergebnis, dass Programmsätze letztlich nichts anderes seien als Staatszielbestimmungen oder Gesetzgebungsaufträge.[47]

e) Ausgestaltung als Einrichtungsgarantien

Eine weitere denkbare Ausgestaltungsmöglichkeit für soziale Grundrechte bilden Einrichtungsgarantien. Unter einer Einrichtungsgarantie wird die verfassungsgesetzliche Gewährleistung einer bestimmten objektiven Rechtseinrichtung verstanden.[48] Dabei wird lediglich die typische Erscheinungsform eines durch einen entsprechenden Normkomplex begründeten Instituts garantiert, nicht aber die konkrete Ausgestaltung.[49] Diese bleibt dem Gesetzgeber überlassen; ihm ist es nur verwehrt, in den Wesensgehalt, den Kernbestand der Strukturprinzipien einzugreifen.[50] Beispiele für Einrichtungsgarantien bilden die hergebrachten Grundsätze des Berufsbeamtentums gemäß Art. 33 Abs. 5 GG sowie die Eigentumsgarantie gemäß Art. 14 Abs. 1 GG. Vorgeschlagen wurde bereits, die „Sozialversicherung mit ihren Grundzügen“[51] institutionell zu garantieren. Diese Vorschläge hatten indes keinen Erfolg.

---

42 Dürig, in: Maunz-Dürig, Art. 1 Abs. 3, Rn. 92.
43 Jutzi, Landesverfassungsrecht und Bundesrecht, S. 46.
44 Siehe oben Erstes Kapitel, I. 2. b).
45 Kunig, in: von Münch, Art. 1, Rn. 50; Anschütz, Bem. Vor Art. 109 WRV, S. 515, 516.
46 Tomandl, S. 27.
47 Riepe, S. 168; ebenso im Ergebnis Lücke, AöR 107 (1982), S. 15 (28).
48 Näheres dazu bei Abel, S. 44 ff.
49 Tomandl, S. 41; C. Schmitt, S. 170.
50 Abel, S. 44; Lücke, AöR 107 (1982), S. 15 (29); Brunner, S. 10.
51 Tomandl, S. 41, 42.

Einrichtungsgarantien dienen vornehmlich der Absicherung des Erreichten, der Bewahrung des Hergebrachten.[52] Dies ist ein wesentlicher Unterschied zu Staatszielbestimmungen und Gesetzgebungsaufträgen, die auf eine Veränderung in der Zukunft ausgerichtet sind. Einrichtungsgarantien verbieten jede Form des Abbaus des erreichten Gehalts bestehender Institute.[53] *Riepe* folgert daraus, dass sie zur Normierung sozialer Grundrechte ungeeignet seien, da diese inhaltlich sowohl positiv als auch negativ von der Dynamik der ökonomischen Entwicklung beeinflusst seien.[54]

3. Zwischenergebnis

Staatszielbestimmungen und als Grundrechte ausgestaltete soziale Grundrechte sind von unterschiedlicher normativer Wirkkraft: Letztere binden jegliche staatliche Gewalt als unmittelbar geltendes Recht. Erstere richten sich vorrangig an den Gesetzgeber, sind von ihm zu konkretisieren.[55] Weiterhin ist davon die normative Wirkkraft von Programmsätzen und Gesetzgebungsaufträgen zu unterscheiden. Während Programmsätze bloße Handlungsempfehlungen an den Gesetzgeber darstellen, fordern Staatsziele ein Minimum an staatlicher Aktivität. Im Vergleich zu Einrichtungsgarantien haben Staatszielbestimmungen einen deutlich dynamischeren Charakter und sind mehr programmatisch ausgestaltet. Die Grenzen zwischen diesen verschiedenen Ausgestaltungsmöglichkeiten sind indes fließend, sie stehen einander recht nah.[56]

Diese Unterscheidungen hinsichtlich der Wirkkraft besagen jedoch noch relativ wenig über den Inhalt sozialer Grundrechte. Inhaltlich regeln soziale Grundrechte, Staatszielbestimmungen und auch Gesetzgebungsaufträge nämlich oftmals die gleichen Belange.[57] Auch *Wipfelder* und *Diercks* gehen ebenso wie *Murswiek* davon aus, dass soziale Grundrechte insgesamt als Programmsätze, Einrichtungsgarantien, Leitprinzipien, Staatszielbestimmungen sowie Gesetzgebungs- bzw. Verfassungsprinzipien realisiert werden können.[58] *Wipfelder* schließt auch subjektiv-rechtliche Komponenten nicht aus. Festzuhalten ist jedoch zunächst, dass der Begriff „soziale Grundrechte" nicht mit einem subjektiv-rechtlichen Anspruch des Bürgers gleichzusetzen

---

52 Tomandl, S. 42, 43; Lücke, AöR 107 (1982), S. 15 (29); Thamm, S. 40.
53 Riepe, S. 165.
54 Riepe, S. 165.
55 Degenhart, LKV 1993, S. 33 (35).
56 Fischer, S. 24, 25.
57 Jutzi, in: ThürVBl. 1995, S. 25 (26).
58 Wipfelder, ZRP 1986, S. 140 (142); Diercks, LKV 1996, S. 231 (232); Murswiek, in: HbdStR, Bd. V, § 112, Rn. 53; Stettner, in: Nawiasky u.a., Art. 128, Rn. 5.

ist, wie sich auf den ersten Blick vermuten ließe. Vielmehr stellt dieser Begriff einen Oberbegriff für die in den genannten Möglichkeiten ausgestalteten Normen dar.

Soziale Grundrechte können also in unterschiedlicher Ausgestaltung im Verfassungstext vorkommen; ihr Inhalt ist von dieser Ausgestaltung weitestgehend unabhängig. Angesichts der Bereiche, die von sozialen Grundrechten geregelt werden, kann - wenn auch eine nähere Begriffsbestimmung umstritten und kaum möglich ist - zunächst von der allgemeineren Feststellung ausgegangen werden, dass soziale Grundrechte soziale Aufgaben des Staates formulieren. Entscheidend ist fast ausschließlich der objektiv-rechtliche Gehalt. In den Landesverfassungen finden sich soziale Grundrechte in den verschiedenen genannten Ausgestaltungsmöglichkeiten bunt durcheinander gemischt. So wird später auch anhand einzelner Normierungen im Landesverfassungsrecht zu zeigen sein, ob die Formulierungen als soziale Grundrechte überhaupt Unterschiede zu den als Staatszielbestimmungen normierten Zielen aufweisen. Die Regelungen in den Landesverfassungen sollen daher, unabhängig davon, in welcher Form sie ausgestaltet sind, betrachtet werden.

II. Einordnung im Rahmen der allgemeinen Grundrechtslehren

Wenn durch die Aufnahme sozialer Grundrechte in Verfassungen das gleiche Ziel wie durch die Aufnahme von Staatszielbestimmungen verwirklicht werden soll, dann stellt sich zwangsläufig die Frage, ob die sozialen Grundrechte tatsächlich „Grundrechte" sind, wie ihr Name zunächst vermuten lässt.

1. Einordnung in die Statuslehre

Im Rahmen dieser Frage ist zunächst zu untersuchen, wie sich soziale Grundrechte in die allgemeine Grundrechtsdogmatik einfügen lassen. *Jellinek*, welcher die Statuslehre entwickelte, teilt die Grundrechte in drei Gruppen ein, je nachdem, welche Statusbeziehungen zwischen Bürger und Staat begründet werden[59]: status negativus, status positivus und status activus. Nach allgemeiner Ansicht zählen soziale Grundrechte zum status positivus.[60] Der status positivus umfasst Leistungsansprüche des Bürgers gegen den Staat im weiteren Sinne. Hier wird nach *Murswiek* nochmals unterteilt in status positivus libertatis und status positivus socialis (Teilhaberechte im engeren Sinne).[61]

59 Jellinek, S. 87.
60 Murswiek, in: HbdStR, Bd. V, § 112, Rn.12; Starck, JuS 1981, S. 237 (241).
61 Murswiek, in: HbdStR, Bd. V, § 112, Rn.12.

Die genauere Einordnung der sozialen Grundrechte ist in der Literatur jedoch nicht unumstritten. So unterscheidet *Bethge* zwischen Leistungsgrundrechten und sozialen Grundrechten[62], während sich *Knöpfle* gegen diese Unterscheidung ausspricht[63]. Nach *Alexy* sind sie, im Gegensatz zu den klassischen Freiheits- und Menschenrechten, Leistungsrechte im engeren Sinne.[64] Eine genauere Darstellung der unterschiedlichen Ansichten findet sich bei *Wu.*[65] In jedem Fall passen soziale Grundrechte nicht in das Schema der „klassischen" Grundrechte als Abwehrrechte gegen den Staat.

Ein wichtiger Schritt zur Weiterentwicklung des Grundrechtsverständnisses stellte das Numerus-clausus-Urteil des Bundesverfassungsgerichts von 1972 dar. Dort wird ausgeführt: „Je stärker der moderne Staat sich der sozialen Sicherung und kulturellen Förderung der Bürger zuwendet, desto mehr tritt im Verhältnis zwischen Bürger und Staat neben das ursprüngliche Postulat grundrechtlicher Freiheitssicherung vor dem Staat die komplementäre Forderung nach grundrechtlicher Verbürgung der Teilhabe an staatlichen Leistungen."[66] Gleichzeitig formuliert das Bundesverfassungsgericht aber auch eine Schranke für diese Teilhaberechte des Bürgers, indem sie diese unter den Vorbehalt des Möglichen im Sinne dessen stellt, was der Einzelne vernünftigerweise von der Gesellschaft beanspruchen kann.[67] Ohne diesen Vorbehalt liefe es auf ein Missverständnis von Freiheit hinaus, bei dem verkannt würde, dass sich persönliche Freiheit auf die Dauer nicht losgelöst von Funktionsfähigkeit und Gleichgewicht des Ganzen verwirklichen lasse und dass ein unbegrenztes subjektives Anspruchsdenken auf Kosten der Allgemeinheit unvereinbar mit dem Sozialstaatsgedanken sei.[68]

Im Numerus-clausus-Urteil wird auch die Bedeutung der Grundrechte als Normen einer objektiven Wertordnung betont, die als verfassungsrechtliche Grundentscheidung für alle Bereiche nicht nur Abwehrrechte des Bürgers gegen den Staat sind.[69] *Tomandl* ordnet soziale Grundrechte so in die Wertordnung ein, dass mit der Aufnahme sozialer Ziele in die Verfassung für das Staatsganze verbindliche Werte gesetzt werden, die zwar in ihrer Ausprägung noch unklar und verschwommen sein mögen, aber jedenfalls die durch die

---

62 Bethge, DVBl. 1989, S. 841 (847).
63 Knöpfle, in: Nawiasky u.a., Vor Art. 98-123, Rn. 18.
64 Alexy, S. 454.
65 Wu, S. 36 ff.
66 BVerfGE 33, 303 (330, 331).
67 BVerfGE 33, 303 (333).
68 BVerfGE 33, 303 (334).
69 BVerfGE 33, 303 (330); so auch BVerfGE 21, 362 (372).

klassischen Grundrechte verkörperte Wertordnung entscheidend modifizieren.[70]

2. Soziale Grundrechte als subjektiv-öffentliche Rechte?

Wie bereits der Begriff „Grundrecht" suggeriert, stellt sich die Frage, ob die sozialen Grundrechte subjektiv-öffentliche Rechtspositionen einräumen können bzw. sollen. Nach der Definition *Jellineks* ist ein subjektives Recht die von der Rechtsordnung anerkannte und geschützte, auf ein Gut oder Interesse gerichtete menschliche Willensmacht. Adressat des subjektiv-öffentlichen Rechts ist der Staat, der es durch objektives Recht nicht nur schafft und schützt, sondern auch realisiert. Dem Grundrechtsträger werden also unmittelbare Rechtsansprüche gegen den Staat gewährt.[71]

Die Defiltrierung eines subjektiven Regelungsgehalts aus der objektiven Normanordnung erfolgt methodisch im Wege der Auslegung; dabei werden die konkreten Auslegungsregeln traditionell unter dem Begriff der „Schutznormtheorie" gebündelt.[72] Diese Auslegungsmethode beansprucht auf Verfassungsebene ebenso Gültigkeit wie auf der Ebene des einfachen Rechts.[73] Sowohl *Dietlein* als auch *Diercks* gehen bei der Prüfung, ob ein soziales Grundrecht ein subjektives-öffentliches Recht gewährt, nach der Schutznormlehre vor.[74] Damit einer Bestimmung ein subjektiver Rechtsgehalt zukommt, müssen danach folgende Erfordernisse gegeben sein:[75]

1. Es muss ein zwingender Rechtssatz des objektiven Rechts vorliegen.
2. Der Rechtssatz darf nicht ausschließlich der Verwirklichung öffentlicher Interessen dienen, sondern muss zumindest auch der Befriedigung privater Interessen zu dienen bestimmt sein.
3. Dem individuell Begünstigten muss normativ die Rechtsmacht zur Durchsetzung der konkreten Regelungsanordnung verliehen werden.

Letztlich muss die Schutznormlehre auf die einzelnen in den Landesverfassungen vorkommenden sozialen Grundrechte angewandt werden, um abschließend ihren subjektiv-rechtlichen Regelungsgehalt bestimmen zu kön-

---

70 Tomandl, S. 25.
71 Jellinek, S. 44, 68.
72 Dietlein, S. 126; Schmidt-Aßmann, in: Maunz-Dürig, Art. 19 Abs. 4, Rn. 128 ff.
73 vgl. Stern, Bd. III/1, S. 542; Rincke, S. 58.
74 Dietlein, S. 126; Diercks, S. 99.
75 Nach Dietlein, S. 126; vgl. auch Stern, Bd. III/1, S. 543.

nen. Dabei stellen sich im Rahmen der sozialen Grundrechte vor allem Probleme, die Anspruchssubjekt, Anspruchsobjekt und Anspruchsgegner der Normen betreffen.[76] Darauf wird bei der Betrachtung der einzelnen sozialen Grundrechte näher einzugehen sein.

3. Das Verhältnis sozialer Grundrechte zu Freiheitsrechten

In der Literatur wird das Verhältnis der sozialen Grundrechte zu den Freiheitsrechten als den „klassischen" Grundrechten diskutiert.[77] Soziale Grundrechte sind zwar wie die traditionellen Freiheitsgrundrechte Teil der objektiven Wertordnung[78], unterscheiden sich jedoch von diesen durch ihre Staatsbezogenheit, da sie durch eine staatliche Tätigkeit erfüllt werden müssen, also nicht „self-executing" sind.[79] Die Verfassung selbst kann nämlich für sich allein die erstrebte materielle Gewährleistung einer bestimmten sozialen Umverteilung, Leistungsgewährung und Schutzgarantie nicht herbeiführen.[80]

Die sozialen Grundrechte stehen damit einerseits in einem scharfen Gegensatz zu den klassischen Freiheitsrechten, die als Abwehrrechte des Bürgers gegen den Staat primär auf ein Unterlassen des Staates abzielen.[81] Andererseits sind soziale Grundrechte und Freiheitsrechte nicht scharf voneinander abzugrenzen.[82] Hier wird vielfach das Argument herangezogen, ohne soziale Absicherung könnten Freiheitsrechte nicht verwirklicht werden.[83] *Hernekamp* drückt dies sehr plastisch aus: „Einem Analphabeten nützen das - schriftliche - Petitionsrecht oder der Schutz des Briefgeheimnisses ebenso wenig wie die Unverletzlichkeit der Wohnung einem Obdachlosen oder der Schutz vor willkürlicher Enteignung jemandem, der ohnehin keine Chance hat, sich enteignungsfähiges Eigentum zu erarbeiten. Soziale Grundrechte wirken demnach im Vorfeld liberaler Freiheitsverbürgungen."[84] Gleichzeitig schränken soziale Grundrechte die absolute Freiheitsverwirklichung aber ein.[85] So führt *Tomandl* aus, dass die Aufnahme sozialer Grundrechte in die Verfassung der durch die klassischen Grundrechte unbeschränkt eingeräumten Freiheit des Individuums gegenüber dem Staat ein Ende bereite.[86] Da soziale Grundrechte

[76] Tomandl, S. 30 ff.
[77] Z.B. Ramm, in: Böckenförde, S. 17 (22, 23).
[78] Badura, Der Staat 1975, S. 17 (24, 25).
[79] Michel, S. 122; Hesse, Rn. 208; H. Klein, Die Grundrechte im demokratischen Staat, S. 65.
[80] Badura, Staatsrecht, C, Rn. 9, S. 82.
[81] Brunner, S. 12.
[82] Ramm, in: Böckenförde, S. 17 (22); vgl. auch Beutler, S. 16.
[83] Vgl. Tomandl, S. 8; van der Ven, S. 56.
[84] Hernekamp, S. 13; vgl. auch Isensee, Der Staat 1980, S. 367 (374).
[85] Vgl. Tomandl, S. 25; Ramm, in: Böckenförde, S.23.
[86] Tomandl, S. 25.

staatliche Intervention fordern, werde die Verfassung in einen Zustand der Spannung versetzt und damit dynamisiert.[87] Des Weiteren ist das Menschenbild des Grundgesetzes nicht das eines isolierten „Robinson", vielmehr hat das Grundgesetz die zwischen Individuum und der Gemeinschaft bestehende Spannung im Sinne der Gemeinschaftsbezogenheit und Gemeinschaftsgebundenheit der Person entschieden.[88] Die sozialen Grundrechte reduzieren die abstrakte und daher als unbegrenzt aufgefasste Freiheit durch die Festschreibung sozialer Mindestinhalte und gewähren in dem von ihnen solchermaßen umrissenen Bereich reale Freiheit.[89] Wie soziale Grundrechte im Einzelnen auf Freiheitsrechte wirken und umgekehrt, wird bei der Betrachtung der einzelnen Rechte noch einmal aufzugreifen zu sein.

4. Das Verhältnis sozialer Grundrechte zu Gleichheitsrechten

Soziale Grundrechte sollen auch Gleichheit schaffen. Damit sind sie allerdings nicht automatisch als Gleichheitsrechte einzuordnen. Nach *Ramm* entspringen sie dem sozialen Recht und sollen soziale Ungleichheit abmildern. Soweit sie den Ausgleich vornehmen, schaffen sie tatsächliche Gleichheit durch das Recht. Der positive Inhalt sozialer Grundrechte ist somit die rechtliche Absicherung tatsächlicher Gleichheit.[90] Das bedeutet jedoch nicht, dass sie überflüssig sind, soweit in einer Verfassung ein allgemeiner Gleichheitssatz normiert ist, denn soziale Grundrechte können demgegenüber präziser formuliert werden. Damit wird die Gefahr vermieden, dass durch eine mögliche unbegrenzte Auslegung des Gleichheitsgrundsatzes das Freiheitsprinzip beseitigt wird.[91] Soziale Grundrechte machen jedoch den allgemeinen Gleichheitssatz keinesfalls überflüssig. Zum einen sind sie nicht gerichtlich durchsetzbar, zum anderen regeln sie nur bestimmte Bereiche.

5. Zwischenergebnis

Soziale Grundrechte lassen sich zwar grob in die von *Jellinek* entwickelte Grundrechtsdogmatik im Bereich des status positivus einfügen. Allerdings sind sie weder Freiheitsrechten noch Gleichheitsrechten zuzuordnen. Vielmehr nehmen sie eine vermittelnde Position zwischen Freiheits- und Gleichheitsrechten ein[92], stehen in einem Spannungsverhältnis zu diesen Arten von Rechten. So formuliert *Leibholz*, soziale Grundrechte seien in Wahrheit keine

---

87 Tomandl, S. 25; vgl. auch Leibholz, S. 223.
88 Lepa, S. 8; BVerfGE 4, 7 (15); 56, 37 (49).
89 Ramm, in: Böckenförde, S. 17 (26).
90 Ramm, in: Böckenförde, S. 17 (27).
91 Ramm, in: Böckenförde, S. 17 (27).
92 Ramm, in: Böckenförde, S. 17 (27).

echten Grundrechte, sondern - weil sie auf dem Prinzip der demokratischen Gleichheit beruhten – „demokratische Statusrechte“[93]. Zur Verwirklichung des in ihnen enthaltenen Programms sind staatliche Aktionen notwendig.[94] Sie geben dem einzelnen Bürger in der Regel keine subjektiv-öffentlichen Rechte, was wiederum Auswirkungen auf die gerichtliche Durchsetzbarkeit sozialer Grundrechte hat. Geltung erlangt vor allem der Satz, dass Freiheitsrechte eher statische, die sozialen Grundrechte eher dynamische Rechte seien.[95] Allerdings werden diese Feststellungen hier pauschal getroffen. Letztlich müssen die sozialen Grundrechte in den Landesverfassungen einzeln betrachtet werden, um abschließend bewerten zu können, welche Rechtsposition aus ihnen erwachsen kann.

III. Gerichtliche Durchsetzbarkeit

Fraglich ist, ob der einzelne Bürger seinen jeweiligen Anspruch aus einem sozialen Grundrecht überhaupt gerichtlich durchsetzen kann. Dazu müsste ihm zunächst ein subjektives Recht zustehen. Nach einhelliger Auffassung ist dies nicht der Fall.[96] Ein soziales Grundrecht ist eben gerade kein Freiheitsrecht, dessen Abwehrfunktion gegen den Staat auf gerichtlichem Wege durchsetzbar sein muss, da es ein subjektives Recht begründet. Entscheidend ist vielmehr die objektive Verpflichtung des Staates, auf die Verwirklichung der in den sozialen Grundrechten enthaltenen Ziele hinzuwirken.[97] Dieses kommt auch in einzelnen landesverfassungsrechtlichen Normen zum Ausdruck: So regelt z. B. Art. 81 Abs. 1 Nr. 4 SächsVerf die Verfassungsbeschwerde vor dem Staatsgerichtshof. Bemerkenswerterweise kann aber gerade Art. 45 SächsVerf (Recht auf Arbeit) nicht durchgesetzt werden. Das unterstreicht die verbreitete Auffassung, dass soziale Grundrechte keine gerichtlich durchsetzbaren Ansprüche begründen. Sind sie als Staatsziele ausgestaltet, so können sie in konkreten oder abstrakten Gesetzeskontrollen, in denen das gesamte objektive Recht Prüfungsmaßstab ist, Gegenstand der richterlichen Auseinandersetzung sein.[98] Daneben können sie zur Auslegung von Gesetzen herangezogen werden.[99] Daher ist bei der Darstellung einzelner sozialer Grundrechte die Rechtsprechung der jeweiligen Landesverfassungsgerichte einzubeziehen.

---

93 Leibholz, S. 222.

94 Vogelgesang, DÖV 1991, S. 1045 (1050); Hesse, Rn. 208.

95 Wipfelder, VBlBW 1986, S. 287 (287).

96 Statt vieler z.B. Hesse, Rn. 208; Sterzel, ZRP 1993, S. 13 (17).

97 Vgl. Badura, Der Staat 1975, S. 17 (27); Scheuner, DÖV 1971, S. 505 (513); Sterzel, ZRP 1993, S. 13 (17).

98 Starck, Die Verfassungen der neuen deutschen Bundesländer, S. 56.

99 Starck, Die Verfassungen der neuen deutschen Bundesländer, S. 56.

IV. Entstehungsgeschichte sozialer Grundrechte

Badura weist zutreffend darauf hin, dass Stoßrichtung und Inhalt sozialer Grundrechte nicht abstrakt definiert, sondern nur aus der geschichtlichen Anschauung der Praxis staatlicher und verfassungsrechtlicher Entwicklung erkannt werden können.[100] In diesem Zusammenhang ist ein kurzer Exkurs auf die historische Herleitung der sozialen Grundrechte sowie auf ihre grundsätzliche Bedeutung notwendig.

Die erste gesamte und verfassungskräftige Positivierung von Grundrechten im modernen Sinne war die *Bill of Rights* von Virginia (1776).[101] Daneben kann die *Déclaration des droits de l'homme et du citoyen* in Frankreich von 1789 als der wichtigste Markstein in der Geschichte der Grundrechte bezeichnet werden. Diese Erklärung wurde zum Bestandteil der französischen Verfassung von 1791. Noch ausführlicher war die der (jakobinischen) Verfassung von 1793 vorangestellte Rechteerklärung.[102] In ihr waren auch soziale Rechte enthalten: das Recht auf Arbeit und auf Unterstützung bei Arbeitsunfähigkeit, das Recht auf öffentliche Fürsorge und der Anspruch auf Unterricht.[103] Die Bildung wurde also als allgemeines Bedürfnis anerkannt.[104] Diese Verfassung trat jedoch nie in Kraft. Von den Französischen Verfassungsbemühungen ging auch das Verständnis der Grundrechte als Programmsätze aus, als Ansporn für den Gesetzgeber, in diesem Sinne zu handeln – im Gegensatz zum Verständnis der Grundrechte als unmittelbar anwendbare justiziable Rechtsnormen.[105]

1. Deutscher Konstitutionalismus des 19. Jahrhunderts

Der erste nennenswerte Versuch, soziale Grundrechte in einer deutschen Verfassung zu verankern, bestand darin, die Forderungen *Fichtes* und der französischen „Frühsozialisten" aufzunehmen[106] und einen entsprechenden Antrag für die Paulskirchenverfassung von 1849 zu stellen. Das Recht auf Arbeit oder doch wenigstens das Recht auf Unterhalt als Grundrecht aufzunehmen war umstritten, die Abstimmung darüber scheiterte letztlich.[107] In die Reichsverfassung von 1849 wurde mit Art. 155 Abs. 1, der besagt, dass für die Bildung der deutschen Jugend durch öffentliche Schulen überall genü-

---

100 Badura, Der Staat 1975, S. 17 (18).
101 Pieroth, Jura 1994, S. 568 (571).
102 Pieroth, Jura 1994, S. 568 (573); Oestreich, S. 71.
103 Hernekamp, S. 11; Pieroth, Jura 1994, S. 568 (573); Oestreich, S. 71.
104 Krause, in: Birtsch, S. 402 (416).
105 Pieroth, Jura 1994, S. 568 (574).
106 Vgl. Malachowski, 1922, S. 33 ff.
107 Dörfler, S. 15, 16; Scholler, Der Staat 1974, S. 51 (66 ff.).

gend gesorgt werden soll, ein soziales Grundrecht aufgenommen.[108] Auch wurde in Art. 157 Abs. 1 RV 1849 normiert, dass in einem gewissen Rahmen Schulgeldfreiheit besteht. Da die Reichsverfassung von 1849 aber keine Wirksamkeit erlangte, war die Aufnahme dieser sozialen Grundrechte von geringer Bedeutung.

Die Verfassungen des Norddeutschen Bundes vom 16. April 1867 sowie die des Deutschen Reiches vom 16. April 1871 verzichteten gänzlich auf Grundrechte[109]. Die Ansätze sozialer Grundrechte, die 1848 bereits eine gewisse Rolle gespielt hatten, waren völlig verschüttet.[110] Die Aufnahme von Grundrechten blieb den Länderverfassungen vorbehalten, die jedoch im Bereich der sozialen Grundrechte äußerst zurückhaltend waren. In der Verfassung für den Preußischen Staat wurde wiederum normiert, dass für die Bildung der Jugend durch öffentliche Schulen genügend gesorgt werden müsse (Art. 18 Abs. 1 der Verfassung vom 05. Dezember 1848, bzw. Art. 21 Abs. 1 der Verfassung vom 31. Januar 1850) und dass der Unterricht in öffentlichen Volksschulen unentgeltlich erteilt werde (Art. 22 Abs. 2 der Verfassung vom 05. Dezember 1848, bzw. Art. 25 Abs. 3 der Verfassung vom 31. Januar 1850).[111]

2. Die Weimarer Reichsverfassung

Die Weimarer Reichsverfassung vom 11. August 1919 enthielt Grundrechte in der Weise, dass sie systematisch klassifiziert werden konnten. Zum einen gab es nach Ansicht der Staatsrechtswissenschaft in der Weimarer Zeit die liberal-individualistischen Garantien der individuellen Freiheitssphäre, der freien Konkurrenz und der freien Diskussion. Daneben standen die demokratisch-politischen Rechte der einzelnen Staatsbürger. Als dritte Gruppe sind die sozialistischen (oder weniger polemisch: sozialen, Anm. d. Verf.) Rechte und Ansprüche zu nennen.[112]

Die Weimarer Reichsverfassung enthielt als erste gesamtdeutsche Verfassung eine Fülle sozialer Grundrechte. Diese bestanden vorwiegend aus umfangreichen Bestimmungen über das Gemeinschaftsleben, das Bildungswesen und das Wirtschaftsleben. Die Weimarer Reichsverfassung normierte z. B. in Art. 163 Abs. 2 WRV, dass jedem Deutschen das Recht auf Arbeit gegeben werden sollte. Darüber hinaus gab es Bestimmungen über die Vorsorge gegen Krankheit, Unfall und Alter (Art. 161 WRV) und die Sorge für gesunde

---

108 Vgl. Krause, in: Birtsch, S. 402 (424).
109 Lange, in: Böckenförde, S. 49 (50).
110 Vgl. Krause, in: Birtsch, S. 402 (425).
111 Siehe auch Lange, in: Böckenförde, S. 49 (50).
112 So C. Schmitt, S. 170; siehe auch Darstellung bei Stern, Bd. III/1, S. 201.

Wohnung (Art. 155 WRV). Außerdem war der Schutz der Familie, der Mutterschaft, der unehelichen Kinder und der Jugend bestimmt und nach Art. 143 WRV war für die Bildung der Jugend durch öffentliche Anstalten zu sorgen. Unterricht und Lernmittel in den Volksschulen und Fortbildungsschulen waren gemäß Art. 145 WRV unentgeltlich. Die meisten sozialen Grundrechte galten dem Wirtschaftsleben, so wurde z. B. die Ordnung des Wirtschaftslebens den Grundsätzen der Gerechtigkeit unterworfen mit dem Ziel der Gewährleistung eines menschenwürdigen Daseins für alle (Art. 151 Abs. 1 S. 1 WRV) und die Arbeitskraft stand gemäß Art. 157 WRV unter dem besonderen Schutz des Staates, der ein einheitliches Arbeitsrecht schaffen sollte. Einigkeit besteht darüber, dass all diese sozialen Rechte zwar als ein „Programm zukünftiger Rechtsentwicklung"[113] anzusehen, jedoch keine subjektiv-öffentlichen Rechte waren.[114] Wie die Rechtsprechung mit diesen Normen umging und welche gesetzgeberischen Aktivitäten darauf wirklich folgten, wird näher dargestellt bei Lange.[115] Festzuhalten ist hier, dass viele dieser Verfassungsrechtssätze lediglich Programm geblieben sind.[116]

3. Grundgesetz

Am 01. September 1948 trat der Parlamentarische Rat zusammen. Er bestand aus 65 von den Landesparlamenten gewählten Personen.[117] Ihm lag unter anderem der Verfassungsentwurf von Herrenchiemsee vor.[118] Am 06. Mai 1949 verabschiedete der Hauptausschuss seinen endgültigen Entwurf; das in der dritten Lesung mit 53 zu 12 Stimmen verabschiedete Grundgesetz genehmigten die Militärregierungen am 12. Mai 1949 im Wesentlichen. Anschließend ging der Entwurf den Landesparlamenten zur Genehmigung nach Art. 144 GG zu.[119] Mit Ausnahme des bayerischen Landtags, der erklärte, dass das Grundgesetz dann auch in Bayern gelten sollte, wenn es von zwei Dritteln der Länderparlamente angenommen würde, stimmten alle Länderparlamente für das Grundgesetz.[120] Am 23. Mai 1949 wurde es verkündet und trat mit Ablauf dieses Tages in Kraft.[121]

---

113 Willoweit, S. 326.
114 Wipfelder, VWVBl. 1986, S. 241 (247, 248); Wu, S. 15; vgl. Anschütz, Art. 163, Anm. 3.
115 Lange, in: Böckenförde, S. 49 (53).
116 Menger, S. 21; vgl Fischer, in: Nipperdey, Art. 161, B; Erman, in: Nipperdey, Art. 155 WRV, § 8.
117 Näheres bei Matz, in: von Doemming/Füßlein/Matz, JöR 1 (1951), S. 4; Willoweit, S. 384.
118 Willoweit, S. 384.
119 Bushart, S. 14.
120 Bushart, S. 14; Willoweit, S. 385.
121 BGBl. 1949, S. 1.

Der Konvent von Herrenchiemsee entschied, in seinen Verfassungsentwurf nur die klassischen Freiheitsrechte aufzunehmen.[122] Dies beruhte zum einen darauf, dass sich die Mitglieder des Konvents der Schwierigkeiten bei der Verfassungsgebung der Weimarer Reichsverfassung bewusst waren, wo Unstimmigkeiten über die Festschreibung sozialer Grundrechte zwischen den Parteien zur Verzögerung der Verfassungsgebung geführt hatten.[123] Außerdem sah man aufgrund inhaltlicher Differenzen vor dem Hintergrund des Schicksals der Weimarer Reichsverfassung von der Aufnahme sozialer Grundrechte ab.[124] Zum anderen wurde das Grundgesetz ausdrücklich als vorläufige Regelung verstanden, die lediglich bis zu einer möglichst bald zu erreichenden gesamtdeutschen Verfassungsgebung in Kraft bleiben sollte.[125] Dies wird bereits in der Terminologie deutlich, die das Wort „Verfassung" vermeidet.[126]

Im Grundgesetz ist in Art. 20 Abs. 1 GG vom Sozialstaat die Rede. Die Sozialstaatsklausel des Grundgesetzes enthält jedoch ihrem Wortlaut und ihrem Sinnzusammenhang nach kein bestimmtes Verfassungsprogramm für konkrete Forderungen an die künftige Sozialordnung; niemand ist nach *Weber* in der Lage, bestimmte Gestaltungen aus dem Bekenntnis des Sozialstaats abzuleiten.[127] Das Grundgesetz enthält als ausgestaltetes soziales Recht lediglich das Recht der Mutter auf Schutz und Fürsorge der Gemeinschaft (Art. 6 Abs. 4 GG). Gegebenenfalls kann Art. 6 Abs. 1 GG als soziales Grundrecht angesehen werden.[128] Ein Teil des Schrifttums bezeichnet auch Art. 6 Abs. 5 GG als soziales Grundrecht.[129] Dabei muss jedoch beachtet werden, dass es sich bei der Regelung zur Gleichstellung nichtehelicher Kinder nicht um ein Grundrecht auf Leistung des Staates handelt, sondern um eine spezielle Ausgestaltung des allgemeinen Gleichheitssatzes mit sozialem Hintergrund.[130] Zum Teil werden auch die Koalitionsfreiheit nach Art. 9 Abs. 3 GG sowie die Berufsfreiheit gemäß Art. 12 Abs. 1 GG zu den sozialen Grundrechten gezählt.[131] Diese Grundrechte sind jedoch gerade auf Abwehr gegen den Saat

---

122 Weber, S. 253.
123 Vgl. Diercks, LKV 1996, S. 231 (232).
124 H. Klein, Die Grundrechte im demokratischen Staat, S. 65.
125 Abgeordneter Carlo Schmid, in: Parlamentarischer Rat: Stenographische Berichte, S. 12.
126 Matz, in: von Doemming/Füßlein/Matz, JöR 1 (1951), S. 16.
127 Weber, S. 256.
128 So Dörfler, S. 77; Wipfelder, VBlBW 1986, S. 241 (248).
129 So Badura, Der Staat 1975, S. 17 (31); Dörfler, S. 77; Wipfelder, VBlBW 1986, S. 241 (248); Isensee, Der Staat 1980, S. 367 (370).
130 Diercks, S. 146; Maunz, in: Maunz-Dürig, Art. 6, Rn. 45, 49.
Im Übrigen werden die besonderen Gleichheitsrechte im Rahmen dieser Arbeit nicht näher betrachtet.
131 So Daum, RdA 1968, S. 81 (82); Dörfler, S. 76, 77.

gerichtet und mithin Freiheitsrechte, folglich sind sie nicht den sozialen Grundrechten zuzuordnen.[132] Wesentlich dafür ist, dass ihre Ausübung – im Unterschied zur Aktualisierung sozialer Rechte - nicht durchgehend von staatlicher Hilfestellung abhängt.[133] Im Zuge der Einigung Deutschlands 1990 wurde die Diskussion um eine Verfassungsreform neu entfacht, brachte im Hinblick auf soziale Grundrechte aber wenig nennenswerte Neuerungen.[134]

4. Die Verfassungen der DDR

Die Verfassung der DDR vom 07. Oktober 1949 wurde 1968 durch eine neue ersetzt. Daher sind beide Verfassungen zu betrachten. Zunächst muss jedoch auf die Länderverfassungen derjenigen Länder eingegangen werden, die in der sowjetischen Besatzungszone lagen.

a) Die Länderverfassungen der sowjetischen Besatzungszone

Im November 1946 veröffentlichte die SED Entwürfe für die Landesverfassungen. Es waren allerdings keine Grundrechtskataloge enthalten, da insofern einer Staatsverfassung nicht vorgegriffen werden sollte. Für die Länder Mecklenburg-Vorpommern, Sachsen und Sachsen-Anhalt erstellte die CDU ebenfalls Entwürfe, welche einen Grundrechtsteil enthielten. Daraufhin legte die SED einen zweiten Entwurf vor, der jeweils einen Grundrechtskatalog enthielt, welcher sich an den von der SED am 22. April 1946 veröffentlichten „Grundrechten des deutschen Volkes“ orientierte. Auch in Brandenburg und Thüringen kam es schließlich auf Betreiben der CDU zu einem komprimierten Grundrechtsteil, da die Bürger bis zum Erlass einer Staatsverfassung nicht schutzlos gestellt werden sollten.[135]

Die Landesverfassungen der DDR galten bis zur Auflösung der Länder am 02. Juli 1952.[136] Sie enthielten soziale Grundrechte.[137] So normierte die Verfassung des Landes Thüringen vom 20. Dezember 1946 ein Recht auf Bildung und Unentgeltlichkeit des Unterrichts. Nach der Verfassung der Provinz Sachsen-Anhalt vom 10. Januar 1947 hatte jeder Bürger das Recht auf Arbeit und freie Berufswahl. Daneben wurden die Rechte auf Bildung und auf eine

---

132 Brunner, S. 4, S. 28; Isensee, Der Staat 1980, S. 367 (373).

133 Isensee, Der Staat 1980, S. 367 (373); siehe auch bereits oben Erstes Kapitel, I.

134 Siehe dazu die Ausführungen im Ersten Kapitel, IV. 5.

135 Diercks, S. 16; Braas, S. 133, 134; vgl. Willoweit, S. 377.

136 Diercks, S. 17; Badura, Staatsrecht, A 5., Rn. 33.

137 Roggemann, S. 39; vgl. Braas, S. 141 ff.; Abdruck der jeweiligen Verfassungsausschnitte bei Diercks, S. 169 ff.

Heimstätte festgeschrieben sowie das Schulwesen umfassend geregelt. Diese Rechte fanden sich auch in der Verfassung des Landes Mecklenburg vom 12. März 1947 wieder. In der Verfassung der Mark Brandenburg vom 06. Februar 1947 wurden hauptsächlich das Recht auf Bildung und das Schulwesen geregelt. Sachsen setzte sich in der Verfassung vom 15. März 1947 neben den Rechten auf Bildung und Arbeit zum Ziel, dass jede Familie eine gesunde Heimstätte erhalte. Enthalten waren zum Teil auch das Recht auf Unterhalt bei fehlendem Nachweis einer angemessenen Arbeitsgelegenheit, das Recht auf Lohngleichheit, das Recht der Frau auf Schutz im Arbeitsverhältnis, das Recht auf Mitbestimmung, das Recht auf Urlaub und Erholung. Im Bereich der Existenzsicherung und sozialen Sicherung tauchten das Recht auf Versorgung und soziale Sicherheit, das Recht auf Familien-, Mutter- und Jugendschutz auf. Im Rahmen der sozial-kulturellen Entfaltung fanden sich das Recht auf Bildung, das Recht der Jugend auf kulturelle Teilhabe sowie das Recht der Jugend auf Freude und Frohsinn.[138] Auffallend ist an diesen Landesverfassungen, dass sie in einigen Artikeln mit der Weimarer Reichsverfassung fast wortgleich übereinstimmten.[139]

b) Die Verfassung der DDR vom 07. Oktober 1949

Die Verfassung der DDR wurde von der Provisorischen Volkskammer, die sich aus dem Dritten Deutschen Volkskongress konstituierte, am 07. Oktober 1949 in Kraft gesetzt.[140] Dieses Datum gilt auch als Gründungsdatum der DDR.[141] Die Gründungsverfassung der DDR ließ vor allem im gesellschaftspolitischen und wirtschaftlichen Bereich mehrere Gestaltungsmöglichkeiten offen und schrieb im Gegensatz zur DDR-Verfassung von 1968 sozialistische Ordnungsgrundsätze nicht zwingend vor.[142] Sie orientierte sich dagegen in einzelnen Teilen stark an der Weimarer Reichsverfassung.[143] So normierte die DDR-Verfassung auch soziale Grundrechte.[144] Eines davon war das Recht auf Arbeit gemäß Art. 15 DDR-Verf. 1949. Art. 15 Abs. 2 S. 1 DDR-Verf. 1949 lautet: „Das Recht auf Arbeit wird verbürgt." In dieser Formulierung kann eine Staatszielbestimmung gesehen werden.[145] Daneben bestanden noch das Recht auf Unterhalt (Art. 15 Abs. 2), das Recht auf Lohngerechtigkeit

---

[138] Eine nähere Bewertung dieser einzelnen Rechte findet sich bei Diercks, S. 19-31.
[139] Diercks, S. 17; Wegener, S. 45.
[140] DDR GBl. 1949, S. 4; Künzel, StuR 1989, S. 745 (751).
[141] Diercks, S. 32; vgl. Künzel, StuR 1989, S. 745 (751).
[142] Roggemann, S. 41.
[143] Badura, Staatsrecht, A 5., Rn. 33; Mampel, JöR 13 (1963) S. 455 (513); Künzel, StuR 1989, S. 745 (747).
[144] Künzel, StuR 1989, 745 (752).
[145] Diercks, S. 45 mit Hinweis auf die andere Ansicht.

(Art. 18 Abs. 3, 4), das Recht auf Schutz der Arbeitskraft und menschengerechte Arbeitsbedingungen, das Recht auf Mitbestimmung und das Recht auf Urlaub und Erholung.

Auch waren die Rechte auf Versorgung und soziale Sicherung, auf Familien-, Mutter- und Jugendschutz (Art. 32) sowie das Recht auf Bildung (Art. 39 gewährt daneben noch Schulgeld- und Lernmittelfreiheit) normiert und zudem gab es das Recht auf kulturelle Teilhabe und das Recht auf bedürfnisgerechte Wohnung (Art. 26 Abs. 2). Gemeinsam ist den sozialen Grundrechten der ersten Staatsverfassung, dass sich ihr Anspruchsinhalt nicht exakt ermitteln lässt, z. B. fehlt beim Recht auf Urlaub und Erholung die Angabe der zulässigen Wochenstundenzahl und die Mindesturlaubsdauer und beim Recht auf Bildung ist der Inhalt des zu vermittelnden Ausbildungsstoffes ungeklärt. Unmittelbar aus diesen sozialen Grundrechten lassen sich keine subjektiven-öffentlichen Rechte ableiten.[146]

c) Die Verfassung der DDR vom 09. April 1968 in der Fassung vom 07. Oktober 1974

1967 begann in der DDR die von der SED in Gang gesetzte Diskussion um eine neue Verfassung.[147] Die neue Verfassung trat am 09. April 1968 in Kraft und wurde mit Wirkung zum 07. Oktober 1974 neu gefasst. Die DDR-Verf. 1968 wurde von ihrem Verfassungsgeber im Gegensatz zur ersten Verfassung nicht mehr als Verfassung einer Übergangsordnung auf dem Wege zum Sozialismus, sondern als grundlegende sozialistische demokratische Ordnung verstanden.[148] Der Grundrechtsteil blieb bei der Neufassung im Wesentlichen unverändert.[149]

Nach Art. 24 Abs. 1 DDR-Verf. 1968/74 hatte jeder das Recht auf Arbeit. Korrespondierend dazu normiert Art. 24 Abs. 2 DDR-Verf. 1968/74 die Pflicht zur Arbeit. Ansonsten sind die sozialen Grundrechte der ersten Verfassung weitestgehend übernommen worden. Auch sie führten nicht zu unmittelbar durchsetzbaren Ansprüchen.

Nach *Diercks* waren sie inhaltlich von der kommunistischen Lehre geprägt: Hinter dem Recht auf Bildung verberge sich eine sozialistische Ausbildung; beim Recht auf Arbeit und Lohngerechtigkeit spiele das Dogma der ausbeu-

---

146 Diercks, S. 60; Eine nähere Darstellung der einzelnen Rechte findet sich bei Diercks, S. 33–60.
147 Diercks, S. 60.
148 Roggemann, S. 58; vgl. Badura, Staatsrecht, A 5., Rn. 33.
149 Roggemann, S. 277; vgl. auch Willoweit, S. 440.

tungsfreien Arbeit eine Rolle.[150] Zum Teil standen die sozialen Grundrechte unter erheblichen Einschränkungen. So wurde das Recht auf Wohnung nur entsprechend den volkswirtschaftlichen Möglichkeiten und den örtlichen Bedingungen gewährt. Das Recht auf Bildung stand unter dem Vorbehalt des Leistungsprinzips und den gesellschaftlichen Erfordernissen. Die ausführliche Regelung des Rechts auf Bildung ist in den Artikeln 25 und 26 DDR-Verf. 1974 neu gefasst worden.

Nach *Roggemann* maß die Rechtslehre der DDR dem realisierten Grundrecht auf Arbeit einen bedeutenden Stellenwert bei. So wurde das Grundrecht auf Arbeit mit der neuen Stellung des Werktätigen als Eigentümer der Produktionsmittel und als Träger der sozialistischen Staatsmacht sowie mit dem neuen Charakter der Arbeit untrennbar verbunden. Sein Wesen liege nicht allein in gesicherter Vollbeschäftigung, sondern in der Entfaltung der Persönlichkeit. Das Recht auf gesicherte und ausbeutungsfreie Arbeit sei eine wesentliche Bedingung für die Freiheit und Würde der Persönlichkeit.[151] Aufgrund der Koppelung von Rechten und Pflichten führten die sozialen Grundrechte der DDR-Verf. zu Freiheitsbeschränkungen. *Diercks* bemerkt dazu, dass die sozialen Grundrechte nicht ausschließlich den Bürgern Rechte versprachen, sondern auch der Entwicklung der sozialistischen Gesellschaft dienten, insbesondere der Produktionssteigerung. Zudem wurde die Verwirklichung der sozialen Grundrechte von dem Einsatz der Bürger abhängig gemacht; so hingen das Recht auf Schutz der Arbeitskraft und das Recht auf Wohnung von der Produktivität der Bevölkerung ab.[152] Außerdem waren die sozialen Grundrechte größtenteils zu unbestimmt formuliert, um dem Bürger aus der Verfassung unmittelbar abzuleitende Ansprüche einräumen zu können.[153]

Die zweite Verfassung der DDR von 1968 war dem Anspruch nach eine sozialistische Verfassung; der Sozialismus wurde in Art. 1 Abs. 1 DDR-Verf 1968 definiert. Die sozialistische Grundrechtstheorie war von der These der Aufhebung der Interessengegensätze von Gesellschaft und Bürgern gekennzeichnet.[154] Es lag hier also ein fundamental anderes Verständnis vor als das der freiheitlich-demokratischen Grundordnung, welches der Bundesrepublik Deutschland zugrunde liegt, wo die freie Entfaltung der Persönlichkeit sowie die Abwehrfunktion der Grundrechte eine große Rolle spielen. Trotzdem sollte auf die Darstellung der sozialen Grundrechte in den DDR-

150 Diercks, S. 91.
151 Roggemann, S. 290 ohne Nachweis der Quelle.
152 Diercks, S. 92.
153 Diercks, S. 90.
154 Diercks, S. 94.

Verfassungen nicht verzichtet werden, da die Landesverfassungsgebung in den neuen Bundesländern auch auf Erfahrungen in der DDR beruht.[155]

5. Einigungsvertrag und Auswirkungen auf das Grundgesetz

Mit dem Inkrafttreten des Einigungsvertrages am 29. September 1990 und dem Wirksamwerden des Beitritts am 03. Oktober 1990 endete die Existenz der DDR und somit die Geltung ihrer Verfassung.[156] Mit der Wiedervereinigung gab es neue Anstöße zur Änderung des Grundgesetzes. So wird in Art. 5 des Einigungsvertrages den gesetzgebenden Körperschaften empfohlen, sich mit der Ergänzung des Grundgesetzes um Staatszielbestimmungen zu befassen. Daher arbeitete die Gemeinsame Verfassungskommission von Bundestag und Bundesrat eingehend an diesem Thema.[157] Weitgehende Einigkeit herrschte darüber, keine klagbaren sozialen Grundrechte in die Verfassung aufzunehmen und so sollte schon bei der Formulierung jeder Schein individueller Einklagbarkeit vermieden werden, der entstünde, wenn vom „Recht auf Arbeit“ oder dem „Recht auf angemessene Wohnung“ die Rede wäre.[158] Letztlich wurden mit der Grundgesetzänderung vom 27. Oktober 1994 Art. 20 a GG (Schutz der natürlichen Lebensgrundlagen) sowie Art. 3 Abs. 2 S. 2 GG (Förderung der Gleichberechtigung) und Art. 3 Abs. 3 S. 2 GG (Benachteiligungsverbot wegen Behinderung) neu aufgenommen. Die Aufnahme des Tierschutzes ins Grundgesetz scheiterte jedoch nach 1994 und 1997 auch im dritten Anlauf am 13. April 2000.[159] Erst am 17. Mai 2002 stimmte der Deutsche Bundestag mehrheitlich für die Aufnahme des Tierschutzes in Art. 20 a GG.

V. Zusammenfassung

Geht man davon aus, dass soziale Grundrechte soziale Staatsaufgaben regeln, so besteht zwischen „unechten“ sozialen Grundrechten, Staatszielbestimmungen oder Gesetzgebungsaufträgen in der praktischen Auswirkung kaum ein Unterschied. „Unechten“ sozialen Grundrechten wächst dann eine ähnliche Funktion zu wie auch anderen Staatszielbestimmungen, nämlich Lenkung der staatlichen Tätigkeit. Sie unterscheiden sich von Staatszielbestimmungen letztlich nur in der Absolutheit ihrer Formulierung („Recht auf ...“). Möglicherweise will der Gesetzgeber die Prioritäten unterschiedlicher Staatsziele

---

155 Vgl. auch Berlit, KJ 1992, S. 437 (446).
156 Badura, Staatsrecht, A 5., Rn. 34.
157 Vgl. Bericht der Gemeinsamen Verfassungskommission, BT-Drucksache 12/6000 vom 05.11.1993.
158 BT-Drucksache 12/6000, S. 75.
159 Süddeutsche Zeitung vom 14.04.2000.

ausdrücken, indem als Grundrechte formulierte Ziele Vorrang vor formulierten Staatszielen haben sollen. Dieser Frage soll bei der Betrachtung einzelner sozialer Grundrechte der Landesverfassungen noch einmal nachgegangen werden.

Nach herrschender Meinung gewähren soziale Grundrechte keine unmittelbar einklagbaren subjektiv-öffentlichen Rechte. Gerichtlich durchsetzbare Ansprüche des Bürgers entstehen in keinem Fall und letztlich handelt es sich um Richtungsvorgaben für das Parlament. Die Entstehungsgeschichte sozialer Grundrechte zeigt, dass diese immer wieder Gegenstand der politischen Auseinandersetzung waren.

Zweites Kapitel: Die Landesverfassungen

Es stellt sich die Frage, inwieweit soziale Grundrechte in die Verfassungen der einzelnen Länder Eingang gefunden haben und welche Wirkung von ihnen ausgeht. In diesem Kontext ist das Problem zu diskutieren, welche Wirkkraft die Landesverfassungen neben dem Grundgesetz haben. Außerdem hat jede Verfassung ihren eigenen Charakter, der Beachtung finden muss, denn die besondere Gestalt einer Verfassung ist immer der spezifische Ausdruck eines Landes, die nicht beliebig zum Vorbild genommen werden kann.[160] *Denninger* formuliert, Verfassungen seien vor allem Ausdruck einer Identität und eines Grundkonsenses.[161] Dieses Verständnis von Verfassungen erklärt, warum die Verfassungen der einzelnen Länder, selbst wenn sie etwa zeitgleich entstanden sind, wie z. B. die praeföderalen Verfassungen oder die Verfassungen der neuen Bundesländer, doch so unterschiedlich ausgefallen sind.[162] Schließlich haben Verfassungen den Auftrag, die Zukunft zu gestalten.[163]

I. Einteilung der Landesverfassungen

Die bestehenden 16 Landesverfassungen können zunächst nach der Zeit ihrer Entstehung in drei Gruppen unterteilt werden. Nach der Vierteilung des Deutschen Reiches trieben die Besatzungsmächte innerhalb ihrer Zonen die Bildung von Ländern und die Schaffung von Verfassungen in unterschiedlichem Maße voran.[164] Vorreiter waren die USA, während die Länder der britischen Zone mit vorläufigen Verfassungen und Statuten sogar noch nach dem Inkrafttreten des Grundgesetzes[165] und zum Teil bis Anfang der neunziger Jahre operierten.

Als erste sind die Verfassungen entstanden, die aus der Zeit vor Inkrafttreten des Grundgesetzes stammen. Zu diesen praeföderalen Verfassungen zählen die von Hessen, Bayern, Rheinland-Pfalz, Bremen und dem Saarland. Ebenso gehören die Verfassungen von Baden, Württemberg-Baden und Württemberg-Hohenzollern in diese Gruppe. Da sie jedoch die Grundlage für die spätere Verfassung von Baden-Württemberg waren, werden sie hier nicht näher betrachtet. Postföderale Verfassungen sind die von Schleswig-Holstein,

---

[160] Vgl. von Mangoldt, Die Verfassungen der neuen deutschen Bundesländer, S. 15.
[161] Denninger, in: Preuß (Hrsg.), S. 95 (98).
[162] Bachmann, in: Eichel/Möller (Hrsg.), S. 90 (92).
[163] Bachmann, in: Eichel/Möller (Hrsg.), S. 90 (92).
[164] Vgl. Willoweit, S. 371.
[165] Bushart, S. 3.

Nordrhein-Westfalen, Niedersachsen, Berlin, Hamburg und Baden-Württemberg. Zu einer dritten Gruppe können die Verfassungen der ostdeutschen Bundesländer zusammengefasst werden, die alle Anfang der neunziger Jahre entstanden sind.

1. Praeföderale Verfassungen

Bei der Betrachtung der einzelnen Verfassungen fällt auf, dass die praeföderalen Verfassungen einen eigenen Grundrechtsteil aufweisen, der auch soziale Grundrechte enthält. Da sie aufgrund der enthaltenen Grundrechte nicht nur Organisationsstatuten sind, sind sie damit Vollverfassungen. Sie entstanden vor allem in den Ländern, die in der amerikanischen Besatzungszone lagen.[166]

a) Die Verfassung von Hessen

Die Hessische Verfassung wurde am 11. Dezember 1946 verkündet.[167] Sie ist die älteste der deutschen Nachkriegsverfassungen. Sie hat die Grundrechtsnormen weitestgehend auf justiziable Rechte begrenzt, regelt dafür aber in einem umfangreichen Teil soziale und wirtschaftliche Rechte und Pflichten.[168] Der Grundrechtsteil der hessischen Verfassung ist, noch ganz auf der Linie der Weimarer Reichsverfassung und auch der anderen vorgrundgesetzlichen Landesverfassungen, mehr als doppelt so umfangreich wie später der des Grundgesetzes. So sind die Abschnitte III bis V des ersten Hauptteils (Soziale und wirtschaftliche Rechte und Pflichten; Staat, Kirchen, Religions- und Weltanschauungsgemeinschaften; Erziehung und Schule) mehr, die Abschnitte I und II (Gleichheit und Freiheit; Grenzen und Sicherung der Menschenrechte) weniger deutlich an der Weimarer Reichsverfassung orientiert.[169] Das Profil der hessischen Verfassung ist am markantesten durch ihre sozialstaatliche Struktur geprägt.[170] 1991 wurde der Umweltschutz als Staatsziel in Art. 26 a HessVerf aufgenommen.

b) Die Verfassung von Bayern

Die Bayerische Verfassung trat am 08. Dezember 1946 in Kraft.[171] In ihrem Aufbau lehnt sie sich am stärksten von allen Landesverfassungen an die

---

166 Bushart, S. 3.
167 Hess. GVBl. 1946, S. 229.
168 Vgl. von Zezschwitz, in: Zinn/Stein, Art. 26 a, Rn. 11.
169 Schmidt, in: Meyer/Stolleis, S. 35 (45).
170 Lange, in: Heidenreich/Schacht, S. 95 (105); vgl. Willoweit, S. 374.
171 Bay GVBl. 1946, S. 333.

Weimarer Reichsverfassung an.[172] So unterscheidet sie sich von anderen vergleichbaren Verfassungen durch die Voranstellung des Ersten Hauptteils über „Aufbau und Aufgaben des Staates". „Grundrechte und Grundpflichten" bilden den zweiten Hauptteil, gefolgt von dem „Gemeinschaftsleben" als drittem und „Wirtschaft und Arbeit" als viertem Hauptteil. Eine Besonderheit im deutschen Verfassungsrecht bildet Art. 141 Abs. 3 BayVerf, der von Anfang an jedermann den Genuss der Naturschönheiten und die Erholung in der freien Natur gestattete.

c) Die Verfassung von Rheinland-Pfalz

Im Mai 1947 trat die Verfassung von Rheinland-Pfalz in Kraft.[173] Sie ist stark am christlichen Naturrechtsgedanken orientiert; alle staatliche Tätigkeit wird auf den Menschen ausgerichtet.[174] Er wird in dem von der Verfassung aufgerichteten System an die erste Stelle gerückt.[175] Dieses wird auch in den jeweiligen Normierungen zum sozialen Leben deutlich. In der Präambel sowie in Art. 1 Abs. 2 RhPfVerf wird der unternommene Versuch deutlich, die Spannung zwischen Gemeinwohl und Privatwohl durch den Grundsatz der sozialen Gerechtigkeit einzufangen und dem Fortschritt aller nutzbar zu machen.[176] Der Abschnitt über die Wirtschafts- und Sozialordnung nimmt einen bedeutenden Platz in der Verfassungsurkunde ein.[177] 1985 wurde der Schutz der natürlichen Lebensgrundlagen in die Verfassung aufgenommen. Die rheinland-pfälzische Verfassung wurde von allen Landesverfassungen am häufigsten geändert.[178]

Am 18. Mai 2000 trat das Gesetz zur Reform der Landesverfassung in Kraft. Neue und umgestaltete Staatszielbestimmungen in Hinblick auf den Schutz von Behinderten sowie im Bereich Wohnen und Arbeit sollen darin ebenso die veränderten Bedingungen von Gesellschaft und Staat widerspiegeln wie Veränderungen von Grundrechten.[179]

---

172 Bushart, S. 6.
173 RhPf. GVBl. 1947, S. 209.
174 Ley, in: Ley (Hrsg.), S. 16; Meyer/Ule, S. 26, 27.
175 Meyer/Ule, S. 26.
176 Meyer/Ule, S. 80.
177 Meyer/Ule, S. 79.
178 Bushart, S. 8.
179 Grimm, Landtagspräsident des Landtags von Rheinland-Pfalz, Vorwort, in: Der Präsident des Landtags Rheinland-Pfalz (Hrsg.): Verfassungsreform, S. 119.

d) Die Verfassung von Bremen

Die Verfassung von Bremen stammt vom 21. Oktober 1947.[180] Im Verhältnis zu den anderen praeföderalen Verfassungen trat die Verfassung von Bremen spät in Kraft. Der Grund dafür lag darin, dass Bremen zunächst der britischen Militärregierung unterstand, am 21. Januar 1947 aber der amerikanischen Militärregierung unterstellt wurde, welche sich die Hafenrechte gesichert hatte.[181] Die Verfassung von Bremen gliedert sich in die drei Hauptteile „Grundrechte und Grundpflichten", „Ordnung des sozialen Lebens" und „Aufbau und Aufgaben des Staates". Ähnlich wie die Hessische Verfassung enthält sie zahlreiche soziale Postulate, was auch schon in der Präambel deutlich wird.[182] So werden dem Bürger neben zahlreichen über das Grundgesetz hinausgehenden Grundrechten auch Grundpflichten auferlegt (z. B. Art. 8, Art. 9 BremVerf), die das Grundgesetz in diesen Bereichen nicht kennt.[183]

e) Die Verfassung des Saarlandes

Die Entwicklung der Verfassung des Saarlandes weicht zum Teil erheblich von der der anderen praeföderalen Verfassungen ab. Dies lag vor allem daran, dass das Ziel der französischen Besatzungsmacht in der Loslösung des Saarlandes von Deutschland und der Orientierung nach Frankreich bestand.[184] Am 17. Dezember 1947 wurde schließlich die Saarländische Verfassung verkündet.[185] Diese akzentuierte die Bindung an Frankreich sehr deutlich, unter anderem auch dadurch, dass sie sowohl in deutscher als auch in französischer Sprache abgefasst war. So deklarierte die Präambel die „Unabhängigkeit vom deutschen Reich" und die „organische Einordnung des Saarlandes in den Wirtschaftsbereich der französischen Republik".[186] Im Übrigen unterscheidet sich die Saarländische Verfassung im Aufbau nicht wesentlich von den anderen Verfassungen, sondern hat in Aufbau und Inhalt eher starke Ähnlichkeit mit der ursprünglichen Verfassung von Rheinland-Pfalz.[187] Nach einer Volksabstimmung am 23. Oktober 1955, welche ein „europäisches Saarstatut" ablehnte, erklärte Frankreich mit dem Saarvertrag vom Oktober 1956 sein Einverständnis zur Ausdehnung des Geltungsbereichs des Grundgesetzes ab 01. Januar 1957.[188]

---

180 Brem. GBl. 1947 S. 251.
181 Bushart, S. 9.
182 Bushart, S. 10.
183 Roth, in: Hartmann, S. 217.
184 Thieme, JöR 9 (1960), S. 422 (425); Stöber, S. I.
185 Treinen, in: Landtag des Saarlandes (Hrsg.), S. 21.
186 Bushart, S. 12; Plöhn, in: Hartmann, S. 478; Stöber, S. I.
187 Dörfler, S. 52.
188 Henn, S. 25.

Zu diesem Zeitpunkt traten auch Verfassungsänderungen in Kraft, welche die Hinwendung zur Bundesrepublik Deutschland auf Verfassungsebene vollzogen, und so wurde das Saarland schließlich deutsches Bundesland, wenn auch mit Vorbehalten zugunsten Frankreichs.[189]

2. Postföderale Verfassungen

Die postföderalen Verfassungen sind nach Inkrafttreten des Grundgesetzes entstanden. Die Verfassungsgebung in diesen Ländern zeichnete sich vor allem dadurch aus, dass bewusst gewartet wurde, bis das Grundgesetz vorlag, um die Landesbestimmungen möglichst eng an die Bundesregelungen anlehnen zu können.[190] Bei ihrer Entstehung wurde davon ausgegangen, dass bereits durch die Geltung des Grundgesetzes ein umfassender Grundrechtsschutz besteht. Daher beschränkten sie sich hauptsächlich auf einen organisationsrechtlichen Teil.

a) Die Verfassung von Schleswig-Holstein

Besonders deutlich wurde diese Beschränkung in Schleswig-Holstein, wo die Verfassung vom 13. Dezember 1949 (Inkraftgetreten am 12. Februar 1950)[191] nicht mit „Verfassung", sondern mit „Landessatzung" überschrieben war. Damit sollte, ebenso wie beim Grundgesetz, der vorläufige Charakter offenbart werden.[192] Als erste Landesverfassung, die mit dem Grundgesetz abgestimmt war, verzichtete sie auf einen eigenen Grundrechtsteil und sollte mehr einem Organisationsstatut entsprechen.[193] Am 13. Juni 1990 ist nach einer Reform die neue Verfassung in Kraft getreten.[194] Auch diese enthält lediglich in Abschnitt I materielle Regelungen wie den Schutz nationaler Minderheiten und Volksgruppen, die Gleichstellung sowie den Schutz der natürlichen Lebensgrundlagen oder Schutz und Förderung der Kultur.

b) Die Verfassung von Niedersachsen

Bereits am 09. Januar 1947 wurde vom niedersächsischen Landtag ein Gesetz zur vorläufigen Ordnung der niedersächsischen Landesgewalt verabschiedet, das sich an der Weimarer Reichsverfassung sowie der ehemaligen preußi-

---

189 Vgl. Darstellung bei Bushart, S. 12; Henn, S. 40 ff.
190 So z.B. Schüttemeyer, in: Hartmann, S. 588; Kleinrahm/Dickersbach, in: Geller-Kleinrahm, Einführung, S. 7.
191 SchlHlst. GVBl. 1950, S. 3.
192 Schüttemeyer, in: Hartmann, S. 589.
193 Barschel/Gebel, S. 54; Rohn, NJW 1990, S. 2782 (2782).
194 SchlHlst. GVBl. 1990, S. 391.

schen Verfassung orientierte.[195] Somit bestand hier keine Notwendigkeit zur raschen Verabschiedung einer Verfassung. Daher trat schließlich erst am 01. Mai 1951 die „Vorläufige Verfassung“ in Kraft[196], welche sich jeglicher Grundrechte und Staatszielbestimmungen enthielt. Sie bestimmte, dass nach Inkrafttreten einer gesamtdeutschen Verfassung eine endgültige Verfassung verabschiedet werden musste, so dass sich Niedersachsen dementsprechend als erstes westdeutsches Bundesland nach der Vereinigung eine neue Verfassung gab.[197] Zwar galt das Grundgesetz nach dem Beitritt der DDR-Länder zur Bundesrepublik Deutschland gemäß Art. 23 GG a.F. weiter, so dass die Niedersächsische Verfassung nicht gemäß ihrem Art. 61 Abs. 2 NdsVerf a.F. außer Kraft trat. Trotzdem beruhte die Entscheidung des niedersächsischen Landtags für eine neue Verfassung auf der Überlegung, dass mit der Wiederherstellung der staatlichen Einheit Deutschlands der Zeitpunkt gekommen sei, die Vorläufigkeit der Niedersächsischen Verfassung zu beseitigen und gleichzeitig eine Verfassungsrevision vorzunehmen.[198] Sie trat gemäß Art. 78 Abs. 1 NdsVerf am 01. Juni 1993 in Kraft[199], enthielt zunächst aber weder soziale Staatsziele noch soziale Grundrechte.[200] Lediglich der Schutz der natürlichen Lebensgrundlagen, die Sozialstaatlichkeit und das Gleichstellungsgebot waren als Staatsziele enthalten.[201] Durch das Zweite Gesetz zur Änderung der Niedersächsischen Verfassung vom November 1997 sind Art. 6 a (Arbeit und Wohnen) und Art. 6 b (Tierschutz) in die Verfassung aufgenommen worden[202]. Spätestens mit der Aufnahme dieser Normen vollzog sich die Entwicklung der Niedersächsischen Verfassung von einem Organisationsstatut zu einer Vollverfassung.[203]

c) Die Verfassung von Nordrhein-Westfalen

Die Verfassung von Nordrhein-Westfalen stammt vom 28. Juni 1950.[204] Sie wurde durch einen Volksentscheid am 18. Juni 1950 bestätigt. Die Verfassung von Nordrhein-Westfalen verweist in Art. 4 ausdrücklich auf die Geltung der Grundrechte des Grundgesetzes. Ob die Verfassung von Nordrhein-Westfalen durch diese Inkorporation als Vollverfassung charakterisiert wer-

---

195 Korte/Rebe, S. 79, 80.
196 Nds. GVBl. 1947, S. 103.
197 Mann, in: Hartmann, S.357.
198 Starck, NdsVBl. 1994, S. 2 (2); Berlit, NVwZ 1994, S. 11 (11, 12).
199 Ausgefertigt und verkündet am 19. Mai 1993, Nds. GVBl. 1993, S. 107.
200 Berlit, NVwZ 1994, S. 11 (13).
201 Starck, NdsVBl. 1994, S. 2 (8-9).
202 Vgl. Art. 1 des Zweiten Gesetzes zur Änderung der Niedersächsischen Verfassung vom 21. November 1997, Nds.GVBl. S. 480.
203 Vgl. Schwarz, NdsVBl. 1998, S. 225 (225).
204 NRW. GVBl. 1950, S. 127.

den kann, ist umstritten.[205] Trotz Art. 4 NRWVerf werden noch soziale Grundrechte und Staatszielbestimmungen festgeschrieben, so der Anspruch auf Erziehung und Bildung und der Anspruch auf gleichen Lohn von Frauen und Jugendlichen. Im Mittelpunkt des Wirtschaftslebens soll gemäß Art. 24 Abs. 1 NRWVerf das Wohl des Menschen stehen, so dass z. B. der Schutz seiner Arbeitskraft Vorrang vor dem Schutz des materiellen Besitzes hat. Soziale Belange werden im zweiten Teil („Von den Grundrechten und der Ordnung des Gemeinschaftslebens") geregelt. Im Vergleich zur hessischen und bremischen Verfassung lässt das Fehlen weitgehender wirtschaftlicher und kollektiver Grundrechte sowie das nur indirekt angesprochene Sozialstaatspostulat die Verfassung als Dokument der sozialen Demokratie ohnehin eher blass erscheinen.[206] Von der Spannweite ihrer programmatischen Vorstellungen nimmt die Verfassung von Nordrhein-Westfalen eine Position zwischen der christlich-sozialen Programmatik der Verfassung von Rheinland-Pfalz und der demokratisch-sozialistischen Programmatik der Hessischen Verfassung ein.[207]

d) Die Verfassung von Hamburg

Von Baden-Württemberg als Sonderfall abgesehen, bildete Hamburg das Schlusslicht in der Landesverfassungsgebung.[208] Zwar trat am 15. Mai 1946 eine vorläufige Verfassung in Kraft, welche von einer von der britischen Militärregierung ernannten Bürgerschaft beschlossen worden war.[209] Die von einer frei gewählten Bürgerschaft beschlossene Hamburger Verfassung besteht jedoch erst seit dem 06. Juni 1952.[210] An einer Neuorientierung im Bereich der Grundrechte und Staatsziele nach Inkrafttreten des Grundgesetzes hat die Hamburger Verfassung nicht teilgenommen.[211] Diese Verfassung ist vielmehr weiterhin frei von Grundrechten. Lediglich die Präambel nimmt Grundrechte und Staatszielbestimmungen vorweg und trägt so zur Darstellung des Sozialstaats bei[212], doch sie beschränkt sich größtenteils auf den wirtschaftlichen Bereich.[213] Dies ist insbesondere der Fall, da die Präambel auch den ursprünglich geplanten Abschnitt „Wirtschaft und Arbeit" ersetzt, über dessen Inhalt im Verfassungsausschuss keine Einigung erzielt werden

---

205 Zustimmend: Kleinrahm, in: Loschelder, S. 58; ablehnend: Bushart, S. 18.
206 Kringe, S. 11.
207 Biegler/Frey/Kleinfeld, in: Hartmann, S. 393.
208 Thieme, S. 2.
209 Bushart, S. 23.
210 Hmbg GVBl. 1951, S. 117.
211 David, Vorbemerkungen, Rn. 10.
212 H.P. Ipsen, Hamburgs Verfassung und Verwaltung, S. 257.
213 Bushart, S. 24.

konnte.[214] 1986 wurde der Schutz der natürlichen Lebensgrundlagen in die Präambel aufgenommen.

e) Die Verfassung von Baden-Württemberg

Als letzte der postföderalen Verfassungen stammt die Verfassung von Baden-Württemberg vom 11. November 1953.[215] Dies ist bedingt durch den späten Zusammenschluss der Länder Baden, Württemberg-Baden und Württemberg-Hohenzollern zu einem Bundesland am 25. März 1952.[216] Zunächst hatten alle drei Länder eigene Verfassungen.[217] Die Verfassung ist eine Mischform zwischen einer Vollverfassung und einem reinen Organisationsstatut. Sie bekennt sich ebenso wie die nordrhein-westfälische Verfassung zu den Grundrechten des Grundgesetzes, enthält daneben aber auch noch einige eigene grundrechtliche Regelungen. Die Verfassung von Baden-Württemberg enthielt zunächst einen relativ kleinen materiellen Teil mit Grundrechten und Staatszielbestimmungen.[218] Auffällig ist die Betonung der christlichen Grundlage, die sich in der Präambel, in Art. 1 sowie in Schulregelungen zeigt.[219] Der Umweltschutz wurde 1995 als Staatsziel aufgenommen, im Mai 2000 folgten die Förderung von Tierschutz, Kunst und Sport.

f) Die Verfassung von Berlin

Einen Sonderfall stellt angesichts der historischen Lage die Verfassung von Berlin dar. Die Verfassung von Berlin, die in ihrem Kern bis zum Inkrafttreten der neuen Verfassung von 1995 Gültigkeit hatte, trat am 01. Oktober 1950 in Kraft.[220] Davor galt die „vorläufige Verfassung von Groß-Berlin“, die im Oktober 1946 von den vier Siegermächten erlassen worden war.[221] Die Berliner Verfassung war zwar für das gesamte Gemeinwesen konzipiert, besaß dann letztlich aber nur Geltung für den Westteil und das auch nur mit Einschränkungen durch die Alliierten.[222] Die neue Berliner Verfassung stammt vom 23. November 1995[223], welche durch Volksabstimmung bestä-

---

214 Glatz/Haas, JöR 6 (1957), S. 223 (227).

215 BaWü GBl. 1953, S. 173.

216 Vgl. Darstellung bei Feuchte, Einleitung, Rn. 5-21.

217 Verfassung des Landes Baden vom 22.05.1947; Verfassung für Württemberg-Baden vom 28.11.1946; Verfassung für Württemberg-Hohenzollern vom 18.05.1947.

218 Bushart, S. 26.

219 Vgl. Beutler, S. 195, 196.

220 Berl. GVBl. 1950 I, S. 433.

221 Massing/Petratis, in: Hartmann, S. 136.

222 Reichert, Band I, S. VII; Massing/Petratis, in: Hartmann, S. 136.

223 Berl. GVBl. 1995, S. 779.

tigt wurde.[224] In diesem Zusammenhang wurde der Inhalt des zweiten Abschnitts - Grundrechte, Staatsziele - erheblich geändert. Seitdem sind Elemente sozialer Grundrechte mit Elementen von Staatszielen verbunden, so bei den Themen Arbeit, Bildung und Wohnraum. Deutlich hervorgehoben wird der Schutz von Ehe und Familie. Andere auf Dauer angelegte Lebensgemeinschaften dürfen nicht diskriminiert werden. Unter anderem wurde der Tierschutz als Staatsziel aufgenommen.

3. Verfassungen der „neuen Länder"

Die Verfassungen der ostdeutschen Bundesländer zeichnen sich durch eine umfangreiche Aufnahme von Staatszielbestimmungen und sozialen Grundrechten aus, allerdings in unterschiedlicher Ausgestaltung und in verschiedenem Umfang. Wie jede geschriebene Verfassung sind auch die Verfassungen der neuen Bundesländer Ausdruck ihrer Zeit, „von historischem Sein und Bewusstsein geprägt; sie spiegeln historische Verhältnisse zum Zeitpunkt ihrer Entstehung, ja die politischen Tendenzen, die das Denken der Mehrheit der Bevölkerung bestimmen".[225] Alle neuen Verfassungen wurzeln in jenem starken Landesbewusstsein, das bereits bei der Wiedergewinnung politischer Mündigkeit in der demokratischen Revolution Ausdruck gefunden hatte.[226]

In den neuen Ländern galten nach dem Beitritt auf der Grundlage des § 23 Abs. 2 des Ländereinführungsgesetzes der DDR vom 22. Juli 1990 die erstgewählten Landtage, welche ihre Legitimation aus den ersten Landtagswahlen erhalten hatten, als verfassungsgebende Versammlungen.[227] Von Bedeutung für die ostdeutsche Verfassungsgebung waren auch die westlichen Länderpartnerschaften. So arbeiteten zum Beispiel Rheinland-Pfalz, Hessen und Thüringen zusammen, Baden-Württemberg mit Sachsen, Brandenburg mit Schleswig-Holstein und Nordrhein-Westfalen sowie Niedersachsen mit Sachsen-Anhalt.[228] Häufig wurden die bestehenden westdeutschen Landesverfassungen als Vorbilder herangezogen, so entsprechend den Wünschen nach einem ausführlichen Grundrechtsbereich die vorgrundgesetzlichen Verfassungen Hessens, Bayerns und die baden-württembergische Verfassung.[229]

224 Massing/Petratis, in: Hartmann, S. 136.
225 von Mangoldt, Die Verfassungen der neuen deutschen Bundesländer, S. 15.
226 von Mangoldt, Die Verfassungen der neuen deutschen Bundesländer, S. 25; vgl. Heitmann, SächsVBl 1993, S. 2 (3).
227 Jüngel, in: Hartmann, S. 321; von Mangoldt, Die Verfassungen der neuen deutschen Bundesländer, S. 18.
228 Kanther, S. 86.
229 Kanther, S. 87.

a) Die Verfassung von Sachsen

Bereits Anfang 1990 lag in Sachsen ein erster Verfassungsentwurf vor.[230] Grundlage war der (nach dem Tagungsort benannte) Gohrische Entwurf, der Anfang August veröffentlicht wurde und dann unter Einbeziehung dazu ergangener Stellungnahmen und Kritik überarbeitet und im Oktober erneut veröffentlicht wurde. Nach Erarbeitung anderer Entwürfe, z. B. dem Entwurf der Initiative Leipziger Hochschullehrer, veröffentlichte der Verfassungsausschuss Anfang Juli 1991 den ausgehandelten Text und dazu auch die Dissense einzelner Fraktionen.[231] Zur Abstimmung war eine 2/3-Mehrheit im Landtag erforderlich. Dies entsprang der Erkenntnis, dass nur bei einem Verfassungsbeschluss mit besonders qualifizierter Mehrheit jenes Aufeinanderzugehen der politischen Kräfte im Lande gesichert sei, mit dem allein eine zukunftsfähige, ihrer Integrationsaufgabe gewachsene Verfassung erreicht werden konnte.[232] Die Verfassung von Sachsen trat schließlich als erste Verfassung der neuen Bundesländer am 27. Mai 1992 in Kraft.[233] Sie ist eine Vollverfassung. Soziale Rechte sind in erster Linie als Staatszielbestimmungen formuliert, wobei diese zum Teil recht ausführlich ausgestaltet sind. Staatszielbestimmungen und Grundrechte finden sich in unterschiedlichen Abschnitten, so z. B. grundlegende Staatsziele im 1. Abschnitt, Normen zum Bildungswesen in Abschnitt 9.

b) Die Verfassung von Sachsen-Anhalt

Die Verfassung von Sachsen-Anhalt stammt vom 16. Juli 1992.[234] In Sachsen-Anhalt ist die Beratung über die Verfassung und die Beteiligungsmöglichkeit für das Volk ähnlich verlaufen wie in Sachsen, allerdings ohne die Veröffentlichung der Dissense einzelner Fraktionen.[235] Auch wurde auf eine Volksabstimmung über die Verfassung verzichtet.[236] Die Verfassung von Sachsen-Anhalt hat auf die Formulierung subjektiv-rechtlicher sozialer Grundrechte, die soziale Ziele als individuelle Anspruchsberechtigung der einzelnen Bürger begründen, bewusst verzichtet.[237] Grundrechte und Staatsziele erscheinen in unterschiedlichen Unterabschnitten des 2. Hauptteils. Allerdings konnte die strikte Trennung nicht durchgehalten werden, so dass

---

230 Patzelt, in: Hartmann, S. 522.
231 von Mangoldt, Die Verfassungen der neuen deutschen Bundesländer, S. 29, 30; Hinds, ZRP 1993, S. 149 (150).
232 von Mangoldt, Die Verfassungen der neuen deutschen Bundesländer, S. 33.
233 Sächs GVBl. 1992, S. 243.
234 SaAnh GVBl. 1992, S. 600.
235 von Mangoldt, Die Verfassungen der neuen deutschen Bundesländer, S. 30, 31.
236 Kilian, LKV 1993, S. 73 (74).
237 Mahnke, Art. 3, Rn. 3.

durchaus Elemente von Grundrechten im Abschnitt „Staatszielbestimmungen“ erscheinen oder staatszielähnliche Bestimmungen unter „Einrichtungsgarantien“.[238]

c) Die Verfassung von Brandenburg

Die Verfassung des Landes Brandenburg vom 20. August 1992[239] ist die erste Verfassung der neuen Bundesländer, die durch einen Volksentscheid legitimiert wurde.[240] Während der Beratungen um die Verfassung waren vor allem die Fragen der sozialen Grundrechte und Staatszielbestimmungen umstritten.[241] Die brandenburgische Verfassung ist thematisch geordnet, daher sind Grundrechte und Staatszielbestimmungen vermischt. Sie nehmen vor allem im 2. Hauptteil einen breiten Raum ein, so dass die Verfassung von diesen Normen geprägt ist.

d) Die Verfassung von Mecklenburg-Vorpommern

Die Verfassung von Mecklenburg-Vorpommern stammt vom 23. Mai 1993.[242] In Mecklenburg-Vorpommern wurde die Erarbeitung eines Verfassungsentwurfs im institutionellen Prozess ebenfalls einer vom Landtag bestellten gemischt besetzten Verfassungskommission übertragen und die Bevölkerung danach zur Stellungnahme aufgefordert.[243] Sie unterscheidet sich mit der Inkorporation der Bundesgrundrechte und der Bescheidung auf wenige eigene ausformulierte Grundrechtsartikel von den Verfassungen der anderen neuen Bundesländer.[244] Aus diesem Grund wird sie auch als „schlanke Vollverfassung“ bezeichnet.[245] Grundrechte und Staatsziele finden sich in unterschiedlichen Abschnitten.

e) Die Verfassung von Thüringen

Die thüringische Verfassung vom 25. Oktober 1993 ist die jüngste der ostdeutschen Verfassungen.[246] Das lag maßgeblich daran, dass mehrere verschiedene Entwürfe nicht zum Erfolg führten und letztlich jede Fraktion einen eigenen Entwurf in den Landtag einbrachte, was einen Konsens zunächst

---

238 Mahnke, Art. 3, Rn. 6.
239 Brdbg. GVBl. 1992 I., S. 298.
240 Jann/Muszynski, in: Hartmann, S. 178.
241 Jann/Muszynski, in: Hartmann, S. 179.
242 MeckPom GVBl. 1993, S. 372.
243 von Mangoldt, Die Verfassungen der neuen deutschen Bundesländer, S. 31, 32.
244 Pirsch, in: Thiele/Pirsch/Wedemeyer, vor Art. 5, Rn. 1.
245 Hölscheidt/von Wiese, LKV 1992, S. 393 (397).
246 Thür GVBl. 1993, S. 625.

erschwerte.[247] Endgültig bestätigt wurde sie erst am 16. Oktober 1994 durch einen Volksentscheid.[248] Zwar hatte der Landtag bereits am 07. November 1990 eine vorläufige Verfassung verabschiedet, die bis zum 31. Dezember 1992 befristet sein sollte, doch die umfangreichen Beratungen in den verschiedenen Ausschüssen stellten sich als sehr zeitaufwendig heraus.[249] Die thüringische Verfassung enthält einen sehr umfangreichen ersten Teil, der mit „Grundrechte, Staatsziele und Ordnung des Gemeinschaftslebens" überschrieben ist. Ebenso wie in Brandenburg findet sich auch hier eine Vermischung von Staatszielen und Grundrechten.

4. Zwischenergebnis

Die einzelnen Landesverfassungen lassen sich aufgrund ihrer jeweiligen Gemeinsamkeiten in die vorgenannten drei Gruppen einteilen. Die jeweilige Entstehungsgeschichte der Landesverfassungen muss bei der Betrachtung der einzelnen sozialen Grundrechte in den Verfassungen bedacht und in die Beurteilung einbezogen werden.

II. Die Wirkung sozialer Grundrechte in den Landesverfassungen hinsichtlich der Geltung des Grundgesetzes

Die Wirkung von Landesgrundrechten wird wegen der „Überlagerung" durch das Grundgesetz zum Teil als sehr gering eingestuft. Daher wird hier untersucht, inwieweit sich die Landesverfassungen neben dem Grundgesetz entfalten können.

Grundsätzlich besitzen die Länder eigene Staatsqualität und die Verfassungsräume von Bund und Ländern stehen einander selbständig gegenüber.[250] Die Gestaltungsfreiheit des Verfassungsgebers der Länder ist zunächst durch das Homogenitätsgebot in Art. 28 Abs. 1 S. 1 GG begrenzt. Danach muss die verfassungsmäßige Ordnung in den Ländern den Grundsätzen des republikanischen, demokratischen und sozialen Rechtsstaates im Sinne des Grundgesetzes entsprechen. Da das Grundgesetz insoweit jedoch nicht Uniformität oder Konformität, sondern föderative Vielfalt und allenfalls ein unerlässliches Mindestmaß an Homogenität in den Verfassungsstrukturen durch Bindung der Länderverfassungen an die leitenden Prinzipien herbeiführen will, haben die Länder bei der Ausübung ihrer Verfassungshoheit einen entspre-

---

247 Vgl. von Mangoldt, Die Verfassungen der neuen deutschen Bundesländer, S. 32.
248 Edinger/Lembcke/Lange, in: Hartmann, S. 627.
249 Edinger/Lembcke/Lange, in: Hartmann, S. 627.
250 BVerfGE 22, 267 (270); 90, 60 (84); 99, 1 (11, 12); DVBl. 2001, S. 1415 (1416).

chenden Gestaltungsspielraum.[251] Problematisch wird dieses Nebeneinander von Bundes- und Landesverfassungsrecht allerdings dann, wenn einzelne Vorschriften aus beiden Rechtskreisen sich widersprechen.

Bei der Entscheidung, ob ein Landesgrundrecht mit einem Bundesgrundrecht vereinbar ist, müssen die Normelemente der zu vergleichenden Rechtssätze getrennt gegenübergestellt werden. Bei einem Grundrecht sind dies der Rechtsgehalt selbst (der Anspruchsinhalt), die Beschränkungsmöglichkeiten des Rechts, sowie die Festlegung des Grundrechtsträgers und des Grundrechtsadressaten bzw. des Grundrechtsverpflichteten.[252] Es stellt sich daher die Frage, wie ein soziales Grundrecht in einer Landesverfassung Wirkung entfalten kann, wenn Normen des Grundgesetzes vorliegen, die dieses Gebiet ebenfalls betreffen. Auch ist die Vereinbarkeit eines sozialen Grundrechts mit höherrangigem Recht fraglich, wenn gleichzeitig eine konkurrierende Gesetzgebungskompetenz des Bundes besteht und aufgrund dessen einfachgesetzliche Bestimmungen die entsprechende Materie bereits regeln. So wird z. B. in Art. 15 ThürVerf angemessener Wohnraum als Staatsziel vorgegeben, gleichzeitig unterfällt die soziale Fürsorge aber gemäß Art. 74 Abs. 1 Nr. 7 GG der konkurrierenden Gesetzgebung des Bundes.

Zunächst findet Art. 31 GG für jede Form der Kollision von Bundesverfassungsrecht und Landesverfassungsrecht Anwendung. Eine Sondernorm dazu stellt allerdings Art. 142 GG dar.

1. Art. 142 GG

Gemäß Art. 142 GG können die Landesverfassungen Grundrechte gewähren, die mit denen des Grundgesetzes aus den Artikeln 1 bis 18 übereinstimmen. Nach allgemeiner Ansicht betrifft dies darüber hinaus auch die in anderen Abschnitten des Grundgesetzes garantierten Grundrechte und grundrechtsgleichen Rechte wie z. B. Art. 33 Abs. 1 GG oder die Justizgrundrechte der Art. 101 bis 104 GG.[253] Unerheblich ist, ob die Landesgrundrechte vor oder nach Inkrafttreten des Grundgesetzes erlassen worden sind.[254] Folglich muss in diesem Zusammenhang nicht zwischen den Grundrechten der praeföderalen und postföderalen Landesverfassungen unterschieden werden. Enthält Art. 142 GG somit für die Zukunft keine zeitliche Sperre, so ist es den Län-

---

251 Vgl. BVerfGE 24, 367 (390); 27, 44 (56); Schneider, DÖV 1987, S. 749 (751).
252 Maunz, in: Maunz-Dürig, Art. 142, Rn. 13; HessStGH ESVGH 32, 1 (7).
253 Pietzcker, in: HbdStR, Bd. IV, § 99, Rn. 42; BVerfGE 22, 267 (271).
254 Maunz, in: Maunz-Dürig, Art. 142, Rn. 6; BVerfGE 96, 345 (364).

dern unbenommen, neue Grundrechte „zu erfinden“, was im Hinblick auf die Positivierung sozialer Grundrechte Bedeutung gewinnen könnte.[255]

Für das Verhältnis der Grundrechte in den Landesverfassungen zu den Grundrechten des Grundgesetzes ist Art. 142 GG lex specialis gegenüber Art. 31 GG.[256] So können gemäß Art. 142 GG die Landesverfassungen Grundrechte gewähren, die mit den genannten Bestimmungen des Grundgesetzes übereinstimmen. Fehlt diese Übereinstimmung, so greift Art. 31 GG mit der Folge ein, dass sogar einfaches Bundesrecht Landesrecht jeglichen Ranges brechen kann.[257] Zunächst ist daher zu klären, wann Landesgrundrechte mit denen des Grundgesetzes übereinstimmen. Dies ist offenkundig bei Inhaltsgleichheit der Fall.[258] Umstritten ist, ob Art. 142 GG auch Anwendung findet, wenn ein Landesgrundrecht gegenüber einer bundesstaatlichen Grundrechtsgewährleistung zurückbleibt.[259] Da die sozialen Grundrechte in den Landesverfassungen sämtlich über Regelungen des Grundgesetzes hinausgehen, wird darauf hier nicht näher eingegangen.

a) Über das Grundgesetz hinausgehende Rechte

Uneinigkeit besteht auch darüber, ob Übereinstimmung dann vorliegt, wenn das Grundgesetz eine landesgrundrechtliche Gewährleistung in sachlicher oder persönlicher Hinsicht nicht oder nicht so kennt oder wenn die Einschränkungsmöglichkeiten des Landesgrundrechts gegenüber dem Grundgesetz geringer sind.[260]

Die Meinung, dass auch diejenigen Grundrechte der Landesverfassungen, die über die des Grundgesetzes hinausgehen, Gültigkeit entfalten, wird von weiten Teilen der Literatur vertreten. Begründet wird dies mit der Systematik der Grundrechte des Grundgesetzes, die als nicht abschließend angesehen werden, mit der Entstehungsgeschichte des Grundgesetzes sowie der Intention, den Freiheitsraum des Einzelnen umfassend zu schützen.[261] Das Erfordernis der Vereinbarkeit verlange nämlich nicht, dass alle Normelemente der Grundrechte im Einklang stehen müssten; vielmehr genüge es, wenn ein

---

255 Denninger, in: AK, Art. 142, Rn. 9.
256 von Münch, in: von Münch, Art. 142, Rn. 4; Pieroth, in: Jarass/Pieroth, Art. 142, Rn. 1.
257 von Münch, in: von Münch, Art. 142, Rn. 4; BVerfGE 1, 264 (281); 96, 345 (365).
258 Pieroth, in: Jarass/Pieroth, Art. 142, Rn. 3; vgl. Maunz, in: Maunz-Dürig, Art. 142, Rn. 12.
259 Siehe dazu z.B. Darstellung bei Dietlein, S. 39-42.
260 So Pieroth, in: Jarass/Pieroth, Art. 142, Rn. 3; a.A. Pietzcker, in: HbdStR, Bd. IV, § 99, Rn. 51.
261 Jutzi, Landesverfassungsrecht und Bundesrecht, S. 36; Böckenförde/Grawert, DÖV 1971, S. 119 (120).

Mindeststandard gewährleistet sei; der Freiheitsgehalt eines Landesgrundrechts dürfe nicht geringer sein als der eines vergleichbaren Bundesgrundrechts.[262]

Nach einer anderen Ansicht sind Grundrechte der Landesverfassungen durch Art. 142 GG nur insoweit aufrechtzuerhalten, als sie mit den Grundrechten des Grundgesetzes übereinstimmen.[263] Damit können Grundrechte, sofern sie über Bundesgrundrechte hinausgehen, einer sonst zulässigen bundesrechtlichen Regelung nicht entgegenstehen.[264]

Ein weiteres Problem besteht hinsichtlich solcher landesverfassungsrechtlichen Gewährleistungen, die im Grundgesetz nicht vorkommen. *Schöfberger* führt aus, dass Art. 142 GG auf solche Grundrechte nicht anwendbar sei, die im Grundgesetz keine wesensgleiche Parallele haben. Seine Ausführungen bezieht er auf Art. 141 Abs. 3 BayVerf (Grundrecht auf Naturgenuss und Erholung). Seiner Meinung nach ist zusätzlicher Rechtsschutz gegeben, wenn die Ländergrundrechtskataloge über die Individualgrundrechte hinaus weitere Lebensgebiete grundrechtlich ordnen. Diese Folgerung ergebe sich aus der Auslegung des Art. 142 GG, wonach „Bestimmungen der Landesverfassungen <u>auch</u> insoweit in Kraft [bleiben], als sie in Übereinstimmung [...] Grundrechte gewährleisten". Das Wort „auch" weise darauf hin, dass das Landesrecht nicht nur hinsichtlich des übereinstimmenden Teils des Grundrechtskataloges in Kraft bleiben soll, sondern auch hinsichtlich weitergehender Grundrechte.[265]

Ob die ausgeführte Meinungsverschiedenheit hier entschieden werden muss, ist abhängig davon, ob sie für die Gültigkeit sozialer Grundrechte in den Landesverfassungen relevant ist.

b) Besonderheit der sozialen Grundrechte

Folgt man der Ansicht, dass Landesgrundrechte, die über die des Grundgesetzes hinausgehen, Gültigkeit entfalten, müsste dies auch bei sozialen Grundrechten der Fall sein. Allerdings wird hier von einem Teil der Literatur in Frage gestellt, ob soziale Grundrechte überhaupt unter die Gewährleistungsgarantie des Art. 142 GG fallen.[266] Diese Skepsis besteht aus gutem Grund:

---

262 HessStGH, NJW 1982, S. 1381 (1383).
263 Leibholz/Rinck/Hesselberger, Art. 142, Rz. 2; BVerfGE 36, 342 (362, 363).
264 Schmidt-Bleibtreu, in: Schmidt-Bleibtreu/Klein, Art. 142, Rn. 1; BVerfGE 1, 264 (281).
265 Schöfberger, S. 13.; zum gleichen Ergebnis kommt auch Gallwas; JA 1981, S. 536 (540).
266 Vgl. Storr, S. 222.

Nach der Ansicht von *Dörfler* ist die Anwendbarkeit des Art. 142 GG eingeschränkt infolge der Tatsache, dass das Grundgesetz Grundrechte sozialen Inhalts, wenn überhaupt, nur in sehr begrenztem Maße enthält. Mangels inhaltlicher Vergleichbarkeit könne damit an den größten Teil landesverfassungsrechtlicher Regelungen sozialen, kulturellen oder wirtschaftlichen Inhalts der Maßstab des Art. 142 GG nicht angelegt werden.[267]

Böckenförde/Grawert führen aus, dass nur solche Normen, die Grundrechte oder grundrechtsähnliche Positionen gewähren und daher auch Individualrechtsschutz veranlassen können, von der Bestandsgarantie des Art. 142 GG gemeint sind.[268] Damit scheiden zugleich gemeinschaftsordnende Normen, die lediglich programmatische Staatszielbestimmungen oder Gesetzgebungsaufträge darstellen, aus dem Kreis der Grundrechtsbestimmungen im Sinne des Art. 142 GG aus.[269] Entscheidend dafür, ob eine landesverfassungsrechtliche Norm ein Grundrecht im Sinne des Art. 142 GG ist, sei nicht die landesrechtliche Bezeichnung oder die Einordnung unter ein bestimmtes Kapitel der Landesverfassung, sondern vielmehr die Interpretation, dass insoweit ein materielles Grundrechtsverständnis maßgebend sein muss.[270]

Auch *Dietlein* vertritt die Auffassung, dass die Anwendung von Art. 142 GG davon abhängig ist, ob soziale Grundrechte eine subjektiv-einklagbare Rechtsposition geben. Seiner Ansicht nach gebietet der Normzweck von Art. 142 GG zunächst jedoch eine möglichst weitgehende Einbeziehung subjektiver Grundrechtspositionen, da Art. 142 GG die Verkürzung individueller Rechte durch das Grundgesetz ausschließen wolle.[271] Als Beleg dafür, dass der Grundrechtsbegriff des Art. 142 GG auch positive Schutzansprüche grundrechtlicher Art erfasst, kann seiner Meinung nach die in Art. 142 GG formulierte Bezugnahme auf die Grundrechte aus Art. 1 Abs. 1 S. 2 GG sowie Art. 6 Abs. 1 GG angeführt werden, die sämtlich über den Bereich rein negatorischer Rechte hinausgehen.[272] Daher bestehen seiner Ansicht nach zunächst keine dogmatischen Einwände gegenüber der Einbeziehung sozialer Grundrechte in den Grundrechtsbegriff des Art. 142 GG. Allerdings soll Art. 142 GG ausschließlich der Wahrung individueller Rechtspositionen dienen.[273] Verbürgungen in Form von objektiv-rechtlichen Regelungsanordnungen sind dagegen nicht unter Art. 142 GG zu subsumieren. Wie oben bereits

---

267 Dörfler, S. 53.
268 Böckenförde/Grawert, DÖV 1971, S. 119 (121).
269 Böckenförde/Grawert, DÖV 1971, S. 119 (121).
270 Böckenförde/Grawert, DÖV 1971, S. 119 (121); vgl. Denninger, in: AK, Art. 142, Rn. 8.
271 Dietlein, S. 32.
272 Dietlein, S. 32.
273 Vgl. Maunz, in: Maunz-Dürig, Art. 142, Rn. 9.

ausgeführt[274], geben soziale Grundrechte dem Einzelnen in aller Regel keine subjektiven, gerichtlich durchsetzbaren Ansprüche, sondern bilden den Oberbegriff für sozialstaatliche Aufgaben, die auch in Form von Staatszielbestimmungen oder Programmsätzen festgeschrieben werden können. Reduziert sich aber der Regelungsgehalt solcher Normen auf die Funktion reiner Staatszielbestimmungen oder Programmsätze, können sie von der Privilegierungsnorm des Art. 142 GG grundsätzlich nicht erfasst werden.[275] Interpretiert man soziale Grundrechte als rein objektiv-rechtliche Bestimmungen, steht als Kontroll- bzw. Kollisionsnorm zur Prüfung der Gesetzmäßigkeit und Rechtsgültigkeit daher auch nach *Dietlein* ausschließlich die Regelung des Art. 31 GG zur Verfügung.[276] Dies trifft seiner Meinung nach auch für jene subjektiv-rechtlich bewehrten Sozialbestimmungen zu, die in den Art. 1-18 GG keine Entsprechung finden.[277]

Festzuhalten bleibt, dass das entscheidende Kriterium für die Anwendung des Art. 142 GG ist, ob es sich bei der zu prüfenden Norm um eine einklagbare subjektive Rechtsposition handelt. Art. 142 GG bezieht sich nämlich nicht auf Regelungen der wirtschaftlichen, sozialen und kulturellen Lebensverhältnisse und nicht auf Elemente objektiver Ordnung, die dem der Verfassung zugrundeliegenden Wertsystem entspringen.[278] Damit ist eine Entscheidung der Meinungsstreitigkeiten, die sich um Art. 142 GG ranken, in diesem Zusammenhang entbehrlich. Die Vereinbarkeit der in den Landesverfassungen verankerten sozialen Grundrechte mit Bundesrecht richtet sich nach Art. 31 GG.

2. Art. 31 GG

Geht man davon aus, dass es sich bei sozialen Grundrechten letztlich nicht um individuell-begünstigende Normen handelt, richtet sich ihre Vereinbarkeit mit dem Grundgesetz nach Art. 31 GG.[279] Mit dieser Regelung werden die beiden Normhierarchien des Bundesrechts und des Landesrechts ihrerseits zueinander in ein Rangverhältnis gebracht. Bundesrecht jeder Stufe hat Vorrang vor Landesrecht jeder Stufe, also auch eine Bundesrechtsverordnung vor einem Satz der Landesverfassung.[280] Diese Rangordnung wird im Kollisions-

---

274 Siehe oben Erstes Kapitel, V.
275 So auch Dietlein, S. 31.
276 Dietlein, S. 125.
277 Dietlein, S. 125.
278 Maunz, in: Maunz-Dürig, Art. 142, Rn. 9.
279 So auch Martina, S. 109.
280 Pietzcker, in: HbdStR, Bd. IV, § 99, Rn. 25; vgl. auch von Münch, in: von Münch, Art. 142, Rn. 4.

fall, das heißt bei einem Widerspruch zwischen einem Satz des Bundesrechts und des Landesrechts bedeutsam; fraglich ist, ob sie auch bei gleichlautendem Bundes- und Landesrecht eingreift.

Nach der ständigen Rechtsprechung des Bayerischen Verfassungsgerichtshofs bricht Bundesrecht, insbesondere Bundesverfassungsrecht, inhaltsgleiches Landesverfassungsrecht nicht (auch nicht außerhalb des Geltungsbereichs des Art. 142 GG). Gebrochen, also unwirksam, wird eine Norm der Bayerischen Verfassung (oder ein Teil von ihr) nur insoweit, als sie ihrem Inhalt nach zu Bundesrecht in Widerspruch steht. Der Verfassungsgerichtshof hebt hervor, dass auch bei der Auslegung des Art. 31 GG dem föderalistischen Prinzip entscheidende Bedeutung zukommt. Es müsse den Ländern daher unbenommen bleiben, in ihren Verfassungen auf Grundfragen ihres staatlichen Lebens einzugehen und sie parallel oder ergänzend zum Bundesrecht zu regeln.[281]

Fraglich bleibt, wie sich anderslautendes einfaches Recht mit den landesverfassungsrechtlichen sozialen Grundrechten verträgt. Landesrecht im Sinne von Art. 31 GG muss nicht nur den gleichen Gegenstand behandeln wie das Bundesrecht mit behauptetem Vorrang, sondern es muss diesen gleichen Gegenstand auch in anderem Sinn regeln als das Bundesrecht. Art. 31 bezieht sich also nur auf entgegenstehendes Bundesrecht.[282] *Jutzi* führt aus, soziale Grundrechte seien nur dann nach Art. 31 GG nichtig, wenn sie mit materiellem Bundesverfassungsrecht, soweit es sich auf die Landesstaatsgewalt bezieht, nicht in Übereinstimmung stehen. Bestehe dagegen inhaltlich anderslautendes einfaches Bundesrecht, so schwäche dieses lediglich das entsprechende soziale Grundrecht der Landesverfassung, da ein Anwendungsvorrang des Bundesrechts bestehe.[283]

Schneider geht sogar so weit, dass die Kollisionsregel des Art. 31 GG auf Landesverfassungsrecht überhaupt nicht anwendbar sei, da insofern Art. 28 Abs. 1 und 2 GG Sperrwirkung entfalte. Da die Funktionsfähigkeit des Bundesstaates bereits zu den Grundsätzen der verfassungsmäßigen Ordnung gehöre, welche im Rahmen von Art. 28 Abs. 1 GG zu beachten seien, bestehe kein Bedürfnis, auf Art. 31 GG zurückzugreifen.[284] Dagegen wendet *Dietlein* ein, Verfassungsnormen müssten nicht lediglich allgemeine, grundsätzliche

---

281 Meder, Einleitung, Rn. 7; BayVerfGHE 23, 1 (6); vgl. auch BVerfGE 36, 342 (362).
282 Maunz, in: Maunz-Dürig, Art. 31, Rn. 14.
283 Jutzi, in: Grimm/Caesar, Einleitung C, Rn. 24; siehe auch Sacksofsky, NVwZ 1993, S. 235 (239).
284 Schneider, DÖV 1987, S. 749 (752).

„Fundamentalnormen" darstellen, sondern könnten detailliert in einfachgesetzliches Bundesrecht „hineinregeln".[285]

Für den Bereich der sozialen Grundrechte gilt, dass sie – sofern sie hinsichtlich ihrer Wirksamkeit als Staatszielbestimmungen begriffen werden - aufgrund ihres weiten Auslegungsspielraums nur in Ausnahmefällen in Widerspruch zu bundesrechtlichen Regelungen stehen werden.[286] Zu diesem Ergebnis gelangt auch *Richter*, allerdings mit der Begründung, dass das Grundgesetz die sozialen Rechte nicht als Grundrechte kodifiziert hat und daher die sozialen Grundrechte der Landesverfassungen als Rechtssätze bezeichnet werden können, ohne dass dadurch ein Widerspruch zum Grundgesetz entstehen muss.[287] Im Übrigen ist der Rahmen für Staatszielbestimmungen in Art. 28 Abs. 1 S. 1 GG weiter gesteckt, so dass auch dem Grundgesetz widersprechende Regelungen Bestand haben können, solange sie nur auf der höheren Abstraktionsebene der Verfassungsprinzipien nicht gegen das Grundgesetz verstoßen.[288] Damit kommt dem Meinungsstreit über die Konsequenzen widersprechenden Landesverfassungsrechts zu Bundesrecht in diesem Zusammenhang nur geringe Bedeutung zu.

Daneben ist hervorzuheben, dass „brechen" nicht einen Verletzungstatbestand beschreibt, sondern im Sinne von „außer Kraft setzen, verdrängen, Vorrang haben, bzw. unwirksam machen" zu verstehen ist.[289] Damit wird der Anwendungsvorrang des Grundgesetzes gesichert. Nach anderer Ansicht tritt als Rechtsfolge Nichtigkeit ein, wenn die Landesverfassung in Widerspruch zum Grundgesetz steht.[290] Die Ansicht, die Nichtigkeit vorzieht, scheint jedoch weniger überzeugend zu sein, da bei jeder relevanten Änderung von Bundesrecht Landesverfassungsrecht automatisch nichtig würde.[291]

Daneben ist in diesem Zusammenhang die Frage aufzuwerfen, welche Konsequenz der Verstoß eines Landesverfassungsgebers gegen die Gesetzgebungskompetenzen des Grundgesetzes hat. Die Länder sind prinzipiell frei, Regelungen in ihre Landesverfassungen aufzunehmen, die als einfache Gesetze an den Kompetenzverteilungsnormen des Grundgesetzes scheitern wür-

---

285 Dietlein, S. 43.
286 Edinger, in: Schmitt (Hrsg.), Die Verfassung des Freistaats Thüringen, S. 101 (108).
287 Richter, JuS 1982, S. 900 (901).
288 Schmidt, in: Meyer/Stolleis, S. 35 (39); vgl BVerfGE 34, 52 (58).
289 Jutzi, in: Grimm/Caesar, Einleitung C, Rn. 9; Stern, Bd. I, § 19 III 7 S. 720; Maunz, in: Maunz-Dürig, Art. 31, Rn. 2.
290 Kanther, S. 113; Pietzcker, in: HbdStR, Bd. IV, § 99, Rn. 40.
291 Edinger, in: Schmitt (Hrsg.), Die Verfassung des Freistaats Thüringen, S. 101 (108); Starck, Die Verfassungen der neuen deutschen Länder, S. 16.

den.[292] Sie dürfen allerdings nicht so weit gehen, dass ihnen entgegen der Art. 70 ff. GG die „Kompetenz-Kompetenz" zuwüchse.[293] *Jutzi* kommt aufgrund dessen, dass das Grundgesetz keine spezielle Kollisionsregel für soziale Grundrechte enthält, sowie der Ähnlichkeit solcher Normen mit Staatsstrukturnormen im Sinne des Art. 28 Abs. 1 S. 1 GG zu dem Ergebnis, dass im Bereich der sozialen Grundrechte Gesetzgebungskompetenzen des Grundgesetzes keine Rolle spielen.[294] Danach befinden sich soziale Grundrechte in den Landesverfassungen, die Kompetenzen des Bundesgesetzgebers betreffen, zunächst im Einklang mit den Normen zum föderativen System der Bundesrepublik.

Ob im Bereich der einzelnen in den Landesverfassungen zu findenden sozialen Grundrechte Bundesverfassungsrecht oder einfaches Bundesrecht existiert und welche Auswirkungen es hat, wird im Einzelnen bei der Betrachtung der jeweiligen sozialen Rechte zu prüfen sein.

3. Zwischenergebnis

Sofern landesverfassungsrechtlich verankerte soziale Grundrechte keine individuell-einklagbaren Rechtspositionen geben, beurteilt sich ihre Vereinbarkeit nicht nach Art. 142 GG, sondern allein nach Art. 31 GG. Dies hat zur Folge, dass auch einfaches Bundesrecht Landesverfassungsrecht bricht und damit die landesverfassungsrechtlichen Gewährleistungen sozialer Grundrechte faktisch wirkungslos bleiben. Auf der anderen Seite sollen in den Landesverfassungen, die Ausdruck des föderativen Systems sind, landesspezifische Besonderheiten zum Ausdruck kommen. Wäre Einheitlichkeit dieser Verfassungen verlangt, könnten sie auf eine einzige reduziert werden.[295] Daher ist hier der Ansicht zu folgen, wonach soziale Grundrechte bei inhaltlichen Differenzen zu materiellem Bundesrecht in der Regel nicht nichtig sind, sondern verdrängt werden. Nicht übersehen werden darf aber hier, dass sie auch dann faktisch wirkungslos sind.

III. Zusammenfassung

In vielen Landesverfassungen kommen soziale Grundrechte vor. Ausführlich ist dies vor allem in den Verfassungen der neuen Bundesländer der Fall. Auch die praeföderalen Landesverfassungen enthalten in Anlehnung an die

---

292 von Olshausen, S. 157; Schneider, DÖV 1987, S. 749 (752); vgl. BVerfGE 36, 342 (364 ff.).

293 von Olshausen, S. 157.

294 Jutzi, in: Grimm/Caesar, Einleitung C, Rn. 24.

295 Vgl. BVerfGE 36, 342, 361.

Weimarer Reichsverfassung eingehende soziale Regelungen. Die postföderalen Verfassungen sind in dieser Hinsicht zurückhaltender, allerdings haben sie im Zuge von Verfassungsänderungen nach der Wiedervereinigung oftmals soziale Grundrechte aufgenommen.

Die Wirksamkeit der sozialen Grundrechte hinsichtlich der Geltung des Grundgesetzes im Rahmen der Normenhierarchie der föderalen Ordnung in der Bundesrepublik Deutschland bestimmt sich nach Art. 31 GG, sofern soziale Grundrechte keine individuell einklagbare Rechtsposition geben. Das gilt vor allem, wenn sie als Staatzielbestimmungen, Programmsätze oder Gesetzgebungsaufträge ausgestaltet sind. Auch ihre Formulierung als Grundrecht kann daran nichts ändern. Der Frage der Vereinbarkeit einzelner Landesnormen mit dem Grundgesetz muss allerdings noch einmal genauer bei der Betrachtung der einzelnen sozialen Grundrechte nachgegangen werden.

Drittes Kapitel: Soziale Grundrechte in den Landesverfassungen im Einzelnen

In diesem Kapitel sollen die einzelnen sozialen Grundrechte in den unterschiedlichen Landesverfassungen näher betrachtet und bewertet werden. Für eine schnelle Übersicht über die in den unterschiedlichen Verfassungen enthaltenen sozialen Grundrechte sei auf die synoptische Darstellung im Anhang dieser Arbeit verwiesen. Zunächst erscheint es zweckmäßig, die einzelnen sozialen Grundrechte in Gruppen zusammenzufassen, um sie dann innerhalb dieser Gruppen näher zu betrachten.

Tomandl[296] und *Murswiek*[297] teilen die sozialen Grundrechte folgendermaßen ein: Rechte auf Arbeit, Rechte auf soziale Sicherheit, Rechte auf sozialkulturelle Entfaltung und Rechte auf befriedigende Lebensbedingungen. Auch *Badura* schließt sich mit Hinweis auf die Anlehnung an die Europäische Sozialcharta vom 18. Oktober 1961 und den IPWSKR dieser Einteilung an, führt aber noch aus, wie er die einzelnen Rechte in diese Systematik einordnet.[298] *Wipfelder* zeigt dagegen weitere Möglichkeiten der Einteilung der sozialen Grundrechte auf.[299] Danach wird jedoch in der Regel eine Aufgliederung in mehr Gruppen als die vier genannten vorgenommen, unabhängig davon, ob der Einteilung von *van der Ven*[300], der von *W. Schmidt*[301] oder der von *Wipfelder* selbst gefolgt wird[302]. Diese Einteilungen erscheinen jedoch nicht zwingend vorteilhaft, da die Gefahr der Unübersichtlichkeit besteht. Im Folgenden soll daher der Einteilung von *Badura*, *Tomandl* und *Murswiek* gefolgt werden, da so die zu betrachtenden Grundrechte von vornherein nicht zu sehr in eine Gruppe gedrängt werden.

I. Vergleichskriterien

Um die einzelnen sozialen Grundrechte in den jeweiligen Landesverfassungen miteinander vergleichen zu können, müssen zunächst einheitliche Vergleichskriterien aufgestellt werden. Als solche kommen neben der systematischen Stellung innerhalb der Verfassung die sprachliche Formulierung, in der ein bestimmter Themenkomplex in die Verfassung Aufnahme gefunden hat, sowie der Umfang der Regelung in Betracht. Vor allem aber müssen die Re-

---

296 Tomandl, S. 7.
297 Murswiek in Anlehnung an IPWSKR, in: HbdStR, Bd. V, § 112, Rn. 42.
298 Badura, Der Staat 1975, S. 17 (23).
299 Wipfelder, VBlBW 1986, S. 287 (290).
300 van der Ven, S. 46 ff.
301 W. Schmidt, Der Staat 1981, Beiheft 5, S. 9 (11).
302 Wipfelder, VBlBW 1986, S. 287 (290).

gelungen inhaltlich betrachtet werden. Hier wird vor allem zu untersuchen sein, wie detailgenau die einzelnen Normen ausgestaltet wurden: Wird also z. B. bezüglich des Rechts auf Arbeit lediglich dieses im Verfassungstext aufgenommen, oder bestehen daneben auch noch Regelungen zur Arbeitsvermittlung, Arbeitsschutz, etc. Dabei ist vor allem zu beachten, wie in der Kommentarliteratur die Ausgestaltung des jeweiligen Rechts bzgl. seines Inhalts beurteilt wird. Des Weiteren ist für jedes Recht zu untersuchen, welche normative Wirkkraft von ihm ausgeht. Dabei ist die Rechtsprechung der Staatsgerichtshöfe der Länder sowie gegebenenfalls der Verwaltungsgerichte heranzuziehen. Schließlich ist festzustellen, welche gesetzgeberischen Aktivitäten in den einzelnen Ländern von den jeweiligen Landesverfassungsnormen ausgehen. Weiterhin gilt es herauszufiltern, ob soziale Grundrechte als Auslegungshilfen bei der Auslegung von Gesetzen herangezogen werden und ob sie einschränkend bei der Anwendung anderer Grundrechte wirken. Auch ist es sachdienlich, gegebenenfalls die Entstehungsgeschichte einer Verfassungsnorm zu ihrem Verständnis heranzuziehen.[303]

Im Folgenden werden die Normen in den einzelnen Landesverfassungen jeweils anhand der aufgestellten Kriterien betrachtet. Die Vereinbarkeit der landesverfassungsrechtlichen Normen mit dem Grundgesetz wird für alle Verfassungen gemeinsam untersucht, wobei Besonderheiten der einzelnen Verfassungen gegebenenfalls Beachtung finden. Auf einige Überlegungen und Ergebnisse, die zunächst bezüglich des Rechts auf Arbeit angestellt und gewonnen werden, kann bei der Untersuchung der anderen sozialen Grundrechte verwiesen werden.

II. Rechte auf Arbeit

Zunächst wird betrachtet, welche Regelung das Recht auf Arbeit in den einzelnen Landesverfassungen erfährt. Das Recht auf Arbeit kann ohne weiteres als Prototyp, als Zentrum und Urbild der sozialen Grundrechte bezeichnet werden[304] und nimmt daher eine Schlüsselstellung unter den diskutierten sozialen Grundrechten ein. Aus diesem Grund soll es auch am Anfang der Untersuchung einzelner sozialer Grundrechte stehen.

---

303 BVerfGE 1, 117 (127); 62, 1 (45); in BVerfGE 41, 291 (309) wird allerdings klar gestellt, dass allein der Entstehungsgeschichte keine ausschlaggebende Bedeutung zukommt.

304 Isensee, Der Staat 1980, S. 367 (373); Badura, Der Staat 1975, S. 17 (20).

1. Historische Entwicklung des Rechts auf Arbeit

Im zweiten Drittel des 19. Jahrhunderts erhielt die Forderung nach sozialen Grundrechten größeres Gewicht.[305] Die schlagkräftige Formel *Fouriers* vom „droit au travail" beruhte auf dem Grundsatz, dass jedermann von seiner Arbeit sollte leben können, und hat dem ersten sozialen Grundrecht früh seinen Namen verliehen.[306] In Deutschland hat als erster Johann Gottlieb *Fichte* das Recht auf Arbeit in seinen Werken „Grundlagen des Naturrechts"[307] und „Geschlossener Handelsstaat"[308] postuliert.

Eine Regelung, die zwar kein subjektives Recht auf Arbeit gewährleistete, jedoch den Staat zum Tätigwerden verpflichtete, enthielt das Preußische Allgemeine Landrecht von 1794 in Teil 2, Titel 19, §§ 1 und 2.[309] Im Übrigen war in den deutschen Kodifikationen des 18. Jahrhunderts ein Recht auf Arbeit nicht enthalten.

In der Frankfurter Nationalversammlung 1848 wurde das Recht auf Arbeit im Zusammenhang mit der Eigentumsfreiheit diskutiert, eine Aufnahme in den Verfassungsentwurf letztlich aber abgelehnt. Entscheidendes Argument für die Ablehnung war, dass der Staat kaum jedermann angemessene Arbeit zu garantieren vermöge und selbst dann, wenn dies gelingen sollte, die Kosten dafür zu hoch seien.[310] Auch in die Verfassung des Norddeutschen Bundes von 1867 und in die Reichsverfassung von 1871 wurden keine Garantien eines Rechts auf Arbeit aufgenommen.

Eine arbeitsrechtliche Sozialbestimmung wurde erstmals kodifiziert in der Weimarer Reichsverfassung vom 19. August 1919, und zwar in Art. 163 WRV. Das Recht auf Arbeit wurde hier allerdings nicht als subjektiv-öffentliches Recht, sondern als unverbindlicher Programmsatz interpretiert.[311] Nach *Weigert* war ein „Recht auf Arbeit" vom Wortlaut des Art. 163 Abs. 2 WRV nicht gedeckt.[312] *Anschütz* stellt klar, dass ein Recht auf Arbeit oder genauer ein Anspruch gegen den Staat auf Nachweis angemessener Arbeit oder, falls dieser Nachweis nicht erfolgt, auf Gewährung des notwendigen Unterhalts, keinesfalls aus Art. 163 Abs. 2 WRV, sondern nur aus den zu

305 Siehe oben Erstes Kapitel, IV. 1.
306 Badura, Der Staat 1975, S. 17 (20); Bentele, S. 117.
307 Fichte, in: Fichtes Werke, Bd. III, S. 212, 213.
308 Fichte, Der geschloßne Handelsstaat, S. 35 ff.; dazu Klenner, S. 149 ff. sowie Bentele, S. 139 ff.
309 Nach Gode, DVBl. 1990, S. 1207 (1209); der Text ist im Anhang zu finden.
310 Gode, DVBl. 1990, S. 1207 (1209).
311 Gode, DVBl. 1990, S. 1207 (1209); Dietlein, S. 127.
312 Weigert in Nipperdey, Art. 163 WRV, Anm. 1.

seiner Ausführung erlassenen „besonderen Reichsgesetzen" folgen könne.[313] Auch enthalte die in Art. 163 Abs. 1 WRV proklamierte Arbeitspflicht lediglich eine sittliche Pflicht, aber keine rechtliche, so dass also keinem der beiden Absätze tatsächliche Rechtswirksamkeit zukomme.[314] Im Zusammenhang mit Art. 163 WRV kann noch Art. 157 WRV gesehen werden, nach welchem die Arbeitskraft unter dem besonderen Schutz des Staates steht. Dabei bedeutete die Gewährleistung eines besonderen Schutzes, dass das Reich verpflichtet war, neben dem allgemeinen Rechtschutz für Leben und Gesundheit als Grundlagen der Arbeitskraft dieser selbst einen spezifischen Schutz zu widmen, mit dem Ziel, möglichst alles fernzuhalten, was dieses wirtschaftliche Gut zu schädigen geeignet war.[315]

2. Umfang des Rechts auf Arbeit

Zunächst soll das Recht auf Arbeit näher charakterisiert werden, bevor auf die Ausgestaltung in den Landesverfassungen im Einzelnen eingegangen wird. Neben dem eigentlichen „Recht auf Arbeit" tauchen in den Landesverfassungen auch noch andere Normen auf, die mit dem Recht auf Arbeit in Verbindung stehen. Somit stellt sich die Frage, in welchem Umfang das Recht auf Arbeit hier betrachtet werden soll.

Nach *Bentele* und *Thamm* kann das Recht auf Arbeit sowohl als Recht auf einen bezahlten Arbeitsplatz gedeutet werden, als auch als Recht auf eine zureichende staatliche Beschäftigungspolitik oder als Recht auf Einkommensausgleich im Falle der Nichtbereitstellung von Arbeit.[316] Der Bayerische Verfassungsgerichtshof versteht unter dem Recht auf Arbeit ein Recht der Arbeitswilligen und Arbeitsfähigen, die keine Arbeit finden können, vom Staat Zuweisung von Arbeit zu verlangen, von deren Ertrag sie auskömmlich leben können.[317] Nach *Wank* ist unter dem Recht auf Arbeit der gegen den Staat oder gegen Private gerichtete Anspruch auf Verschaffung oder Erhaltung eines Arbeitsplatzes zu verstehen.[318] Damit zielt das Recht auf Arbeit nach seiner Ansicht weniger auf eine Vollbeschäftigungspolitik als Ziel staatlicher Wirtschaftspolitik, sondern vielmehr auf ein Recht des Einzelnen, einen Arbeitsplatz zu erhalten und zu behalten.[319]

---

313 Anschütz, Art. 163 WRV, Anm. 3.
314 Anschütz, Art. 163 WRV, Anm. 2.
315 Anschütz, Art. 157 WRV, Anm. 1.
316 Thamm, S. 30; Bentele, S. 58-60.
317 BayVerfGH, DÖV 1961, S. 710 (710/711).
318 Wank, S. 11 m.w.N.
319 Wank, S. 17 m.w.N.

Mit dem Recht auf Arbeit in Verbindung gebracht werden z. B. das Recht auf Lohngleichheit, Regelungen zum Arbeitsschutz und humane Arbeitsbedingungen oder das Recht auf bezahlten Urlaub. Diese Regelungen werden im weiteren Verlauf einer kurzen Betrachtung unterzogen. In den Landesverfassungen befinden sich daneben auch subjektiv-rechtlich ausgestaltete Rechte und Freiheiten, welche gemäß Art. 142 GG fortgelten und im Zusammenhang mit dem Recht auf Arbeit genannt werden können. So werden das Koalitions- und das Streikrecht von einigen Autoren als soziale Grundrechte angesehen.[320] Dabei wird jedoch übersehen, dass sie in erster Linie Abwehrrechte sind, wobei die Freiheit als „Waffe“ benutzt werden kann, um soziale Forderungen durchzusetzen.[321] Ebenso ist die freie Berufswahl der Struktur nach ein klassisches Freiheitsrecht, das zwar in einem sozialen Sinn gedeutet werden kann[322], dadurch aber noch nicht zu einem sozialen Grundrecht wird.[323] In den Verfassungsberatungen der Nachkriegszeit spielten in diesem Zusammenhang vor allem auch die Sozialisierung und die Mitbestimmung eine Rolle.[324] Beides lässt sich jedoch nicht zu sozialen Grundrechten zählen, so dass auf die sich daraus ergebenden Fragestellungen nicht weiter eingegangen werden soll. Vom Recht auf Arbeit zu unterscheiden sind das im arbeitsrechtlichen Schrifttum und der Rechtsprechung immer mehr Anerkennung findende Recht auf Beschäftigung, das ein bestimmtes Arbeits- oder Dienstverhältnis voraussetzt und privatrechtlicher Natur ist[325], sowie das Recht auf den Arbeitsplatz, das Gegenstand der Kündigungsschutzbestimmungen ist.[326]

Für diejenigen, die sich selbständig beruflich betätigen wollen, ist die Freiheit von staatlichen Verboten („Recht zur Arbeit“) ausreichende Grundlage für die persönliche Entfaltung in der gewählten Arbeit. Bei dem Recht auf Arbeit im eigentlichen Sinne geht es also um das soziale Grundrecht des (potentiellen) Arbeitnehmers.[327] Fraglich ist daher, wie sich der objektive Regelungsgehalt des Rechts auf Arbeit bestimmen lässt. Insbesondere ist zu klären, ob tatsächlich eine Pflicht des Staates zur Arbeitsplatzbeschaffung besteht oder ob der bloße Nachweis genügt. Weiterhin ist zu prüfen, ob nur der Zugang zu Arbeitsplätzen gemeint ist oder auch ihr Erhalt. Ob die Einstandspflicht des

---

320 Vgl. Badura, Staatsrecht, C, Rn. 9, S. 82.

321 Thamm, S. 24; Brunner, S. 13; Isensee, Der Staat 1980, S. 367 (373).

322 Brunner, S. 13.

323 Tomandl, S. 6; Isensee, Der Staat 1980, S. 367 (373); Thamm, S. 24.

324 Kringe, S. 66, 67.

325 BGHZ 8, 35 (45 ff.) = RdA 1953, S. 117 m. Anm. von Hueck; Dickersbach, in: Geller-Kleinrahm, Art. 24, Anm. 4 c).

326 Hueck-Nipperdey, S. 28, 381, FN 3; BayVerfGH DÖV 1961, S. 710 (712); Dickersbach, in: Geller-Kleinrahm, Art. 24, Anm. 4 c); Häberle, JZ 1984, S. 345 (346).

327 Tomuschat, Recht auf Arbeit – Rechtsvergleichende Aspekte, in: Recht auf Arbeit – Vorträge, S. 45 (46).

Staates primär situationsunabhängig ist oder nur subsidiär besteht, und ob die Verfassung nicht eher pragmatisch ausgelegt werden sollte im Sinne einer staatlichen Pflicht zur Arbeitsvermittlung und Arbeitslosenversorgung, sind weitere Fragen, die es zu klären gilt.[328]

Darüber hinaus muss untersucht werden, ob einem freiheitlich geprägten Grundrechtsstaat überhaupt die Verfügungsgewalt über die erforderlichen Arbeitsplätze zukommt.

Wenn im Folgenden das Recht auf Arbeit betrachtet wird, so betrifft dies den Bereich der Arbeitsbeschaffung, Arbeitsvermittlung sowie gegebenenfalls der Arbeitslosenversorgung.

3. Sprachliche und inhaltliche Ausgestaltung des Rechts auf Arbeit

Die Einteilung der Landesverfassungsnormen zum Recht auf Arbeit erfolgt zunächst nach der sprachlichen Formulierung. Es werden in diesem Zusammenhang zwei Gruppen von Formulierungen unterschieden: subjektiv-rechtliche Formulierungen („Recht auf ...“) und Formulierungen als Staatsziel.

In etlichen Landesverfassungen ist das Recht auf Arbeit auch subjektiv-rechtlich als solches formuliert. Dies ist - mit geringen Abweichungen - in den Verfassungen von Hessen, Bayern, Bremen, dem Saarland, Nordrhein-Westfalen, Berlin und Brandenburg der Fall. In den Verfassungen von Niedersachsen, Sachsen, Sachsen-Anhalt, Mecklenburg-Vorpommern und Thüringen ist das Recht auf Arbeit als Staatszielbestimmung ausgestaltet. Die hamburgische Verfassung stellt in ihrer Präambel die Arbeitskraft unter den Schutz des Staates. Lediglich in der baden-württembergischen und der schleswig-holsteinischen Verfassung finden sich keine Regelungen zum Recht auf Arbeit.

a) Formulierung als Recht auf Arbeit

Zunächst sollen die landesverfassungsrechtlichen Regelungen betrachtet werden, die als Formulierung das „Recht auf Arbeit“ gewählt haben. In der Regel steht neben dem Recht auf Arbeit in den Landesverfassungen, dass die menschliche Arbeitskraft unter dem besonderen Schutz des Staates steht (so z. B. in Hessen, Bayern, Bremen, Saarland, Hamburg, Rheinland-Pfalz).

---

328 Vgl. Dietlein, S. 128.

aa) Die Verfassung von Hessen

Das Recht auf Arbeit findet sich in der Hessischen Verfassung innerhalb des Ersten Hauptteils (Die Rechte des Menschen) im III. Abschnitt „Soziale und wirtschaftliche Rechte und Pflichten".

Zunächst wird in Art. 28 Abs. 1 HessVerf die Arbeitskraft unter den besonderen Schutz des Staates gestellt. In Art. 28 Abs. 1 HessVerf wird der Bezug zur Weimarer Reichsverfassung sehr deutlich, da dieser ähnlich wie Art. 157 WRV eine bindende Anweisung an Gesetzgebung und Exekutive gibt, der Arbeitskraft als „wertvollstem wirtschaftlichen Gut eines Volkes" einen spezifischen Schutz zu gewähren.[329] Ein Recht des Einzelnen auf spezielle Arbeitsschutzmaßnahmen des Staates resultiert daraus jedoch nicht.[330] Der Staat ist lediglich verpflichtet, Schutzmaßnahmen zu fördern. Es handelt sich bei dieser Normierung also um eine programmatische Aussage bzw. Anweisung an die staatlichen Organe.[331] Teil dieser Schutzmaßnahmen sind zahlreiche auf dem Gebiet des Arbeitsschutzrechts erlassene Gesetze, Verordnungen und Erlasse.[332] Der Hessische Staatsgerichtshof hat wiederholt festgestellt, Art. 28 HessVerf gewähre kein Grundrecht.[333] Art. 28 Abs. 1 HessVerf gebe eine Anweisung an Gesetzgeber und Verwaltung, der menschlichen Arbeitskraft einen besonderen Schutz zu gewähren.[334]

Das Recht auf Arbeit in Art. 28 Abs. 2 HessVerf ist mithin als soziale Forderung aufzufassen, die den Staat zum Ausbau der Arbeitsvermittlung und der Arbeitslosenunterstützung und -versicherung verpflichtet.[335] Dagegen besteht kein subjektives Leistungsrecht auf Beschaffung eines Arbeitsplatzes, sondern es handelt sich um eine objektiv-rechtliche Verpflichtung des Staates oder auch nur um einen verfassungsrechtlichen Programmsatz für Legislative und Exekutive, gegebenenfalls Maßnahmen zu ergreifen, um in Krisenzeiten der Wirtschaft insbesondere bei hoher Arbeitslosigkeit Arbeitsplätze zu sichern bzw. zu schaffen.[336] Darüber hinaus verankert Art. 28 Abs. 2 ebenso wie Abs. 3 als Korrelat zu Abs. 1 die ethische Pflicht zur Arbeit, was aller-

---

329 Barwinski, in: Zinn/Stein, Art. 28, 3; in der WRV wurde der Verweis auf die menschliche Arbeitskraft als „höchstes wirtschaftliches Gut" jedoch weggelassen, vgl. Anschütz, Art. 157 WRV, Anm. 1.

330 Hinkel, Art. 28; Barwinski, in: Zinn/Stein, Art. 28, 1.

331 Hinkel, Art. 28.

332 Barwinski, in: Zinn/Stein, Art. 28, 3.

333 Schrodt, S.146.

334 HessStGH ESVGH 22, 13 (17); ESVGH 30, 1 (2).

335 Barwinski, in: Zinn/Stein, Art. 28, 1; HessStGH, ESVGH 22, 13 (17).

336 Hinkel, Art. 28.

dings nicht mit Arbeitszwang zu verwechseln ist, welchen die Hessische Verfassung nicht kennt.[337]

Die dem Land verbleibenden sozialen Regelungen sind durchaus als Auslegungsgrundsätze im Einzelnen bedeutsam. So spricht vieles dafür, dass die Hessische Verfassung den Begriff „Arbeit" über den überkommenen Begriffsinhalt als Produktionsfaktor hinaus auch als besonderes Element der Persönlichkeitsstruktur versteht.[338] Dies kommt bereits in Art. 27 HessVerf zum Ausdruck, wonach die Sozial- und Wirtschaftsordnung auf der Anerkennung von Würde und Persönlichkeit des Menschen beruht.[339]

Art. 28 Abs. 3 HessVerf gewährt keinen unmittelbaren Anspruch auf Fürsorgeunterstützung. Dennoch ist aus ihm zu folgern, dass Fürsorgegesetze nicht nur öffentlich-rechtliche Verpflichtungen zur Gewährung von Fürsorgeunterstützung, sondern einen klagbaren Rechtsanspruch des Unterstützungsempfängers gegen den Fürsorgeträger erzeugen.[340] Die Arbeitslosenversicherung unterfällt allerdings gemäß Art. 74 Nr. 12 GG der konkurrierenden Gesetzgebungskompetenz des Bundes, welcher davon auch umfassend Gebrauch gemacht hat. Art. 28 Abs. 3 HessVerf ist daher praktisch gegenstandslos geworden.

bb) Die Verfassung von Bayern

In der Bayerischen Verfassung findet sich das Recht auf Arbeit in Art. 166 innerhalb des vierten Hauptteils „Wirtschaft und Arbeit". Dort ist der 4. Abschnitt mit „Die Arbeit" überschrieben. Dieser Abschnitt wird auch als ein Charakteristikum der Bayerischen Verfassung betrachtet, da er den Menschen in der arbeitsteiligen Gesellschaft mit all den Interdependenzen erfasst, die dem humanen Sozialstaat zu eigen sein sollten.[341]

Weder Art. 166 Abs. 1 noch Abs. 2 BayVerf verbürgen ein subjektives Recht auf Arbeit; dies bekräftigt auch der Bayerische Verfassungsgerichtshof .[342] Stattdessen wird Art. 166 Abs. 2 BayVerf als Programmsatz qualifiziert.[343]

---

337 Barwinski, in: Zinn/Stein, Art. 28, 3.

338 Hinkel, Art. 27, 4.

339 Hinkel, Art. 27, 5.

340 Barwinski, in: Zinn/Stein, Art. 28, 4.

341 Siegel, S. 89.

342 BayVerfGHE 13, 141 (141, 145); 22, 1 (11); bereits BayVerfGHE 2, 127 (128) macht deutlich, dass Art. 166 Abs. 2 und 3 BayVerf kein Grundrecht enthalten; siehe auch Nawiasky/Leusser, Art. 166, S. 246.

343 So Leisner, S. 72; Knöpfle, in: Nawiasky u.a., Vor Art. 98-123, Rn. 11.

Es obliegt dem Staat, wirtschafts- und sozialpolitische Maßnahmen zu treffen, damit nach Möglichkeit alle Bürger eine auskömmliche Existenz finden; angesichts der Grenzen, die der staatlichen Macht im ökonomischen Bereich gezogen sind, vermag er allerdings nicht dafür einzustehen, dass dies Wirklichkeit werde.[344]

Art. 166 Abs. 3 BayVerf begründet keine Ansprüche auf staatliche Leistungen, besonders nicht auf Beschaffung einer bestimmten Arbeit oder gar eines bestimmten Arbeitsplatzes.[345] Die Pflicht zur Arbeit in Abs. 3 stellt ebenso wie die hessische Vorschrift nur eine sittliche, keine rechtliche Pflicht dar.

Art. 167 BayVerf normiert den Schutz der menschlichen Arbeitskraft als wertvollstes wirtschaftliches Gut eines Volkes. Dieser Artikel enthält also programmatische Vorschriften für den Gesetzgeber.[346]

cc) Die Verfassung von Nordrhein-Westfalen

In der Verfassung von Nordrhein-Westfalen befindet sich das Recht auf Arbeit im vierten Abschnitt „Arbeit, Wirtschaft, Umwelt“ in Art. 24 NRWVerf. Die Normierung des Rechts auf Arbeit in der Verfassung von Nordrhein-Westfalen mag zunächst überraschen, da diese Verfassung aus dem Jahr 1950 ein Jahr jünger ist als das Grundgesetz.[347] Interessant an der Entstehungsgeschichte ist, dass Art. 24 Abs. 1 S. 2 NRWVerf wörtlich den „Grundsätzlichen Forderungen der Gewerkschaften zum Abschnitt 'Wirtschaft und Arbeit'“, die der Deutsche Gewerkschaftsbund schon Mitte September 1947 vorgelegt hatte, entstammt.[348] Darin wird auch festgehalten, dass das Wohl des Menschen im Mittelpunkt des Wirtschaftslebens steht. Die menschliche Arbeitskraft sei das wichtigste und am meisten schutzbedürftige Mittel zur Sicherung des Existenzminimums und zur beruflichen Selbstverwirklichung; sie stehe höher als materieller Besitz und Eigentum und wird damit an die Spitze der Wertskala aller Mittel zur Erreichung der wirtschaftlichen Gemeinschaftsziele gestellt.[349]

Die Bedeutung des Rechts auf Arbeit erhöhte der nordrhein-westfälische Verfassungsgeber dadurch, dass er, entgegen dem Wortlaut anderer Landesverfassungen (Art. 49 Abs. 3 BremVerf, Art. 28 Abs. 3 HessVerf,

---

344 Meder, Art. 166, Rn. 1.
345 Meder, Art. 166, Rn. 2; BayVerfGHE 13, 141 (146).
346 Meder, Art. 167, Rn. 1; BayVerfGHE 21, 1 (10).
347 Siehe auch oben Zweites Kapitel, I. 2. c).
348 Hoebink, Der Staat 1988, S. 290 (296).
349 Dästner, Art. 24, Rn. 1; Dickersbach, in: Geller-Kleinrahm, Art. 24, Anm. 3 a).

Art. 53 Abs. 3 RhPfVerf a.F., Art. 46 SaarlVerf), davon absah, auf Surrogatrechte zu verweisen.[350] Die Verfassung von Nordrhein-Westfalen führt nämlich nicht aus, dass es trotz eines Rechts auf Arbeit zu Arbeitslosigkeit kommen und der Staat sich damit zufrieden geben könne, in einem solchen Fall Sozialversicherungen einzuschalten oder Unterhalt zu zahlen.[351]

Art. 24 Abs. 1 S. 1 und 2 NRWVerf legt verfassungsmäßig die Grundlinien der Wirtschafts- und Sozialordnung fest; daneben dürfte er auch als Auslegungsrichtlinie Bedeutung haben. Ein subjektives Abwehrrecht lässt sich aus diesen Programmsätzen jedoch nicht herleiten. Letztlich ist dies auch nicht notwendig, da im privaten Bereich der Schutz vor missbräuchlicher Ausnutzung der Arbeitskraft bereits durch die grundrechtskonform auszulegenden arbeits- und tarifvertraglichen Normen sichergestellt ist und vor Übergriffen des Staates die Grundrechtsbestimmungen des Grundgesetzes, namentlich Art. 1, 2 und 12 GG, schützen.[352] Art. 24 Abs. 1 NRWVerf wird von der Kommentarliteratur als soziales Staatsziel bzw. programmatische Weisung an den Gesetzgeber bezeichnet[353], da die Norm trotz ihrer darauf hindeutenden Formulierung kein einklagbares Grundrecht auf Zuteilung irgendeiner oder gar einer bestimmten Arbeit enthalte. Der Staat sei nämlich nicht in der Lage, die Schaffung von Arbeitsplätzen und ihre Vergabe selbst zu regulieren und einen Grundrechtsanspruch einzelner Bürger auf Arbeit zu befriedigen. Art. 24 Abs. 1 S. 3 NRWVerf sei daher lediglich als Programmsatz zu verstehen, der alle staatlichen Stellen auf das Ziel verpflichtet, ihre Möglichkeiten zur Schaffung von Arbeitsplätzen im Rahmen der freiheitlich-sozialen Wirtschaftsordnung auszuschöpfen.[354] Als Staatszielbestimmung, wie *Martina* Art. 24 Abs. 1 S. 3 NRWVerf bezeichnet, gehöre die Norm damit auch nicht zu den grundrechtsgleichen Rechten[355]. Die in dem Abschnitt „Arbeit und Wirtschaft" niedergelegten Thesen sollen nur eine Richtschnur für das Wirtschaftsleben sein und die Achtung vor der Arbeitskraft des Menschen zum Ausdruck bringen.[356]

Nach *Traumann* war man sich bei der Formulierung des Art. 24 NRWVerf einig, dass es sich um eine Materie handelt, die in erster Linie zur Zuständig-

---

350 Hoebink, Der Staat 1988, S. 290 (300).

351 Hoebink, Der Staat 1988, S. 290 (300).

352 Dickersbach, in: Geller-Kleinrahm, Art. 24, Anm. 3 a), b).

353 Dästner, Art. 24, Rn. 2; Dickersbach, in: Geller-Kleinrahm, Art. 24, Anm. 3 a); Martina, S. 109.

354 Dästner, Art. 24, Rn. 2; Dickersbach, in: Geller-Kleinrahm, Art. 24, Anm. 4 a).

355 Martina, S. 109.

356 Traumann, S. 81.

keit des Bundes gehört.[357] Auch *Dästner* und *Dickersbach* machen auf die begrenzten Möglichkeiten des Landes, zur Verwirklichung sozialer Gerechtigkeit im Wirtschaftsleben beizutragen, aufmerksam mit dem Argument, dass Arbeits- und Arbeitsschutzrecht zur konkurrierenden Gesetzgebung des Bundes gehören.[358]

Nach *Hoebinks* Ansicht kann die Landesregierung aufgrund des Rechts auf Arbeit dafür Sorge tragen, dass Tarifverträge nicht im vermeintlich öffentlichen Interesse für allgemeinverbindlich erklärt werden, da darin eine Gefährdung des Rechts auf Arbeit für nicht tarifgebundene Arbeitnehmer liegen könne.[359] Dagegen spricht allerdings, dass gerade die vielfältigen Normen des kollektiven Arbeitsrechts zugunsten eines Rechts auf Arbeit für die Arbeitnehmerschaft im Allgemeinen wirken sollen. Diese von *Hoebink* erwogene Möglichkeit der Einflussnahme des Landes ist daher nicht als sinnvoll zu erachten.

dd) Die Verfassung von Berlin

Bereits in der alten Berliner Verfassung, welche bis 1995 galt, war das Recht auf Arbeit normiert, und zwar in Art. 12 Abs. 1. Die neue Verfassung für Gesamt-Berlin, welche 1995 in Kraft trat, übernahm diese Regelung in ähnlicher Formulierung in ihren Art. 18. Dieser ist dem Abschnitt II „Grundrechte und Staatsziele" der Berliner Verfassung unterstellt.

Dem als Grundrecht formulierten ersten Satz von Art. 18 BerlVerf folgt der Verfassungsauftrag an das Land, dieses Recht zu schützen und zu fördern; dies wird durch eine Aufzählung möglicher Förderungsmaßnahmen konkretisiert.[360] Diese Formulierung hat nach *Zivier* nicht den Sinn, den Grundrechtscharakter des ersten Satzes vollständig zu widerrufen und die ganze Vorschrift auf eine reine Staatszielbestimmung zu reduzieren, normiert aber außer dem Verfassungsauftrag auch Gewährleistungsschranken, durch die einklagbare subjektive Grundrechte weitgehend ausgehöhlt werden.[361] Die Norm begründet also keine subjektiven Rechte.[362] Insbesondere lässt sich nämlich aus ihr kein Anspruch auf Zuweisung einer Arbeit herleiten. Denkbar wäre allenfalls eine Appellentscheidung des Verfassungsgerichts, die anders als bei

357 Traumann, S. 81.
358 Dästner, Art. 24, Rn. 1; Dickersbach, in: Geller-Kleinrahm, Art. 24, Anm. 3 d).
359 Hoebink, Der Staat 1988, S. 290 (302).
360 Das gleiche System findet sich auch in den Bereichen Bildung, Art. 20 BerlVerf, und Wohnung, Art. 28 BerlVerf, wieder.
361 Zivier, § 35.2.3.
362 Stöhr, in: Pfennig/Neumann, Art. 18, Rn. 2.

einer reinen Staatszielbestimmung auch von einzelnen Grundrechtsträgern herbeigeführt werden kann.[363] Der Verfassungsgerichtshof des Landes Berlin hat indes deutlich gemacht, dass zwar in Art. 18 S. 1 BerlVerf die Formulierung „Alle haben das Recht auf Arbeit“ vorkommt, die folgenden Formulierungen der Sätze 2 und 3 indes zeigen, dass der Verfassungsgeber lediglich ein Staatsziel beschreiben, nicht aber einklagbare Individualansprüche begründen wollte. Mithin gewähre Art. 18 BerlVerf weder im Verhältnis zum Staat, noch im Verhältnis zu dritten Personen ein subjektives Recht auf Arbeit.[364]

Arbeit im Sinne von Art. 18 BerlVerf ist in erster Linie bezahlte Arbeit; es ist aber nicht ausgeschlossen, dass durch Art. 18 BerlVerf der Staat zur Bereitstellung oder Vermittlung unbezahlter Arbeit verpflichtet werden kann, z. B. für Sozialhilfeempfänger, die daran interessiert sind. Während die Sicherung eines hohen Beschäftigungsstandes nur durch den Bund bzw. auf europäischer Ebene möglich ist, ist eine Bereitstellung von Arbeitsplätzen (direkt oder indirekt) durch das Land nicht ausgeschlossen. Allerdings sind die Möglichkeiten dazu durch die finanziellen Ressourcen des Landes begrenzt.[365]

Auch Art. 18 S. 4 BerlVerf gewährt kein „originäres Leistungsrecht auf Arbeitslosenunterstützung“, sondern lediglich einen derivativen Teilhabeanspruch.[366] Wegen fehlender Regelungskompetenz des Landes vermag das Recht jedoch keine selbständige Wirksamkeit zu entfalten; im Übrigen besteht ein Anspruch auf Arbeitslosenunterstützung bereits aufgrund einfachgesetzlicher Bundesregelung.[367]

ee) Die Verfassung von Bremen

Die Verfassung der Freien Hansestadt Bremen enthält in Art. 8 ein Recht auf Arbeit sowie das Recht, seinen Beruf frei zu wählen. Dieser Art. 8 BremVerf findet sich im ersten Hauptteil der Verfassung, der mit „Grundrechte und Grundpflichten“ überschrieben ist. Gerade diese systematische Stellung legt auf den ersten Blick den Schluss nahe, dass es sich bei dem Recht auf Arbeit tatsächlich um ein Grundrecht handelt, das einen subjektiv-rechtlichen Anspruch verleiht.

---

363 Zivier, § 35.2.4.
364 Berl VerfGH, LVerfGE 7, 3 (8).
365 Zivier, § 35.2.4.
366 Stöhr, in: Pfennig/Neumann, Art. 18, Rn. 2.
367 Stöhr, in: Pfennig/Neumann, Art. 18, Rn. 2.

Art. 8 Abs. 1 BremVerf ist indes nicht einklagbar.[368] Nach *Ladeur* kann Art. 8 Abs. 1 BremVerf keinen Anspruch auf einen Arbeitsplatz gewährleisten. Man müsse daraus aber ein objektives Verfassungsprinzip ableiten, das den Staat dazu nötige, jedenfalls seine eigene Personal- und Stellenpolitik an der Schaffung und Sicherung von Arbeitsplätzen zu orientieren.[369] *Ladeur* wirft in diesem Zusammenhang die Frage auf, ob generelle Einstellungsstopps im öffentlichen Dienst mit dem Recht auf Arbeit sowie dem Recht auf Chancengleichheit (Art. 2 Abs. 1 BremVerf) vereinbar sind. Dabei müsse berücksichtigt werden, dass der Staat in vielen Bereichen einen großen Anteil an der Beschäftigung habe, also nicht nur ein Arbeitgeber unter vielen sei, andererseits aber die Personalpolitik an den Möglichkeiten des Haushalts orientiert bleiben müsse. Die Frage dabei sei, ob die Lohnpolitik des Staates und der Gemeinden mit dem Recht auf Arbeit noch vereinbar sei, wenn Tariferhöhungen mit dem Abbau von Personal „bezahlt" werden müssten und damit das Problem zu Lasten derjenigen verschoben würde, die an einer Einstellung in den öffentlichen Dienst interessiert seien.[370] Eine Lösung dieses angesprochenen Problems zeigt *Ladeur* indes nicht auf. Auch bleibt sein Ausgangspunkt, dass der Staat anders als andere Arbeitgeber zu behandeln sei, mehr als fraglich. *Spitta* hingegen geht lediglich von einer politischen Verpflichtung des Staates, d.h. seiner gesetzgebenden und verwaltenden Organe, aus, erforderlichenfalls für Arbeitsbeschaffung zu sorgen. Seinen Inhalt bekomme das Recht auf Arbeit durch Art. 49 BremVerf, welcher den Schutz der Arbeitskraft durch den Staat regelt sowie die Verpflichtung des Staates, dafür zu sorgen, dass jeder durch Arbeit seinen Lebensunterhalt verdienen kann.[371] Die geeigneten Maßnahmen zur Arbeitsbeschaffung müsse der Staat allerdings innerhalb der Grenzen des Art. 109 Abs. 2 GG treffen.[372]

In der Verfassung von Bremen ist ausdrücklich von der „sittlichen Pflicht zu arbeiten" die Rede. Damit ist eine Rechtspflicht ausgeschlossen.[373] Durch das Staatsziel des Rechts auf Arbeit ist der Senat gehalten, im Bundesrat eine Politik der Arbeitsbeschaffung zu vertreten.[374] Was darunter zu verstehen ist, ist jedoch vor allem eine politische Frage.

---

368 H. Neumann, BremVerf, Art. 8, Rn. 4.
369 Ladeur, in: Kröning/Pottschmidt/Preuß/Rinken, S. 158 (168).
370 Ladeur, in: Kröning/Pottschmidt/Preuß/Rinken, S. 158 (168, 169).
371 Spitta, Art. 8, S. 49.
372 H. Neumann, BremVerf, Art. 8, Rn. 4, 5; Art. 49, Rn. 4.
373 H. Neumann, BremVerf, Art. 8, Rn. 3.
374 H. Neumann, BremVerf, Art. 8, Rn. 3.

ff) Die Verfassung des Saarlandes

Das Recht auf Arbeit findet sich in der Saarländischen Verfassung in Art. 45 S. 2, während laut S. 1 die menschliche Arbeitskraft den Schutz des Staates genießt. Dieser Art. 45 SaarlVerf gehört zum 5. Abschnitt (Wirtschafts- und Sozialordnung) des 1. Hauptteils der Verfassung, welcher mit „Grundrechte und Grundpflichten" überschrieben ist. Nach der Rechtsprechung des saarländischen Verfassungsgerichtshofs gewährt Art. 45 S. 2 SaarlVerf weder ein subjektives, einklagbares soziales Grundrecht auf Arbeit noch ein Freiheitsrecht der Arbeit. Das Gericht stellt auch klar, dass damit eine auf Art. 45 S. 2 SaarlVerf gestützte Verfassungsbeschwerde nach § 55 Abs. 1 SaarlVerfGHG nicht zulässig ist.[375] Das Recht auf Arbeit sei nicht im juristisch-technischen Sinne gemeint, sondern drücke eine Zielvorstellung für staatliches Handeln aus, durch welches Zustände und Einrichtungen geschaffen werden sollen, die es dem einzelnen ermöglichen, eine ausreichend entlohnte Arbeit zu finden.[376] Auch sei der bloße Wortlaut nicht entscheidend für die Einordnung einer Norm als subjektives oder objektives Recht. Bereits die Weimarer Reichsverfassung, welche stark auf die saarländische Verfassung eingewirkt habe, enthielt schließlich soziale Grundrechte, denen jedoch kein subjektives Recht entnommen wurde.[377]

Art. 45 S. 2 SaarlVerf befindet sich im Abschnitt „Wirtschafts- und Sozialordnung". Gemäß Art. 50 SaarlVerf obliegt dem Staat die Planung und Durchführung des wirtschaftlichen und sozialen Aufbaus nach Maßgabe der Gesetze. Daraus ergibt sich, dass es dem einfachen Gesetzgeber vorbehalten sein soll, die Grundsätze und Form der Verwirklichung des Rechts auf Arbeit zu bestimmen. Somit ist die Zielbestimmung des Art. 45 S. 2 SaarlVerf ausschließlich an den Gesetzgeber adressiert.[378] Ein weiteres Argument dafür, dass aus Art. 45 S. 2 SaarlVerf kein subjektives Recht abgeleitet werden könne, besteht nach Ansicht des saarländischen Verfassungsgerichtshofs darin, dass die sozialen Grundrechte nur in Kurzformeln in den Verfassungstext aufgenommen sind. Es fehle eine nähere Bestimmung darüber, wie, in welchem Umfang, mit welchen Mitteln und gegen welchen Anspruchsverpflichteten das Recht eingeräumt werden soll. Damit sei die Norm zu unbestimmt, um sie im Einzelfall im Wege der richterlichen Rechtsanwendung durchzusetzen.[379] Letztlich lässt sich Art. 45 S. 2 SaarlVerf daher nur als

---

375 SaarlVerfGH, NJW 1996, S. 383 (383).
376 SaarlVerfGH, NJW 1996, S. 383 (384); vgl. Schranil, Art. 45, Bem. 3.
377 SaarlVerfGH, NJW 1996, S. 383 (385); Schranil, Art. 45, Bem. 3.
378 SaarlVerfGH, NJW 1996, S. 383 (385).
379 SaarlVerfGH, NJW 1996, S. 383 (385).

Staatszielbestimmung verstehen.[380] Auch insgesamt wird die Bedeutung des Abschnitts über die Wirtschafts- und Sozialordnung als gering eingeschätzt.[381]

b) Formulierung als Staatszielbestimmung

In mehreren Landesverfassungen wurde das Recht auf Arbeit als Staatszielbestimmung formuliert.

aa) Die Verfassung von Brandenburg

In der Verfassung von Brandenburg findet sich in Art. 48 eine entsprechende Regelung zum Recht auf Arbeit. Art. 48 BrdbgVerf befindet sich im 9. Abschnitt des 2. Hauptteils (Grundrechte und Staatsziele) der Verfassung, der überschrieben ist mit „Eigentum, Wirtschaft, Arbeit und soziale Sicherung."

Formuliert ist Art. 48 BrdbgVerf sowohl als Grundrecht als auch als Staatszielbestimmung. Durch die Formulierung „frei gewählte Arbeit" erhält die Norm auch einen abwehrrechtlichen Charakter.[382] Abwehrrechtlicher Charakter ist aber systematisch eher im Bereich der Freiheitsrechte angesiedelt als im Bereich der sozialen Grundrechte und würde daher eher in Art. 49 BrdbgVerf passen als in Art. 48. Das Verfassungsgericht des Landes Brandenburg macht dagegen deutlich, dass es sich bei Art. 48 Abs. 1 BrdbgVerf nicht um ein mit der Verfassungsbeschwerde einklagbares Grundrecht, sondern um eine Staatszielbestimmung handelt.[383] Schon der Wortlaut mache dieses Verständnis offensichtlich.[384]

Die Verpflichtung des Landes, für die Verwirklichung des Rechts auf Arbeit zu sorgen, soll konkret durch eine Politik der Vollbeschäftigung und Arbeitsförderung erfüllt werden. Gleichzeitig wird diese Verpflichtung unter den Vorbehalt der dem Land zur Verfügung stehenden Kräfte gestellt. Zum einen ist damit sicherlich der Vorbehalt der finanziellen Leistungsfähigkeit gemeint, zum anderen muss im Zusammenhang mit der Vollbeschäftigung auch das sog. magische Viereck entsprechend Art. 109 GG beachtet werden.[385] Es bleibt die Frage, was dieser Vorbehalt letztlich bewirkt, sagt er doch nichts anderes, als dass die Politik sich jederzeit mit dem Argument der Ausschöp-

---

380 SaarlVerfGH, NJW 1996, S. 383 (386).
381 Thieme, JöR 9 (1960), 422 (432).
382 So Riepe, S. 191.
383 BrdbgLVerfG, LVerfGE 5, 94 (104); Berlit, in: Simon/Franke/Sachs, § 9, Rn. 34.
384 BrdbgLVerfG, LVerfGE 5, 94 (104).
385 Riepe, S. 192.

fung der vorhandenen Möglichkeiten aus der Verantwortung zur Verwirklichung der Norm ziehen kann.

Auch das Verfassungsgericht des Landes Brandenburg hat sich bereits mit Art. 48 Abs. 1 BrdbgVerf auseinandergesetzt. Dies geschah in dem Urteil vom 18. Juni 1998 zum Braunkohleabbau im sorbischen Siedlungsgebiet. Entschieden werden musste, ob sich die Abbaggerung eines sorbisch geprägten Dorfes zugunsten des Braunkohletagebaus in den Grenzen der Verfassung von Brandenburg hält oder gegen Art. 25 Abs. 1 S. 1 BrdbgVerf, welcher die Rechte der Sorben gewährleistet, verstößt. Während sich die Antragsteller auf den massiven Eingriff in Art. 25 Abs. 1 S. 1 BrdbgVerf beriefen, dem gegenüber die Staatsziele der Art. 44 und Art. 48 BrdbgVerf Bestimmungen von geringer normativer Wirkkraft seien[386], entschied das Gericht letztlich zugunsten der angesprochenen Staatsziele. Nach Auffassung des Gerichts lägen die überragende Bedeutung eines hohen Beschäftigungsgrades als Fundament des allgemeinen Wohlstandes sowie Gefahren steigender Arbeitslosenzahlen für die sozialen Sicherungssysteme und das Gemeinwesen insgesamt auf der Hand.[387] Daher stehe auch das Staatsziel des Art. 48 Abs. 1 BrdbgVerf seinem Rang nach nicht unter Art. 25 Abs. 1 S. 1 BrdbgVerf.[388]

Das Gericht führt in dem Urteil zudem aus, dass das Land nur eingeschränkt durch unmittelbare Aktivitäten auf die Verwirklichung des Art. 48 Abs. 1 BrdbgVerf hinwirken könne und daher nicht in erster Linie aufgerufen sei, selbst Arbeitsplätze einzurichten. Vielmehr bestehe die Hauptaufgabe darin, geeignete Rahmenbedingungen zu schaffen, um so die genannten Ziele durch die Entfaltung unternehmerischer Aktivitäten zu erreichen.[389] Darüber hinaus macht das Gericht deutlich, dass es um die Schaffung von Arbeitsplätzen im Land Brandenburg gehe und das Land es nicht hinnehmen könne, wenn stattdessen Arbeitsplätze außerhalb des Landes entstünden.[390]

Die Verfassung von Brandenburg regelt den Bereich Arbeit am umfangreichsten von den ostdeutschen Verfassungen. Trotzdem ist im Ergebnis zu

---

386 BrdbgVerfG, LVerfGE 8, 97 (108).
387 BrdbgVerfG, LVerfGE 8, 97 (143).
388 Zu einem anderen Ergebnis käme man, wenn man Art. 25 Abs. 1 S. 1 BrdbgVerf nicht wie das Gericht als Staatsziel, sondern als Grundrecht ansähe. Auf die ausführliche Darstellung des in diesem Zusammenhang relevanten Streits um die Rechtsnatur des Art. 25 Abs. 1 BrdbgVerf wird hier verzichtet. Siehe dazu die Auffassung der Antragsteller sowie der Sondervoten, BrdbgVerfG, LVerfGE 8, 97 ff.
389 BrdbgVerfG, LVerfGE 8, 97 (143).
390 BrdbgVerfG, LVerfGE 8, 97 (149).

konstatieren, dass dem einzelnen Bürger auch in Brandenburg kein subjektives Recht erwächst.

bb) Die Verfassung von Sachsen

In der SächsVerf ist das Recht auf Arbeit in Art. 7 im ersten Abschnitt (Die Grundlagen des Staates) zu finden. In der Formulierung fällt auf, dass das Recht auf Arbeit mit dem Recht eines jeden Menschen auf ein menschenwürdiges Dasein gekoppelt ist, welches der Staat als Staatsziel anerkennt. Auch hier handelt es sich, rein sprachlich betrachtet, um eine Mischform aus einem Grundrecht und einer Staatszielbestimmung. Allerdings werden die sozialen Rechte in Art. 7 SächsVerf zu Staatszielen erklärt, was laut *Degenhart* aus dem „Prinzip der verheißungsvollen Zurücknahme" resultiert.[391]

Im Gohrischen Entwurf wurde mit der gewählten Formulierung der sozialen Rechte bewusst an Art. 22 der Allgemeinen Erklärung der Menschenrechte vom 10. Dez. 1948 und an den IPWSR vom 19. Dez. 1966 angeknüpft.[392] Mit diesem Konzept wurde deutlich, dass die Gohr-Gruppe die Staatsziele bzgl. der sozialen Rechte aus zwei Quellen ableiten wollte: zum einen aus der Menschenwürde als zentralem Begriff zur Stellung des Individuums im freiheitlich-demokratischen und sozialen Rechtsstaat und zum anderen aus dem international vereinbarten Standard der wirtschaftlichen, sozialen und kulturellen Rechte. Außerdem sollte zwischen Freiheitsrechten und sozialen Rechten erkennbar unterschieden werden.[393]

Das Recht auf Arbeit ist, trotz der Formulierung „Recht auf ..." kein subjektives Recht. Die aus Menschenrechtspakten vertraute Wortwahl „Das Land anerkennt ..." grenzt das Recht auf Arbeit zu den Grundrechten ab.[394] Es ist objektives Recht und nach *Kunzmann* damit mehr als nur Programmsatz.[395] Wie und mit welchen Mitteln das Land auf die Verwirklichung der sozialen Ziele hinwirkt, soll nicht in der Verfassung geregelt werden, sondern den Organen des Landes entsprechend Situation und Umständen überlassen bleiben. Diese Verpflichtung kommt auch in Art. 13 SächsVerf zum Ausdruck.[396] Das bedeutet allerdings nicht, dass der Staat in wirtschaftlich angespannten Zeiten die Zahl der öffentlichen Bediensteten erhöhen, den Abbau unproduktiver Branchen durch Subventionen verhindern und Ausbildungs- und Stu-

---

391 Degenhart, in: Stober (Hrsg.), § 2 Verfassungsrecht, Rn. 9.

392 Näheres dazu unten in Kapitel 4.

393 Kunzmann, in: Kunzmann/Haas/Baumann-Hasske, Art. 7, Rn. 3.

394 Graf Vitzthum, ZfA 1991, S. 695 (706).

395 Kunzmann, in: Kunzmann/Haas/Baumann-Hasske, Art. 7, Rn. 9.

396 Kunzmann, in: Kunzmann/Haas/Baumann-Hasske, Art. 7, Rn. 2.

dienzeiten verlängern muss.[397] Dadurch würde das Land seinen eigentlichen Aufgaben nicht mehr gerecht werden. Es muss sein Handeln nur im Einklang mit den übrigen konstitutionellen Zielen auf die Verwirklichung des Rechts auf Arbeit ausrichten.[398] Nach *Hinds* schreibt das Recht auf Arbeit nicht mehr fest, als bereits im Stabilitätsgesetz enthalten ist, nämlich dass der Staat einen hohen Grad an Beschäftigung anstreben soll.[399]

cc) Die Verfassung von Sachsen-Anhalt

In der Verfassung von Sachsen-Anhalt wurde das Recht auf Arbeit in Art. 39 ausdrücklich als Staatsziel formuliert. Dies wird auch dadurch deutlich, dass der Dritte Abschnitt des zweiten Hauptteils (Bürger und Staat) die Überschrift „Staatsziele" trägt. Art. 39 SaAnhVerf ähnelt in seiner Formulierung Art. 36 ThürVerf. In der Formulierung werden die Worte „Recht auf Arbeit" vermieden, um keine Missverständnisse hinsichtlich der Durchsetzbarkeit aufkommen zu lassen.

Ziel des Art. 39 Abs. 1 SaAnhVerf ist nicht nur, dass alle Arbeit haben sollen, sondern es soll auch jedem möglich sein, die Art der Arbeit, die Länge der Arbeitszeit und den Arbeitsplatz frei zu wählen.[400] Zudem muss, angesichts der Bedingung in Art. 39 Abs. 1 SaAnhVerf, dass der Lebensunterhalt durch die Arbeit verdient werden können müsse, jeder bei der Arbeit so viel verdienen, dass er davon leben kann.[401] Nach *Reich* sind verschiedene Wege denkbar, um das Ziel des Art. 39 Abs. 1 SaAnhVerf zu verwirklichen: So könnten staatliche Beschäftigungsprogramme aufgebaut werden oder auch im Rahmen einer liberalen Marktwirtschaft Vollbeschäftigung erreicht werden. Daneben wäre zu überlegen, die vorhandene Arbeit gleichmäßig zu verteilen, indem die Arbeitszeit verkürzt oder durch Investitionshemmung der Produktivitätsfaktor gesenkt würde. Hierbei zeigt *Reich* indes auch die Probleme der unterschiedlichen Wege auf. So liegen die Grenzen staatlicher Beschäftigungsprogramme in der Überschuldung des Staates. Die Vollbeschäftigung einer liberalen Marktwirtschaft könne zu Lasten der Einkommenshöhe der Beschäftigten gehen und dazu führen, dass einige nicht mehr von ihrer Arbeit leben könnten. Die Senkung der Produktivität nähme dem Land die Wettbewerbsfähigkeit und damit die Möglichkeit, auch künftig Arbeitsplätze zu schaffen. Da die Auflage von Beschäftigungsprogrammen eine langfristige Planung voraussetzt und die Vollbeschäftigung Mindestlöhne sichern müsste,

---

397 Riepe, S. 237 mit Hinweis auf Schimpff (CDU), LT-(S), Plen.Prot. 1/46, S. 3057.
398 Riepe, S. 237.
399 Hinds, ZRP 1993, S. 149 (150).
400 Reich, Art. 39, Rn. 1.
401 Reich, Art. 39, Rn. 1.

würden diese beiden Wege nicht kurzfristig zum Ziel führen. Daher wird in erster Linie versucht, den Gedanken der Vollbeschäftigung durch Senkung der Produktivität umzukehren und durch Investitionsförderung zur Erhöhung des Produktivitätsfaktors beizutragen, um so mehr Arbeitsplätze zu schaffen.[402] Zur Handlung sind in Art. 39 Abs. 1 SaAnhVerf Land und Kommunen aufgefordert. Zwar können Bund und die Europäische Gemeinschaft arbeitsmarkt- und investitionspolitisch mehr bewirken, doch sei es Aufgabe von Land und Kommunen, entsprechende Anträge zu stellen und dabei ihre Kenntnisse durch Orts- und Sachnähe einfließen zu lassen.[403]

Gemäß Art. 39 Abs. 2 SaAnhVerf wirkt das Land im Rahmen seiner Zuständigkeit auf die Verwirklichung dieses Staatsziels hin. Dabei werden die Maßnahmen, die das Land ergreift, in der Verfassung von Sachsen-Anhalt (im Gegensatz etwa zur thüringischen Regelung) nicht näher umschrieben. Art. 39 Abs. 2 SaAnhVerf formuliert die Rahmenbedingungen des Staatsziels einer „sinnvollen und dauerhaften Arbeit" für alle.[404] „Sinnvoll" sei dabei aus der Sichtweise des Staates zu verstehen, so dass nicht nur Investitionsarbeiten sinnvoll sind, wie zunächst aus Abs. 1 geschlossen werden könnte, sondern auch andere Arbeiten, die im Rahmen der Staatsziele liegen.[405] Problematisch erscheint bei der Aufzählung der beschriebenen Rahmenbedingungen die Vermeidung der Belastung der natürlichen Lebensgrundlagen. Es stellt sich in diesem Zusammenhang nämlich die Frage, welches der genannten Staatsziele (Arbeit oder Schutz der natürlichen Lebensgrundlagen) den Vorrang haben soll.[406] Das Ziel der „humaneren Arbeitsbedingungen" bleibt, wie der Komparativ der gewählten Formulierung deutlich macht, ständige Aufgabe. Es kann erreicht werden, wenn die Freiheit der Arbeitswahl im Sinne des Abs. 1 im Vordergrund steht. Die „Selbstentfaltung" des Einzelnen soll durch die Schaffung von Arbeitsplätzen, aber auch durch Fortbildung und Weiterqualifikation erreicht werden.[407]

Reich wertet den Begriff „im Rahmen seiner Zuständigkeiten" entgegen der Ansicht von *Zielke*[408] nicht als Vorbehalt im Sinne eines Eingeständnisses mangelnder Kompetenz, sondern positiv in dem Sinne, dass die Träger der Staatsgewalt nachdrücklich daran erinnert würden, ihre gegebenen Zuständigkeiten zu nutzen. Als Argument für diese Ansicht führt er an, dass dieser

402 Reich, Art. 39, Rn. 1.
403 Reich, Art. 39, Rn. 1.
404 Mahnke, Art. 39, Rn. 5.
405 Reich, Art. 39, Rn. 2.
406 Mahnke, Art. 39, Rn. 6.
407 Reich, Art. 39, Rn. 2.
408 Zielke, RdA 1992, S. 185 (189).

Begriff in Art. 39 Abs. 1 SaAnhVerf nicht enthalten sei und zudem in einer Staatszielbestimmung stehe.[409]

dd) Die Verfassung von Mecklenburg-Vorpommern

Auch in der Verfassung von Mecklenburg-Vorpommern ist ein Kapitel „Staatsziele" vorhanden. Dort wird in Art. 17 Abs. 1 S. 1 das Staatsziel der Erhaltung und Schaffung von Arbeitsplätzen statuiert.

Laut Art. 17 Abs. 1 S. 2 MeckPomVerf soll ein hoher Beschäftigungsstand im Rahmen des gesamtwirtschaftlichen Gleichgewichts gesichert werden. Durch die Bezugnahme auf das gesamtwirtschaftliche Gleichgewicht wird verdeutlicht, dass die Beschäftigungspolitik nicht einseitig auf Kosten der anderen verfassungsmäßigen Zielwerte (etwa der Geldwertstabilität) verfolgt werden darf.[410] Gleichzeitig wird die Vollbeschäftigung als arbeitsmarktpolitisches Ziel statuiert. Aufgrund der gewählten Formulierung als Staatszielbestimmung wird deutlich, dass aus Art. 17 Abs. 1 MeckPomVerf kein subjektives öffentliches Recht auf Arbeit begründet wird. Vielmehr hat das Land die Verpflichtung, alles zu tun, um jedem die Möglichkeit zu eröffnen, seinen Lebensunterhalt durch frei gewählte Arbeit zu verdienen. Die Formulierung „beitragen" verdeutlicht, dass das Land nicht an die Stelle der privaten Arbeitgeber treten und etwa jedem einen Arbeitsplatz sichern kann.[411] Gemeint ist vielmehr, dass der Staat durch konjunkturpolitische Mittel für ein Gleichgewicht zwischen Angebot und Nachfrage auf dem Arbeitsmarkt zu sorgen hat und lenkend da eingreifen soll, wo ein Abbau von Arbeitsplätzen droht.[412]

Im Zusammenhang mit dem Staatsziel Arbeit sei auch auf die Präambel der Verfassung von Mecklenburg-Vorpommern hingewiesen, in der die Förderung des wirtschaftlichen Fortschritts aller aufgeführt ist. Darin wird das in Art. 2 MeckPomVerf verankerte Sozialstaatsgebot reflektiert, welches dann in den einzeln aufgeführten Staatszielen, wie z. B. Art. 17 Abs. 1 MeckPomVerf, konkretisiert wird.[413] Auch nach dem Bericht der Verfassungskommission, auf den *Riepe* zutreffend verweist, steht der Regelungsgehalt des Art. 17 Abs. 1 MeckPomVerf in engem Zusammenhang mit der Präambel.[414] Zu beachten ist, dass Verpflichtungsadressat in Art. 17 Abs. 1 MeckPomVerf

---

409 Reich, Art. 39, Rn. 2.
410 Thiele, in: Thiele/Pirsch/Wedemeyer, Art. 17, Rn. 2.
411 Thiele, in: Thiele/Pirsch/Wedemeyer, Art. 17, Rn. 2.
412 Riepe, S. 221.
413 Pirsch, in: Thiele/Pirsch/Wedemeyer, Präambel, Rn. 7.
414 Riepe, S. 219 mit Verweis auf Bericht der Verfassungskommission, LT-(M-V), Drucks. 1/3100, S. 107.

lediglich das Land ist, während in Art. 17 Abs. 2 und 3 MeckPomVerf (Soziale Hilfe und Wohnraum) Land, Gemeinden und Kreise angesprochen sind.

ee) Die Verfassung von Thüringen

In der Thüringischen Verfassung findet sich in Art. 36 das Staatsziel Arbeit. Danach ist es ständige Aufgabe des Freistaates, jedem die Möglichkeit zu schaffen, seinen Lebensunterhalt durch frei gewählte und dauerhafte Arbeit zu verdienen. Art. 36 ThürVerf gehört zum fünften Abschnitt des ersten Teils der Verfassung (Grundrechte, Staatsziele und Ordnung des Gemeinschaftslebens). Dieser fünfte Abschnitt regelt Eigentum, Wirtschaft und Arbeit.

Die Thüringische Verfassung zeichnet sich durch ihre thematische Gliederung aus. Daraus resultiert der Vorteil, dass sachlich Zusammenhängendes zusammenfassend geregelt ist, was die verfassungsrechtliche Transparenz auf den ersten Blick erhöht.[415] Die Entscheidung für eine thematische Ordnung bringt allerdings mit sich, dass liberal-rechtsstaatliche Grundrechte und Staatsziele nicht klar voneinander getrennt werden. Der Bürger kann daher nicht deutlich erkennen, wo er Rechte gegen den Staat gerichtlich durchsetzen kann. Hält er zudem die „bunte Folge“ von Grundrechten, Zielbestimmungen und Verfassungsaufträgen als soziale Verfassungsprogrammatik für rechtsverbindlich, besteht die Gefahr seiner Enttäuschung.[416]

Auf der anderen Seite zeichnet sich die Formulierung des Art. 36 S. 1 ThürVerf durch ihre Klarheit aus, da hier auf die Formulierung „Recht auf Arbeit“ gänzlich verzichtet wurde. Stattdessen wurde formuliert, dass es Aufgabe des Freistaates sei, jedem die Möglichkeit zu verschaffen, seinen Lebensunterhalt durch frei gewählte und dauerhafte Arbeit zu verdienen. Auch wird das Wort „Staatsziel“ in der Vorschrift ausdrücklich benutzt. Es existiert demnach kein Grundrecht im Sinne eines einklagbaren Leistungsgrundrechts, insbesondere besteht kein Anspruch auf Zuweisung eines Arbeitsplatzes.[417] Darüber hinaus erhob man es zur *ständigen* Aufgabe des Freistaates, auf die Verwirklichung des Staatsziels Arbeit hinzuwirken. Auch findet sich hier ein Verfassungsauftrag zur Durchsetzung dieses Staatsziels, denn laut Art. 36 S. 2 ThürVerf ergreifen das Land und seine Gebietskörperschaften insbesondere Maßnahmen der Wirtschafts- und Arbeitsförderung, der beruflichen Weiterbildung und der Umschulung. Damit sichert die Landesverfassung die Verwirkli-

---

415 Würtenberger/Beck, in: Schmitt (Hrsg.), Thüringen, eine politische Landeskunde, S. 85 (87).

416 Würtenberger/Beck, in: Schmitt (Hrsg.), Thüringen, eine politische Landeskunde, S. 85 (87); vgl. Graf Vitzthum VWBlBW 1991, S. 404 (414).

417 Jutzi, in: Linck/Jutzi/Hopfe, Art. 36, Rn. 1.

chung des Grundrechts aus Art. 35 ThürVerf, indem den Hoheitsträgern aufgegeben wird, die rechtlichen und tatsächlichen Voraussetzungen zu schaffen, die dem Einzelnen die Möglichkeit zur Grundrechtsausübung nach Art. 35 ThürVerf eröffnen.[418] Das Wort „insbesondere" macht deutlich, dass die Maßnahmen nicht abschließend aufgeführt sind und keine konkreten Maßnahmen wie z. B. Umschulungsprogramme oder die Vergabe von Subventionen vorgeschrieben sind.[419] Im Unterschied zu einer möglichen Formulierung „das Land *hat* Maßnahmen *zu ergreifen...*" wurde hier nicht eine lediglich prognostische, versprechende Formulierung gewählt, sondern sie lässt keinen Zweifel daran, dass das Land diese Maßnahmen auch tatsächlich ergreift.[420] Sollte der Freistaat bei anhaltend hoher Arbeitslosigkeit auf diesem Politikfeld untätig bleiben, wird er durch Art. 36 ThürVerf unter einen erhöhten Begründungszwang gesetzt.[421]

Für alle in der Thüringer Verfassung niedergelegten Staatsziele regelt Art. 43 ThürVerf die „Pflicht des Freistaats, nach seinen Kräften und im Rahmen seiner Zuständigkeiten" ihre Verwirklichung anzustreben. Damit wäre für den Bereich der Arbeit eine einseitige Vollbeschäftigungspolitik, die den grundgesetzlich gebotenen Erfordernissen des gesamtwirtschaftlichen Gleichgewichts des Art. 109 Abs. 2 GG nicht Rechnung tragen würde, verfassungswidrig.[422]

Die Thüringer Variante der Regelung eines Rechts auf Arbeit stellt einen Mittelweg zwischen den Lösungen der Verfassungen Mecklenburg-Vorpommerns und Brandenburgs dar. Von der Lösung in Mecklenburg-Vorpommern unterscheidet sich Art. 36 ThürVerf dadurch, dass das Staatsziel Arbeit einen erkennbar höheren Verpflichtungsgrad aufweist und den Adressaten auf spezifizierte Maßnahmen zur Realisierung des Staatsziels festlegt. Im Unterschied zur Verfassung von Brandenburg wird jedoch auf die Formulierung subjektiver Anspruchsrechte sowie auf flankierende Maßnahmen wie den Kündigungsschutz für bestimmte Personengruppen verzichtet.[423]

---

418 Jutzi, in: Linck/Jutzi/Hopfe, Art. 36, Rn. 1.

419 Jutzi, in: Linck/Jutzi/Hopfe, Art. 36, Rn. 13, 14, 15.

420 Riepe, S. 254.

421 Huber, LKV 1994, S. 121 (127).

422 Würtenberger/Beck, in: Schmitt (Hrsg.), Thüringen, eine politische Landeskunde, S. 85 (91).

423 Edinger, in: Schmitt (Hrsg.), Die Verfassung des Freistaats Thüringen, S. 101 (123).

ff) Die Verfassung von Rheinland-Pfalz

Die Verfassung des Landes Rheinland-Pfalz wurde durch die Verfassungsreform mit Wirkung zum 08. Mai 2000 im größeren Rahmen geändert. Damit ist sie derzeit eine der aktuellsten Landesverfassungen innerhalb der Bundesrepublik.[424] Im Zuge umfangreicher Änderungen bzw. Neuaufnahmen sozialer Grundrechte und Staatszielbestimmungen wurde auch die Formulierung des Rechts auf Arbeit geändert. Zwar war es bereits in der alten Verfassung von 1947 enthalten (Art. 53 RhPfVerf a.F.), doch nun wurde es „modernisiert". Dies passt zu Äußerungen im Rahmen der Debatte um die neue Verfassung, dass Verfassungen nicht zu einem historischen Dokument werden sollen, sondern hin und wieder der sozialen Wirklichkeit und der neuen Aktualität angepasst werden müssen.[425]

An die Stelle des in Art. 53 Abs. 2 RhPfVerf a.F. normierten Rechts auf und die Pflicht zur Arbeit ist das Staatsziel zur Förderung der Beschäftigung getreten.[426] In der neu gewählten Formulierung liegt im Vergleich zur alten eine Abschwächung des Rechts auf Arbeit. Art. 53 RhPfVerf befindet sich im VI. Abschnitt der Verfassung, welcher mit „Die Wirtschafts- und Sozialordnung" überschrieben ist.

Nach *Bartz* enthält Art. 53 Abs. 1 einen Programmsatz, Abs. 2 eine Staatszielbestimmung und die Absätze 3 bis 5 enthalten Gesetzgebungsaufträge. Art. 53 Abs. 2 RhPfVerf, nach dem das Land, die Gemeinden und Gemeindeverbände darauf hinzuwirken haben, dass jeder seinen Lebensunterhalt durch frei gewählte Arbeit verdienen kann, ist kein Grundrecht auf Arbeit im Sinne eines einklagbaren Leistungsgrundrechts.[427] Es sichert allerdings die Grundrechtsverwirklichung, indem den Hoheitsträgern aufgegeben wird, die rechtlichen und tatsächlichen Voraussetzungen zu schaffen, die dem Einzelnen die tatsächliche Möglichkeit zur Grundrechtsausübung nach Art. 58 RhPfVerf (Berufsfreiheit) eröffnen.[428] Ziel von Art. 53 Abs. 2 RhPfVerf ist,

---

[424] Im Mai 2000 wurde auch eine Änderung der Verfassung von Baden-Württemberg beschlossen. Dort wurde unter anderem der Tierschutz als Staatsziel in die Verfassung aufgenommen.

[425] Mertin, Minister der Justiz von Rheinland-Pfalz in der Debatte der 104. Plenarsitzung am 16. Februar 2000, abgedruckt in: Der Präsident des Landtags Rheinland-Pfalz (Hrsg.): Verfassungsreform, S. 119.

[426] Begründung des Gesetzentwurfs der Fraktionen der SPD, CDU und F.D.P. vom 10.12.1999 zur Änderung der Verfassung für Rheinland-Pfalz, Drucksache 13/5066 des Landtags Rheinland-Pfalz, in: Der Präsident des Landtags Rheinland-Pfalz (Hrsg.): Verfassungsreform, S. 46.

[427] Bartz, in: Grimm/Caesar, Art. 53, Rn. 4.

[428] Bartz, in: Grimm/Caesar, Art. 53, Rn. 4; vgl. BVerfGE 81, 242 (255).

Vollbeschäftigung im Land Rheinland-Pfalz zu erreichen. Dieses Ziel zu erreichen, ist eine Daueraufgabe. Der Begriff „Arbeit“ ist umfassend gemeint, er umfasst selbständige und unselbständige Tätigkeiten sowie Teilzeitarbeitsverhältnisse.[429]

Gemäß Art. 53 Abs. 1 RhPfVerf ist die menschliche Arbeitskraft besonders zu schützen. Im Verfassungstext wird ihre individuelle Bedeutung sowie ihre ökonomische Funktion hervorgehoben. Eine konkrete Verpflichtung des Gesetzgebers zu bestimmten Maßnahmen für den Schutz dieses Rechtsguts ist aus diesem Programmsatz nicht abzuleiten.

gg) Die Verfassung von Niedersachsen

Laut Art. 6 a NdsVerf wirkt das Land darauf hin, dass jeder Mensch Arbeit finden und dadurch seinen Lebensunterhalt selbst bestreiten kann. Der Auftrag an das Land ist als Staatsziel gestaltet. Diese Staatszielbestimmung ist dem ersten Abschnitt „Grundlagen der Staatsgewalt, Grundrechte und Staatsziele“ zugeordnet.

Art. 6 a NdsVerf stellt eine Konkretisierung des Sozialstaats dar.[430] Das Land ist verpflichtet, eine aktive staatliche Politik der Vollbeschäftigung zu verfolgen, wobei es vornehmlich eine Aufgabe des Landesgesetzgebers ist, auf der Grundlage seiner arbeitsmarktpolitischen Ziele zu entscheiden, welche Maßnahmen er zur Verwirklichung ergreifen will.[431] Normadressat ist das „Land“, also Gesetzgeber und Verwaltung.[432]

In der Literatur zur Niedersächsischen Verfassung wird darauf aufmerksam gemacht, dass, sofern der Landesgesetzgeber das Staatsziel Arbeit durch Vollbeschäftigungspolitik verwirklichen will, ein Konflikt mit den übrigen Zielen des „magischen Vierecks“ in § 1 StabG entsteht.[433] Darauf wird unten noch näher einzugehen sein.[434] Darüber hinaus begegnet nach *Schwarz* die konkrete Ausgestaltung des Staatsziels Arbeit in der Niedersächsischen Verfassung Bedenken, da dem Wortlaut keine unmittelbaren Beschränkungen zu entnehmen sind. In diesem Zusammenhang weist er darauf hin, dass es zur Realisierung einer Staatszielbestimmung erheblicher finanzieller Mittel be-

---

429 Bartz, in: Grimm/Caesar, Art. 53, Rn. 14.

430 Vgl. H. Neumann, Die Niedersächsische Verfassung, Art. 6 a, Rn. 6.

431 H. Neumann, Die Niedersächsische Verfassung, Art. 6 a, Rn. 6; vgl. BVerfGE 77, 84 (106) für den Bundesgesetzgeber.

432 H. Neumann, Die Niedersächsische Verfassung, Art. 6 a, Rn. 5.

433 Schwarz, NdsVBl. 1998, S. 225 (228).

434 Siehe Drittes Kapitel, II. 8. d).

darf. Um den Staat daher nicht zu unmöglichen Leistungen zu verpflichten, müssen soziale Staatszielbestimmungen bei einem diesbezüglich unklaren Wortlaut so interpretiert werden, dass die Verpflichtung nur im Rahmen des Möglichen und Angemessenen garantiert wird.[435] Eine solche Einschränkung findet sich indes in der Niedersächsischen Verfassung nicht, so dass zumindest die Möglichkeit der weiten Auslegung besteht, was der Verfassungsehrlichkeit nach *Schwarz* nicht gerade dienlich ist.[436]

c) Sonstige Formulierungen

Die Verfassung von Hamburg

In der Präambel der hamburgischen Verfassung findet sich in Abs. 3 die Formulierung „Die Arbeitskraft steht unter dem Schutz des Staates". Die Präambel nimmt als Teil der Hamburger Verfassung an der Gesetzeskraft der Verfassung teil, was sich aus der Verkündungsformel, die sich auf das „nachstehende" Gesetz bezieht, ergibt.[437] Die Präambel ist unmittelbar geltendes Recht, sie entbehrt nicht der normativ-rechtlichen Wirksamkeit.[438] Darüber hinaus hat sie staats- und verfassungspolitische Bedeutung. Gerade die Präambel dient der Selbstdarstellung des Staates, sie ist die exponierte Stelle, an der Staatswerte und Staatsziele niedergelegt werden.[439]

Der Schutz der Arbeitskraft richtet sich gemäß den vorwiegend sozialrechtlichen Zielsetzungen des dritten Absatzes auf die Bewahrung von Leben und Gesundheit der Beschäftigten. Ein Recht auf Arbeit räumt der Satz nicht ein.[440] Staatlicher Schutz besteht in sozialfürsorgerischen, arbeitsschutzrechtlichen und gesundheitssichernden Maßnahmen der öffentlichen Hand.[441] Abs. 3 S. 3 der Präambel der Hamburger Verfassung verlangt eine wirksame Arbeitsschutzgesetzgebung und –verwaltung.[442] Allerdings liegt der Schwerpunkt der hamburgischen Staatstätigkeit auf der Verwaltung, da der Bund von seiner Zuständigkeit zur arbeitsrechtlichen Gesetzgebung nach Art. 74

---

[435] Schwarz, NdsVBl. 1998, S. 225 (228).
[436] Schwarz, NdsVBl. 1998, S. 225 (228).
[437] Thieme, S. 12.
[438] H.P. Ipsen, Hamburgs Verfassung und Verwaltung, S. 262.
[439] Kringe, S. 56; Thieme, S. 12; vgl. H.P. Ipsen, Hamburgs Verfassung und Verwaltung, S. 257.
[440] David, Präambel, Rn. 19; vgl. auch Antwort auf die Schriftliche Kleine Anfrage gemäß Bürgerschaftsdrucksache 13/2375 vom 12.09.1988: danach sieht sich der Senat auf Grund der Präambel in der Pflicht, Leben und Gesundheit abhängig Beschäftigter zu schützen.
[441] David, Präambel, Rn. 19.
[442] Thieme, S. 14.

Nr. 12 GG umfassend Gebrauch gemacht hat und sogar für die Verwaltung durch seine Arbeitsverwaltung überwiegend zuständig ist.[443]

d) Zwischenergebnis

Vor allem die Verfassungen der neuen Länder bemühen sich, sprachlich nicht so hohe Erwartungen mit der Normierung des Staatsziels Arbeit zu wecken. Während in den Verfassungen von Sachsen-Anhalt und Mecklenburg-Vorpommern die Worte „Recht auf ..." überhaupt nicht verwendet werden, liegt in Brandenburg und Sachsen zwar eine Staatszielbestimmung vor, diese ist durch die Verpflichtung, für die Verwirklichung des Rechts auf Arbeit zu sorgen, aber missverständlich formuliert. In Thüringen werden die Worte „Recht auf ..." vermieden, allerdings können Missverständnisse durch die systematische Stellung des Art. 36 ThürVerf in einem Abschnitt mit echten Grundrechten entstehen. Zugute gehalten werden muss dieser Regelung allerdings, dass die Thüringer Verfassung thematisch gegliedert ist und Art. 36 ThürVerf darüber hinaus die Überschrift „Staatsziel Arbeit" trägt.

In vielen Verfassungen findet sich zunächst die Konkretisierung eines Staatsziels Arbeit / Beschäftigung und im Anschluss daran eine Einschränkung (z. B. Art. 17 MeckPomVerf). Durch diese Reihenfolge werden bei den einzelnen Bürgern während der Durchsicht der Verfassung zunächst Erwartungen geweckt, die dann aufgrund der Einschränkung wieder enttäuscht werden. Möglicherweise wäre es daher sinnvoll, zuerst die entsprechenden Vorbehalte zu formulieren und daran das Staatsziel anzuschließen. So schlägt *Riepe* vor, Art. 17 MeckPomVerf in seiner Reihenfolge zu ändern. Eine günstigere Formulierung sei seiner Ansicht nach:

> „Das Land sichert im Rahmen des gesamtwirtschaftlichen Gleichgewichts einen hohen Beschäftigungsstand. Dazu trägt es durch die Erhaltung und Schaffung von Arbeitsplätzen bei."[444]

Inhaltlich ändert diese Formulierung allerdings nichts, so dass fraglich bleibt, ob der Aufnahme sozialer Staatsziele in eine Verfassung damit tatsächlich geholfen wäre.

---

443 Thieme, S. 14.
444 Riepe, S. 221.

Die meisten Verfassungen widmen den arbeitsrechtlichen Sozialbestimmungen einen eigenen Artikel; nur Sachsen beschränkt sich darauf, das Recht auf Arbeit als Unterfall des menschenwürdigen Daseins anzuerkennen[445] und Hamburg integriert es in die Präambel.

Die Länder Hessen, Berlin und Brandenburg kalkulieren in ihren Normen zum Recht auf Arbeit den Fall der Arbeitslosigkeit ein und normieren dementsprechend Schutz vor deren Folgen. *Zielke* schließt daraus, dass die Landesverfassungen damit selbst von der Unrealisierbarkeit eines subjektiv-öffentlichen Rechts auf Arbeit ausgehen, da sie ansonsten den Fall der Arbeitslosigkeit nicht berücksichtigen würden.[446] Kann Arbeit nicht nachgewiesen werden, so besteht Anspruch auf Leistungen der Sozialhilfe oder Unterhalt aus öffentlichen Mitteln. In Brandenburg besteht darüber hinaus ein Anspruch auf Umschulung und berufliche Weiterbildung.

4. Rechtswirksamkeit

Die entscheidende Frage, die sich dem Bürger bei der Durchsicht „seiner" Landesverfassung stellt, ist, ob ihm subjektive öffentliche Rechte verliehen werden. Wird der Bereich Arbeit eindeutig durch eine Staatszielbestimmung geregelt, so ist dies offensichtlich nicht der Fall. Schwieriger zu erkennen ist dies jedoch bei Formulierungen, die das „Recht auf Arbeit" ausdrücklich verwenden (z. B. Hessische Verfassung) oder bei Verfassungen, die aufgrund ihrer Systematik Grundrechte und Staatsziele mischen (z. B. Thüringische Verfassung).

Wie oben bereits erwähnt, ist dafür das Heranziehen der Schutznormtheorie ratsam.[447] Danach muss zunächst ein zwingender Rechtssatz des objektiven Rechts vorliegen. Die in die Landesverfassungen aufgenommenen Regelungen sind als Landesverfassungsrecht zwingende Rechtssätze des objektiven Rechts.[448] Um im Rahmen der Schutznormtheorie ein subjektives Recht zu gewähren, dürften sie nicht ausschließlich der Verwirklichung öffentlicher Interessen dienen, sondern müssten auch der Befriedigung privater Interessen zu dienen bestimmt sein. Letztlich zielt das Recht auf Arbeit darauf hin, dem Einzelnen einen Arbeitsplatz zu verschaffen bzw. zu erhalten, damit er sich seine Lebensgrundlage selbst schaffen kann. Gerade die sozialen Grundrechte sind dadurch gekennzeichnet, dass für die Bürger bessere Lebensumstände

---

445 Stiens, S. 268.

446 Zielke, RdA 1992, S. 185 (187).

447 Siehe oben Erstes Kapitel, II. 2.

448 Auch wenn bundesrechtliche Regelungen bestehen, sind – wie oben gezeigt – die landesverfassungsrechtlichen Normen nicht nichtig.

geschaffen werden sollen. Mittelbar werden damit also auch die Interessen Einzelner befriedigt.

Entscheidend dafür, dass das Recht auf Arbeit trotzdem kein subjektiv öffentliches Recht verleiht, ist vielmehr der dritte Punkt, auf den im Rahmen der Schutznormtheorie einzugehen ist. Danach muss dem individuell Begünstigten normativ die Rechtsmacht zur Durchsetzung der konkreten Regelungsanordnung verliehen werden. Auch wenn für das Recht auf Arbeit die Worte „Recht auf ..." verwendet werden, so besteht doch durchweg Einigkeit, dass dem Einzelnen dadurch nicht das Recht verliehen wird, ein solches auf gerichtlichem Weg durchzusetzen. Dies wird in der Durchsicht und soeben vorgenommenen Darstellung der Kommentarliteratur sowie der Rechtsprechung zu den entsprechenden Landesverfassungsnormen, die einhellig von Staatszielbestimmungen oder sogar von Programmsätzen ausgeht, mehr als deutlich. Das Recht auf Arbeit wird dem Einzelnen also nicht als subjektives Recht verliehen, auch dann nicht, wenn der Verfassungstext, wie in Hessen, Bayern, dem Saarland, Nordrhein-Westfalen und Berlin, aber auch in Brandenburg und Thüringen auf den ersten Blick ein solches Recht vermuten lässt.

5. Berechtigte

Fraglich ist, ob das Recht auf Arbeit als Menschenrecht oder als sog. Deutschenrecht angesehen werden kann. Menschenrechte werden dann angenommen, wenn die Grundrechtsnorm alle oder die Menschen, jeden oder jedermann als Berechtigten nennt oder wenn es sich um die Gewährleistung von Objektivationen handelt, die diesem Personenkreis zurechenbar sind.[449]

Im Bereich des Rechts auf Arbeit sind die Verfassungen in Bezug auf den Adressatenkreis recht einheitlich ausgestaltet. So variieren die Formulierungen lediglich zwischen „Jeder", „Jedermann", „jeder Mensch", „Jeder Einzelne" und „Alle". Inhaltliche Unterschiede sind aus diesen Formulierungen nicht zu ziehen. Mit der Formulierung „jeden" in Art. 36 ThürVerf und „allen" in Art. 39 Abs. 1 SaAnhVerf wird laut *Reich* deutlich, dass Männer und Frauen, Deutsche und Ausländer im gleichen Maße begünstigt werden sollen.[450] Allerdings könnten sich die Arbeitsmöglichkeiten nur auf die Ausländer und Staatenlose beziehen, die in Sachsen-Anhalt ihren Wohnsitz haben.[451] Der Saarländische Verfassungsgerichtshof geht davon aus, dass man

449 Stern, Bd. III/1, S. 1061.
450 Jutzi, in: Linck/Jutzi/Hopfe, Art. 36, Rn. 10.
451 Reich, Art. 39, Rn. 1.

nur mit „interpretatorischer Willkür“ das Wort „jeder“ so auslegen könnte, dass nur jeder Saarländer gemeint sei. Da die Verfassung aber zwischen Deutschen- und Jedermannrechten unterscheidet, könne Art. 45 S. 2 SaarlVerf kein sprachlicher Fehlgriff unterstellt werden. Somit müsste das Saarland das Recht auf Arbeit für jeden unabhängig von seiner Herkunft verwirklichen. Dies spreche wiederum dafür, dass es sich bei Art. 45 S. 2 SaarlVerf nicht um ein subjektives Recht handele.[452]

Auch wenn das Recht auf Arbeit als Menschenrecht Ausländern ebenso zusteht wie Deutschen, kann es Arbeitsverboten aufgrund des Ausländergesetzes oder des Asylverfahrensgesetzes nicht entgegengehalten werden. Sofern diese Gesetze mit dem Grundgesetz übereinstimmen, werden nämlich gemäß Art. 31 GG die landesverfassungsrechtlichen Regelungen verdrängt.[453]

Zwar ist denkbar, dass z. B. bestimmte Beschäftigungsförderungsprogramme auf einzelne Bevölkerungsgruppen begrenzt sind, mittelbar kommt ein dadurch möglicherweise entspannterer Arbeitsmarkt aber der gesamten Bevölkerung zugute. Es ist daher darauf hinzuweisen, dass es sich bei den sozialen Grundrechten um Staatszielbestimmungen handelt, die bei ihrer Verwirklichung jedem zugute kommen, der sich im jeweiligen Geltungsbereich aufhält. Eine strikte Unterscheidung zwischen denen, die wie bei einem echten Grundrecht anspruchsberechtigt sind oder nicht, ist daher schwer möglich.

6. Verpflichtungsadressaten

Art. 36 S. 1 ThürVerf macht das Staatsziel dem Freistaat zur Aufgabe. Damit sind durchweg alle Träger staatlicher Hoheitsgewalt des Landes gemeint, also neben dem Land selbst auch seine Gebietskörperschaften, alle anderen Körperschaften, Stiftungen und Anstalten des öffentlichen Rechts sowie Beliehene, die ihre Hoheitsgewalt vom Freistaat ableiten. Hauptverpflichteter dürfte tatsächlich aber der Landesgesetzgeber sein.[454] Hinsichtlich der Umsetzung der konkreten, in Satz 2 genannten Maßnahmen sind hingegen lediglich das Land und seine Gebietskörperschaften ausdrücklich angesprochen. Art. 53 Abs. 2 RhPfVerf verpflichtet das Land, die Gemeinden und die Gemeindeverbände, Art. 39 SaAnhVerf ebenfalls das Land und die Kommunen. Nach *Bartz* ist mit „Land“ nicht nur der Gesetzgeber, sondern es sind alle Träger der öffentlichen Gewalt des Landes gemeint.[455] Der Saarländische Verfas-

---

452 SaarlVerfGH, NJW 1996, S. 383 (385).
453 Quaritsch, in: HbdStR, Bd. V, § 120, Rn. 11.
454 Jutzi, in: Linck/Jutzi/Hopfe, Art. 36, Rn. 4.
455 Bartz, in: Grimm/Caesar, Art. 53, Rn. 10; a. A. Süsterhenn/Schäfer, Art. 53, Anm. 3.

sungsgerichtshof macht darauf aufmerksam, dass Art. 45 S. 2 SaarlVerf ausschließlich an den Gesetzgeber adressiert sei. Die Normen der anderen Landesverfassungen nennen das Land, bzw. den Staat als Verpflichtete, so dass hier – ebenso wie in Thüringen - in erster Linie der Landesgesetzgeber angesprochen sein dürfte.

7. Zwischenergebnis

Indem die Landesverfassungen den Bereich des Rechts auf Arbeit regeln, verleihen sie ihm Verfassungsrang. Damit unterscheiden sie sich wesentlich vom Grundgesetz, das es dem einfachen Gesetzgeber überlässt, die Vollbeschäftigung als essentielles Anliegen der sozialen Marktwirtschaft zu verwirklichen.

Wie die Darstellung der Kommentarliteratur zu den einzelnen Landesverfassungsnormen zeigt, besteht Einigkeit darüber, dass in einem marktwirtschaftlich orientierten Wirtschaftssystem kein individueller Anspruch des Einzelnen gegen den Staat auf Zuweisung eines Arbeitsplatzes bestehen kann. Folglich können die landesverfassungsrechtlichen Bestimmungen nur die objektiv-rechtliche Verpflichtung des Landes enthalten, eine Politik der Vollbeschäftigung zu betreiben. Auch dies hat indes Grenzen, wie im Folgenden insbesondere hinsichtlich der Geltung des Art. 109 Abs. 2 GG, § 1 StabG zu zeigen sein wird.

8. Vereinbarkeit der landesverfassungsrechtlichen Regelungen mit Bundesrecht

Es bleibt die Frage bestehen, wie sich die landesrechtlichen Normierungen des Rechts auf Arbeit in Bezug auf das Grundgesetz verhalten. Dort ist in Art. 12 Abs. 1 GG die Rede von einem Recht auf freie Wahl des Berufes, des Arbeitsplatzes und der Ausbildungsstätte, ein Recht auf Arbeit aber wird nicht gewährt. Auch der Grundsatz der Gewaltenteilung sowie das Sozialstaatsprinzip müssen hier betrachtet werden. Denn eine Politik der Vollbeschäftigung ist zwar ein zentrales Anliegen des Sozialstaatsprinzips, aber konkrete Inhalte und Maßnahmen zur Verwirklichung dieses Anliegens sind nach dem Grundgesetz offengelassen und dem einfachen Gesetzgeber überantwortet.[456] Letztlich ist daher auch eine Betrachtung in Hinblick auf die Vereinbarkeit mit dem gesamtwirtschaftlichen Gleichgewicht gemäß Art. 109 GG, § 1 StabG angebracht.

---

456 Stiens, S. 267.

Unabhängig von der Formulierung als Grundrecht oder als Staatszielbestimmung besteht Einigkeit darüber, dass das Recht auf Arbeit keine subjektivrechtliche Anspruchsposition verleiht. Es enthält zwar eine individualbegünstigende Zielrichtung, trotzdem bleibt es aber bei einer subjektiv-rechtlich formulierten Sozialbestimmung, die lediglich als objektiv-rechtlich verbindliche Zielvorgabe ohne subjektive Komponente zu interpretieren ist.[457] Da dem Recht auf Arbeit also eine individuell-begünstigende Komponente fehlt, fällt es nicht unter Art. 142 GG. Die Vereinbarkeit der Staatszielbestimmung mit dem Grundgesetz richtet sich nach Art. 31 GG. Dies lässt sich auch noch einmal anhand der Kommentierung einer Landesverfassungsnorm dokumentieren: So kann nach *Barwinski* Art. 28 HessVerf seinen Fortbestand nicht aus Art. 142 GG herleiten, hat aber gleichwohl seine Verbindlichkeit durch das Grundgesetz nicht verloren. Als Argument für diese Auffassung führt er an, dass das Grundgesetz keine detaillierte Sozialordnung mit gleichlautenden oder ähnlichen Gesetzgebungsdirektiven, keine bindende Anweisung an die Exekutive (Abs. 1) sowie keine institutionelle Garantie der Fürsorgeunterstützung und Arbeitslosenversicherung (Abs. 3) enthalte. Allerdings bleibe aufgrund der konkurrierenden Gesetzgebung gemäß Art. 74 Nr. 7 und Nr. 12 GG für den Landesgesetzgeber praktisch kein Raum mehr.[458] Diese Auffassung kann auch auf die übrigen landesverfassungsrechtlichen Regelungen zum Recht auf Arbeit übertragen werden.

Es kommen verschiedene verfassungsrechtliche und einfachgesetzliche Normen in Betracht, mit denen die landesverfassungsrechtlichen Verankerungen zum Recht auf Arbeit kollidieren könnten.

a) Grundsatz der Gewaltenteilung

Möglicherweise könnte eine Verankerung des Rechts auf Arbeit als Staatszielbestimmung zu einem Konflikt mit dem in Art. 20 Abs. 3 GG verankerten Gewaltenteilungsgrundsatz führen. Begründet wird dies von Vertretern dieser Auffassung damit, dass die Verwirklichung des Rechts auf Arbeit den Einsatz erheblicher finanzieller Mittel erforderlich mache und damit den Gerichten mit der Statuierung einer justiziablen Staatszielbestimmung die Möglichkeit eröffne, über die Bereitstellung und Verwendung dieser Gelder zu entscheiden.[459] Damit erhalte die Judikative Einfluss auf den Staatshaushalt und sei in der Lage, in einer dem Gewaltenteilungsgrundsatz zuwiderlaufenden Weise

---

457 Dietlein, S. 133, 134; vgl. auch Sterzel, ZRP 1993, S. 13 (17).

458 Barwinski, in: Zinn/Stein, Art. 28, 2.

459 Nebendahl, ZRP 1991, S. 257 (262); ähnlich Wank, S. 40; Starck, JuS 1981, S. 237 (241).

in ureigenste Aufgabengebiete insbesondere des Haushaltsgesetzgebers einzugreifen.

Gegen diese Einwände wendet sich *Dietlein*. Er führt aus, dass selbst wenn man die vollständige Justiziabilität sämtlicher politischer Entscheidungen, was an sich schon fraglich sei, als gegeben unterstellte, gerichtliche Entscheidungen als Anwendung objektiven Rechts die politischen Entscheidungsträger niemals stärker binden könnte als das objektive Recht selbst. Da aber Staatszielbestimmungen als objektives Recht nur ein Ziel, nicht aber den Weg dahin als verbindlich vorgäben, wäre es auch den Gerichten grundsätzlich untersagt, konkrete Wege zur Verwirklichung dieses Ziels verbindlich vorzugeben.[460] Ebenso wie bei den gleichfalls vorrangig finalprogrammierten grundrechtlichen Schutzpflichten bliebe den Gerichten zur Wahrung des verfassungsrechtlich gewährleisteten politischen Gestaltungsermessens keine andere Möglichkeit, als den säumigen politischen Entscheidungsträger im Wege einer „Appellentscheidung“ zu einem Tätigwerden unter Beachtung der rechtlichen Zielvorgaben zu verpflichten.[461] *Dietlein* argumentiert weiter, mit der gerichtlichen Verpflichtung eines politischen Entscheidungsträgers, die ihm verfassungsrechtlich auferlegten Pflichten zu erfüllen, würden diesem gerade keine ursprünglich gewährten politischen Freiräume genommen, sondern im Gegenteil die überschrittenen Schranken seiner politischen Gestaltungsfreiheit wieder aufgerichtet. Indem ein Gericht solchermaßen der Geltungsanordnung einer Norm des objektiven Rechts Beachtung verschaffe, spreche es Recht und verwalte nicht. Somit bedeute die gerichtliche Durchsetzung von Staatszielbestimmungen qualitativ kein „mehr“ an Übergriffen in exekutive oder gesetzgeberische Wirkbereiche als mit der verfassungsgerichtlichen oder verwaltungsgerichtlichen Rechtsprechungsfunktion stets und notwendig verbunden ist.[462]

Da objektiv-rechtlich wirkende Staatszielbestimmungen nur in Ausnahmefällen Gegenstand gerichtlicher Entscheidungen sind und die Gerichte den weiten Gestaltungsspielraum des Gesetzgebers beachten müssen, kann hier nicht von einem unzulässigen Eingriff in das Gewaltenteilungsprinzip ausgegangen werden.

---

[460] Dietlein, S. 135.

[461] Dietlein, S. 135 mit Verweis auf eine ähnliche Verpflichtungsentscheidung in BVerfGE 6, 257 (265).

[462] Dietlein, S. 135.

b) Freiheitsrechte des Grundgesetzes (Art. 12 GG)

Wie oben bereits ausgeführt, stehen soziale Grundrechte und Freiheitsrechte einerseits im Gegensatz zueinander, andererseits bedingen sie einander, so dass von einem Spannungsverhältnis gesprochen werden kann.[463] Auch das Recht auf Arbeit tangiert durch die Verfassung gewährleistete Freiheitsrechte. Es beeinflusst insbesondere die Berufsfreiheit, die im Grundgesetz in Art. 12 Abs. 1 zu finden ist und sich auch in zahlreichen Landesverfassungen wiederfindet.[464] Umgekehrt setzt die Gewährleistung des Art. 12 GG nach der Ansicht einiger Autoren der Zulässigkeit eines Rechts auf Arbeit enge Grenzen. Dies wird damit begründet, dass die Berufsfreiheit auch die Freiheit der Arbeitsplatzwahl enthalte und mit ihr den freien Arbeitsplatzwechsel sowie den freien Wettbewerb von Arbeitsplatznachfrage und Arbeitsplatzangebot einer „staatlichen Bewirtschaftung" des Arbeitsplatzangebotes ebenso entgegen stehe wie verbindliche Maßnahmen der staatlichen Bedarfslenkung in Berufswahl und Berufsbildung.[465]

Auf der anderen Seite ist hier jedoch zu beachten, dass auch die Freiheitsgrundrechte nicht absolut, sondern nur relativ verstanden werden können, so dass gegebenenfalls eine sozial begründete Intervention des Staates in grundrechtliche Freiräume erforderlich sein und der grundrechtlichen Orientierung des Grundgesetzes daher nicht zwingend entgegenstehen kann.[466] So wird zum Teil sogar vertreten, dass Art. 12 S. 2 GG mit dem Regelungs- und Ausgestaltungsvorbehalt zugleich die Aufgabe stelle, zum Schutz der Arbeits- und Berufsfreiheit beschäftigungssichernde und ausbildungsfördernde Maßnahmen zu ergreifen.[467] Nach anderer Ansicht folgt die Verpflichtung des Staates zur einer aktiven Vollbeschäftigungspolitik aus dem Sozialstaatsprinzip, wobei dem Gesetzgeber genügend eigener Gestaltungsspielraum bleibe.[468] Entscheidend ist hier letztlich, dass auch Freiheitsrechte im Rahmen der gesamten Rechtsordnung gesehen werden müssen.

---

463 Siehe oben Erstes Kapitel, II. 3.

464 Z.B. in Art. 49 BrdbgVerf; Art. 8 Abs. 2 BremVerf; Art. 16 SaAnhVerf; Art. 35 ThürVerf. Außerdem existieren z. T. Regelungen, die auf die Geltung der Grundrechte des GG verweisen, so Art. 2 Abs. 1 BaWüVerf; Art. 3 Abs. 2 NdsVerf; Art. 4 Abs. 1 NRWVerf. Die mit diesen Normen verbundenen Probleme werden hier nicht weiter behandelt. Weiterführend sei verwiesen auf Birn, S. 48 ff.; Martina, S. 29 ff.

465 Scholz, in: Böckenförde, S. 75 (83); vgl. D. Reuter, RdA 1973, S. 345 ff. zur freien Wahl des Arbeitsplatzes.

466 Dietlein, S. 137; vgl. Stern, Bd. I, § 21 IV 4, S. 924 ff.

467 Schneider, VVDStRL 43 (1985), S. 7 (22); so auch Scheuner, in: Scheuner (Hrsg.), S. 9 (32).

468 Scholz, in: Maunz-Dürig, Art. 12, Rn. 45.

c) Sozialstaatsprinzip des Grundgesetzes

Die in den Landesverfassungen normierten Regelungen zum Recht auf Arbeit könnten möglicherweise mit der Sozialstaatsklausel des Grundgesetzes in Art. 20 Abs. 1 GG kollidieren. Vielfach wird davon ausgegangen, dass die recht allgemein gefasste Sozialstaatsklausel des Art. 20 Abs. 1 GG die nähere Ausgestaltung des Sozialstaatsgebots dem einzelnen Gesetzgeber überlässt.[469] Auch die Verwirklichung des Ziels der Vollbeschäftigung könnte so über das Sozialstaatsprinzip inzidenter dem einfachen Gesetzgeber überlassen worden sein.[470] Mit dieser Übertragung auf den einfachen Gesetzgeber ist zunächst der Bundesgesetzgeber gemeint, der aufgrund der Kompetenzverteilung im Grundgesetz quasi ein verfassungsrechtliches Mandat innehat.[471] Damit ist aber nicht abschließend geklärt, ob auch der einfache Landesgesetzgeber durch Art. 20 Abs. 1 GG durch einen entsprechenden Gestaltungsauftrag einbezogen ist. Nur wenn dies der Fall wäre, könnte eine Regelung auf der Ebene der Landesverfassungen gegen das Grundgesetz verstoßen.

Hierbei muss jedoch beachtet werden, dass die Verfassungsräume von Bund und Ländern aufgrund der Eigenstaatlichkeit der Länder grundsätzlich nebeneinander bestehen.[472] Das Grundgesetz regelt zunächst nur den Verfassungsraum des Bundes, und seine Normen können nur ausnahmsweise zum Zwecke der Homogenitätssicherung für den Landesverfassungsgeber gelten.[473] Zwar kommt dem Sozialstaatsgebot gemäß Art. 28 Abs. 1 GG auch für die Verfassungsordnung der Länder Bedeutung zu, doch muss das Sozialstaatsprinzip auf Länderebene nicht in der exakt gleichen Ausprägung wie im Grundgesetz vorkommen. Vielmehr müssen die Grundsätze der Sozialstaatlichkeit von den Ländern beachtet werden, die Modifikation liegt dagegen bei den Ländern selbst.[474] Da Homogenität gerade nicht Uniformität bedeutet[475], ist es den Landesverfassungsgebern überlassen, das Sozialstaatsgebot näher auszugestalten. Außerdem bleibt dem einfachen Gesetzgeber ein weiter Spielraum zur sozialen Gestaltung.[476] Somit kollidieren die in den Landesverfassungen enthaltenen sozialen Bestimmungen im Bereich der Arbeit nicht mit dem Sozialstaatsgebot des Grundgesetzes aus Art. 20 Abs. 1 GG.

---

469 Vgl. Hesse, Rn. 213; BVerfGE 1, 97 (105); 65, 182 (193); 82, 60 (80); Weber, Der Staat 1965, S. 409 (415, 416).

470 Scholz, in: Böckenförde, S. 75 (82).

471 Dietlein, S. 139.

472 Siehe oben Zweites Kapitel, II.

473 Dietlein, S.140; vgl. BVerfGE 34, 81 (96).

474 Stern, Bd. 1, § 19 III 5, S. 706.

475 Hesse, Rn. 219.

476 Dietlein, S. 141.

d) Wirtschaftsverfassungsrechtliche Vorgaben (Art. 109 GG, § 1 StabG)

Auch in konjunkturpolitischer Hinsicht könnte das soziale Grundrecht der Arbeit, soweit es in den Landesverfassungen verankert ist, mit Bundesrecht kollidieren. Betrifft nämlich eine Landesbestimmung die Bekämpfung der konjunkturpolitischen Arbeitslosigkeit, so berührt dies den Bereich des Art. 109 Abs. 2 GG i.V.m. StabG und damit eine bundesrechtliche Regelung. Danach obliegt es Bund und Ländern, in ihrer Haushaltsführung den Erfordernissen des gesamtwirtschaftlichen Gleichgewichts Rechnung zu tragen.

Im Grundgesetz wird der Begriff des gesamtwirtschaftlichen Gleichgewichts weder in Art. 104 a Abs. 4 GG noch in Art. 109 Abs. 4 GG oder Art. 115 Abs. 1 S. 2 GG näher definiert. § 1 des im Rang unter dem Verfassungsrecht stehenden StabG zählt die wichtigsten Komponenten auf, diese Aufzählung ist aber bewusst nicht abschließend.[477] Auch der verfassungsrechtliche Begriff ist nicht auf diese Komponenten festgelegt und kann sich weiterentwickeln, da er nicht abschließend ist.[478]

Zu den Komponenten des gesamtwirtschaftlichen Gleichgewichts zählen nach allgemeinem Verständnis neben dem hohen Beschäftigungsgrad auch Preisstabilität, stetiges und angemessenes Wirtschaftswachstum sowie außenwirtschaftliches Gleichgewicht.[479]

Dieses Kräfteparallelogramm könnte durch landesverfassungsrechtliche Regelungen zum Recht auf Arbeit (wie z. B. Vollbeschäftigung als Staatsziel) verschoben werden, indem dem hohen Beschäftigungsstand im Verhältnis zu den anderen Komponenten eine zu große Bedeutung beigemessen werden könnte. Zwar sind die vier Komponenten des gesamtwirtschaftlichen Gleichgewichts zunächst gleichwertig nebeneinander festgeschrieben, doch wird diese Gleichwertigkeit zum Teil durchaus bestritten. So vertritt *Schneider* die Auffassung, dass das Ziel der Vollbeschäftigung innerhalb des magischen Vierecks Priorität habe.[480] Nach anderer Ansicht muss die Wahrung eines hohen Beschäftigungsstandes als „Teilauftrag“ mit den anderen Aufträgen in

---

477 Brockmeyer, in: Schmidt-Bleibtreu/Klein, Art. 109, Rn. 9.

478 Heun, in: Dreier, Art. 109, Rn. 21; BVerfGE 79, 311 (338) spricht insofern von einem unbestimmten Rechtsbegriff.

479 Jarass, in: Jarass/Pieroth, Art. 109, Rn. 6; Vogel, in: HbdStR, Bd. IV, §87, Rn. 16 ff, der in Rn. 17 die Frage aufwirft, ob zusätzlich nicht die Schonung der wirtschaftlichen Ressourcen sowie der pflegliche Umgang mit der Umwelt hinzugefügt werden müsste.

480 Schneider, VVDStRL 43 (1985), S. 7 (22); ebenso hält Schmidt-Eriksen, DtZ 1990, S. 108 (112) eine Prioritätensetzung für möglich.

ein ausgewogenes Verhältnis gebracht werden.[481] Hierbei ist aber zu beachten, dass ein hoher Beschäftigungsstand nicht mit Vollbeschäftigung gleichzusetzen ist.[482] Die Verpflichtung aus Art. 109 Abs. 2 GG richtet sich an alle staatlichen Organe des Bundes und der Länder, soweit sie haushaltsrelevante Entscheidungen treffen.[483]

Nebendahl vertritt die Auffassung, dass sich die herausgehobene Stellung eines Rechts auf Arbeit mit dem System der sozialen Marktwirtschaft nicht vereinbaren lasse.[484] Auch dem Ziel der Vollbeschäftigung komme gegenüber den anderen Zielen nur relativer Geltungsrang zu.[485] Darüber hinaus müsse dieses Ziel unter dem Vorbehalt stehen, dass es prinzipiell nur durch Kräfte des Marktes erreicht werden kann.[486] So könne in einem System, dessen Verfassung Wirtschafts-, Berufs- und Gewerbefreiheit garantiere, Wirtschaftswachstum und damit ein hoher Beschäftigungsstand nur von der Leistungskraft unternehmerischen Handelns und der Produktivität abhängiger Arbeit gewährleistet werden. Staatliche Aufgabe könne es nur sein, den Funktionsrahmen für das Wirken der Marktkräfte zu bewahren und soziale Härten abzufedern.[487]

Nach *Stiens* wird hier übersehen, dass der durch Staatszielbestimmungen typischerweise gewährte weite Gestaltungsspielraum für die politischen Entscheidungsträger Raum für bundesrechtskonforme Auslegung belässt. Die Adressaten der landesverfassungsrechtlichen Normen haben daher bei der Ausübung ihres politischen Gestaltungsermessens die im Grundgesetz verankerten und in § 1 StabG konkretisierten gesamtwirtschaftlichen Belange als wesentliche Faktoren mit zu berücksichtigen.[488] Einige Landesverfassungen nehmen darauf bereits im Verfassungstext Rücksicht, indem sie in das Staatsziel den Vorbehalt des gesamtwirtschaftlichen Gleichgewichts aufnehmen (Art. 18 BerlVerf, Art. 17 MeckPomVerf).

Auch *Mahnke* hält die Argumentation, dass ein Staatsziel der Vollbeschäftigung im Widerspruch zu Art. 109 Abs. 2 GG stehe, für fragwürdig. Die Argumentation übersehe, dass das in Art. 109 Abs. 2 GG normierte gesamtwirtschaftliche Gleichgewicht nur ein Förderziel und die Bestimmung des Beg-

---

481 Papier, DVBl. 1984, S. 801 (811); Scholz, in: Maunz-Dürig, Art. 12, Rn. 46.
482 Heun, in: Dreier, Art. 109, Rn. 21.
483 Heun, in: Dreier, Art. 109, Rn. 28.
484 Nebendahl, ZRP 1991, S. 257 (258).
485 Scholz, in: Böckenförde, S. 75 (81).
486 Nebendahl, ZRP 1991, S. 257 (259).
487 Nebendahl, ZRP 1991, S. 257 (259).
488 Stiens, S. 269; ähnlich auch Dietlein, S. 144.

riffs in § 1 StabG keine verbindliche Interpretation der Verfassung sei. Vielmehr handele es sich dabei nur um eine Zielkombination, deren einzelne Elemente sich in einer lebendigen Wirtschaft in ständiger Veränderung und auch in gegenseitiger Abhängigkeit befänden.[489]

In Bezug auf die Vereinbarkeit mit Art. 109 Abs. 2 GG, § 1 StabG ist Art. 17 Abs. 1 S. 2 MeckPomVerf passend formuliert, da er in Anlehnung an Art. 109 Abs. 2 GG darauf verweist, dass den Erfordernissen des gesamtwirtschaftlichen Gleichgewichts Rechnung zu tragen ist.

e) Einfache Bundesgesetze

Art. 74 Nr. 12 GG begründet eine umfassende arbeitsrechtliche Kompetenz des Bundes.[490] Dementsprechend gehören das Arbeits- und das Arbeitsschutzrecht zur konkurrierenden Gesetzgebung des Bundes.

Arbeitsvertragliche Bestimmungen finden sich vor allem im BGB, im HGB, in der GewO, im Gesetz über die Festsetzung von Mindestarbeitsbedingungen, im BUrlG, im BetrVG oder im Arbeitnehmer-Entsendegesetz. Der Bund hat mit dem AFG (seit Inkrafttreten des SGB III am 01. Januar 1998 durch dieses ersetzt) und dem BBiG die Bereiche geregelt, die Arbeitsvermittlung sowie Berufsberatung, Berufsausbildung und berufliche Wiedereingliederung betreffen. Damit sind Bereiche betroffen, die unter das Recht auf Arbeit fallen. Das bedeutet jedoch noch nicht, dass das Recht auf Arbeit in den Landesverfassungen hinfällig wird. Dieses muss nämlich eher als Zielsetzung begriffen werden und trifft keine unmittelbar den Bürger betreffenden Regelungen. Neben allgemeinen Regeln zur Kündigung im Kündigungsschutzgesetz wird zum Teil auch ein besonderer Kündigungsschutz für sozial Benachteiligte angesprochen. Zu nennen sind vor allem § 15 BBiG, § 9 MuSchG sowie §§ 15 ff. SchwbG.

Die in den Landesverfassungen enthaltenen Regelungen zum Recht auf Arbeit stehen inhaltlich nicht in Widerspruch zu den materiellen bundesrechtlichen Regelungen auf der Ebene einfacher Gesetze. Ihnen werden jedoch Grenzen in ihrer Auswirkung gesetzt, da sie sich nur im Rahmen der umfangreichen bestehenden Bundesgesetze entfalten können.

---

489 Mahnke, Art. 39, Rn. 3.

490 Rengeling, in: HbdStR, Bd. IV, § 100, Rn. 184.

f) Zwischenergebnis

Zwar gewährt das Grundgesetz kein Recht auf Arbeit, doch finden sich entsprechende Staatsziele inhaltlich durchaus im Sozialstaatsgebot aus Art. 20 Abs. 1, Art. 28 Abs. 1 GG wieder.[491] Der Staat ist also zur Reaktion auf Arbeitslosigkeit jedweder Form und Ursache verpflichtet.[492] So hat denn auch der Bundesgesetzgeber etliche Regelungen zur Vermeidung von Arbeitslosigkeit sowie Wiederbeschaffung von Arbeitsplätzen getroffen.

9. Arbeitsrechtliche Annexbestimmungen

Im Zusammenhang mit dem Recht auf Arbeit existieren etliche Sozialbestimmungen, die damit mehr oder weniger stark zusammenhängen. Zu diesen Annexbestimmungen gehören z. B. Regelungen zur Arbeitsplatzbeschaffung, Arbeitsmarktsteuerung und Risikovorsorge.[493]

a) Das Recht auf Lohngleichheit

In zahlreichen landesverfassungsrechtlichen Bestimmungen finden sich Regelungen zur Lohngleichheit von Männern und Frauen, so in Art. 168 Abs. 1 S. 2 BayVerf; Art. 48 Abs. 3 S. 2 BrdbgVerf; Art. 53 BremVerf; Art. 33 S. 2 HessVerf; Art. 24 Abs. 2 S. 3 NRWVerf; Art. 56 Abs. 2 RhPfVerf; Art. 47 S. 4 SaarlVerf. Zum Teil wird in diesen Normen auch der gleiche Lohn für Jugendliche festgeschrieben. Art. 24 Abs. 2 NRWVerf enthält programmatische Aussagen zur Lohngestaltung im Arbeitsleben. Da die Ausgestaltung der Lohntarife in der sozialen Marktwirtschaft grundsätzlich den tarifvertraglichen Vereinbarungen der Sozialpartner (Gewerkschaften und Arbeitgeberverbänden) überlassen ist, kann sich eine Handlungspflicht des Landes lediglich bei grober Außerachtlassung sozialer Gesichtspunkte ergeben.[494] Das Gleichbehandlungsgebot in S. 2 und 3 stellt eine Konkretisierung des allgemeinen Gleichheitssatzes dar. Darüber hinaus ergibt sich die Lohngleichheit auch aus § 611 a BGB. Richtungsweisend war hier die europäische „Richtlinie 76/207/EWG zur Verwirklichung des Grundsatzes der Gleichbehandlung von Männern und Frauen hinsichtlich des Zugangs zur Beschäftigung, zur Berufsbildung und zum beruflichen Aufstieg sowie in Bezug auf die Arbeitsbedingungen“ vom 09. Februar 1976.[495]

---

491 Kanther, S. 157.

492 Kanther, S. 157; Scholz, in: Maunz-Dürig, Art. 12, Rn. 45.

493 Stiens, S. 270.

494 Dästner, Art. 24, Rn. 3.

495 Abgedruckt in: Arbeitsgesetze, Stand: 15. September 1999.

b) Das Recht auf bezahlten Urlaub

Das Recht auf ausreichenden, bezahlten Urlaub ist z. B. in Art. 174 BayVerf, Art. 56 BremVerf, Art. 34 HessVerf, Art. 57 Abs. 4 RhPfVerf, Art. 48 Abs. 2 SaarlVerf, Art. 24 Abs. 3 NRWVerf normiert. Es soll dem Schutz und der Erhaltung der Arbeitskraft als der primären Erwerbsquelle der Bürgerinnen und Bürger dienen.[496] Mit dem Urlaubsgesetz vom 27. November 1956 hat zum Beispiel der Landesgesetzgeber von Nordrhein-Westfalen diesen Verfassungsauftrag erfüllt. Mit Inkrafttreten des Bundesurlaubsgesetzes im Jahre 1963 sind landesrechtliche Regelungen jedoch hinfällig geworden.[497]

c) Arbeitsschutz und humane Arbeitsbedingungen

In vielen Landesverfassungen tauchen Regelungen zum Arbeitsschutz und zu humanen Arbeitsbedingungen auf. Dies ist z. B. in Art. 167 BayVerf, Art. 48 Abs. 3 S. 1 BrdbgVerf, Art. 52 BremVerf, Art. 30 HessVerf, Art. 55 RhPfVerf, Art. 39 Abs. 2 SaAnhVerf der Fall. Die Pflicht zu Arbeitsschutzmaßnahmen besteht bereits gemäß § 618 BGB. Auch können das SGB VII (gesetzliche Unfallversicherung), das Arbeitsschutzgesetz, das Arbeitssicherheitsgesetz, das Bundes-Immissionsschutzgesetz, das Arbeitszeitgesetz, das Jugendarbeitsschutzgesetz, das Schwerbehindertengesetz, das Heimarbeitsgesetz, das Arbeitnehmerüberlassungsgesetz oder das Beschäftigtenschutzgesetz in diesem Zusammenhang genannt werden. Daneben ist die europaweit geltende sog. „Rahmenrichtlinie Arbeitsschutz“ in diesem Kontext aufzuführen.[498]

d) Umschulung und Weiterbildung

Nach Art. 48 BrdbgVerf werden unentgeltliche Berufsberatung und Arbeitsvermittlung sowie im Falle der Arbeitslosigkeit Maßnahmen der Umschulung und Weiterbildung gewährt. Diese Maßnahmen sind bereits vom Bundesgesetzgeber in §§ 59 ff. SGB II für die Ausbildung sowie in §§ 77 ff. SGB III für die Weiterbildung geregelt worden, so dass auch diese landesverfassungsrechtliche Verbürgung ohne besondere Wirkung bleibt.

---

496 Dästner, Art. 24, Rn. 3.

497 Dästner, Art. 24, Rn. 3.

498 Richtlinie 89/391/EWG des Rates vom 12. Juni 1989 über die Durchführung von Maßnah men zur Verbesserung der Sicherheit und des Gesundheitsschutzes der Arbeitnehmer bei der Arbeit, Abl. EG Nr. L 183, S. 1 Richtlinie 89/391.

10. Zusammenfassung und Ergebnis

Unabhängig davon, ob der jeweilige Verfassungstext das Recht auf Arbeit als Grundrecht oder als Staatszielbestimmung formuliert, besteht Einigkeit darüber, dass das Recht auf Arbeit als Staatszielbestimmung bzw. bloßer Programmsatz gedeutet wird und damit eine Durchsetzung über den Weg der Gerichte abzulehnen ist. Dies wird in der vorangestellten Auswertung der Kommentarliteratur und Rechtsprechung zu den einzelnen landesverfassungsrechtlichen Normen sehr deutlich. Umso mehr stellt sich angesichts dieser Auslegung die Frage des politischen Gewichts des Rechts auf Arbeit, worauf *Hoebink* zutreffend aufmerksam macht.[499] Das Recht auf Arbeit könne daher letztlich nur den an den Staat und entgegen landläufiger Meinung in erster Linie an die Gesellschaft gerichteten politischen Auftrag beinhalten, dieses Recht, das ein Recht im Wartestand sei, auch justiziabel zu machen. Die Umsetzung dieses Richtsatzes hänge maßgeblich davon ab, welchen Grad an sozialer Sensibilität die in Verantwortung stehenden Bürger aufbringen.[500] Auch *Dietlein* weist darauf hin, dass die Art und Weise der Verwirklichung des Rechts auf Arbeit den politischen Entscheidungsträgern überlassen bleibt.[501]

Die landesverfassungsrechtlichen Verpflichtungen, den freien Erwerb des Lebensunterhalts zu ermöglichen, entsprechen wörtlich dem Teilziel von § 1 S. 2 SGB I.[502] Deutlich wird dies am Beispiel von Art. 48 Abs. 3 BrdbgVerf. Art. 48 Abs. 2 BrdbgVerf wiederholt die Regelungen von §§ 45, 77 ff. SGB III. In Art. 48 Abs. 3 BrdbgVerf werden die bundesrechtlichen Regelungen zum Arbeitsschutz angesprochen, die Lohngleichheit von Männern und Frauen ergibt sich neben Art. 48 Abs. 3 BrdbgVerf aus § 611 a BGB. Auch der Kündigungsschutz sozial Schwächerer, der in Art. 48 Abs. 4 BrdbgVerf angesprochen ist, ist umfangreich in Bundesgesetzen geregelt (Kündigungsschutzgesetz, Mutterschutzgesetz, Schwerbehindertengesetz).

In der älteren Literatur wird dagegen die Arbeitsvermittlung als Vorbereitung der Verwirklichung des Rechts auf Arbeit gesehen und die Arbeitslosenversicherung als Vollendung der Verwirklichung des Rechts auf Arbeit.[503] Diese Ansicht greift allerdings zu kurz, da Staatszielbestimmungen sich gerade durch einen dynamischen Zug auszeichnen, also zukunftsorientiert sind und damit den Staat immer wieder von neuem in die Pflicht nehmen, Arbeitsplät-

---

499 Hoebink, Der Staat 1988, S. 290 (291).

500 Hoebink, Der Staat 1988, S. 290 (302).

501 Dietlein, S. 129 mit Verweis auf Art. 13 SächsVerf und Art. 12 Abs. 1 S. 2 BerlVerf a.F.

502 Vgl. Kanther, S. 157.

503 Malachowski, S. 100, S. 130.

ze zu schaffen und es nicht bei bloßer Arbeitsvermittlung und dem Aufbau einer funktionierenden Arbeitslosenversicherung zu belassen.

Ladeur führt aus, das Recht auf Arbeit könne nur dadurch Konturen erhalten, dass arbeitsmarktrelevante staatliche Normen und Entscheidungen unter dem Gesichtspunkt des Rechts auf Arbeit neu reflektiert werden. Insofern könne das Grundrecht auf Arbeit als ein Gebot wirken, die komplexen Rückwirkungen von Arbeitsmarktentscheidungen auf die Entwicklungsmöglichkeiten von Nichtbeschäftigten zu berücksichtigen und durch rechtlich bindende Abwägungsgesichtspunkte normativ zu strukturieren. Nur so könne das Recht auf Arbeit eine „dogmatische Infrastruktur" erhalten.[504]

Auch für die Verankerung des Rechts auf Arbeit in den Landesverfassungen gilt, dass ihnen vor allem politisches Gewicht zukommt. Allerdings bewirken die Staatszielbestimmungen, dass die Landespolitiker in den ihnen belassenen Bereichen neben dem politischen Druck auch rechtlich verpflichtet sind, verstärkt Maßnahmen zum Erhalt und zur Schaffung von Arbeitsplätzen zu ergreifen.[505] Daher sind die Bestimmungen nach *Stiens* geeignet, trotz ihrer sehr eingeschränkten Wirkkraft integrierende Wirkung zu zeigen.[506] Da sich für den Gesetzgeber, und damit für die gewählten Politiker, jedoch keine unmittelbar rechtlichen Konsequenzen ergeben, sofern sie nicht im Sinne der Verwirklichung der Staatszielnormen wirken, könnte eine Staatszielbestimmung damit auch als „lex imperfectissima" bezeichnet werden.

Gerade die Annexbestimmungen, die in den Landesverfassungen zum Themenkomplex „Arbeit" zu finden sind, betreffen Bereiche, die bereits eine bundesrechtliche Regelung erfahren haben.

Sofern die Formulierung einer Staatszielbestimmung gewählt wird und verfassungsrechtlich keine weiteren Maßnahmen zur Verwirklichung vorgeschrieben werden, verstößt die Aufnahme entsprechender Staatsziele nicht gegen die durch Art. 73 Nr. 11 bis 13 GG vorgegebene Kompetenzordnung des Grundgesetzes, denn die Zuständigkeiten des Bundes bleiben unberührt.[507]

---

504 Ladeur, in: Kröning/Pottschmidt/Preuß/Rinken, S. 158 (169).
505 Stiens, S. 270.
506 Stiens, S. 270.
507 Thiele, in: Thiele/Pirsch/Wedemeyer, Art. 17, Rn. 2.

III. Rechte auf soziale Sicherheit

Zu den Garantien der sozialen Sicherheit gehören die Rechte auf soziale Vorkehrungen gegen die Folgen von Alter, Invalidität, Krankheit, Unfall, Berufskrankheit, der Mutterschaft und der Familiengründung, das Recht auf ärztliche Versorgung und Hilfe und das Recht auf Fürsorge bei Bedürftigkeit und in besonderen Notlagen.[508] Nach Ansicht einiger Autoren ist hier auch das Recht auf angemessene Wohnung einzugliedern.[509]

Im Folgenden werden die unterschiedlichen Normierungen des Rechts auf soziale Sicherheit in den einzelnen Landesverfassungen betrachtet. Dabei ist zu unterscheiden zwischen solchen Landesverfassungen, die ein Recht auf soziale Sicherung an sich enthalten und solchen, die einzelne Bereiche dieses Rechts herausgreifen.

1. Historische Entwicklung des Rechts auf soziale Sicherheit

Bereits in der Weimarer Reichsverfassung war der Staat verpflichtet, Vorsorge zu treffen gegen die wirtschaftlichen Folgen von Alter, Schwäche und den Wechselfällen des Lebens. Gemäß Art. 161 WRV bestand die Verpflichtung des Reiches, ein umfassendes Versicherungswesen zu schaffen. Somit war Art. 161 WRV eine konkrete Regelung zur Verwirklichung der sozialen Sicherheit. Mit der vorgenommenen Aufzählung hat der Gesetzgeber alles, was ihm über den Ausbau der Sozialversicherung vorschwebte, in die Vorschrift aufgenommen, da die „Vorsorge gegen die wirtschaftlichen Folgen von Wechselfällen des Lebens“ nicht nur die Teile der genannten Versicherungsarten, die einem bisher nicht genannten Zweck dienten, umfasste, sondern auch die zu diesem Zeitpunkt noch nicht völlig ausdeutbaren, sonstigen Gebiete sozialer Versicherung.[510] Nach *Anschütz* sorgte dieser Artikel dafür, die bei Erlass der Verfassung bestehenden Einrichtungen auf den Gebieten des Arbeitsschutzes und der Sozialversicherung[511] aufrecht zu erhalten und die entsprechende Gesetzgebung gegebenenfalls zu ergänzen.[512] Art. 161 WRV war somit ein Gebot an den Gesetzgeber, ein bestimmtes soziales Versiche-

---

508 Badura, Der Staat 1975, S. 17 (23).

509 Thamm, S. 31; Dörfler, S. 63; Brunner, S. 11. Auch Riepe ordnet es so ein, z.B. S. 186. a.A. W. Schmidt, Der Staat 1980, Beiheft 5, S. 9 (11), der das Recht auf angemessenen Wohnraum keiner Gruppe zuordnet, sondern es eigenständig betrachtet; Badura, Der Staat 1975, S. 17 (23), der es zu den Rechten auf befriedigende Lebensbedingungen zählt – dieser Ansicht wird hier gefolgt.

510 Fischer, in: Nipperdey, Art. 161, D 2.

511 Laut Anschütz, Art. 161: Kranken-, Unfall-, Invaliden- und Hinterbliebenenversicherung, Arbeitslosenversicherung.

512 Anschütz, Art. 161.

rungswesen zu schaffen oder zu erhalten, wobei gewisse Richtlinien gegeben waren.[513] Es handelte sich damit nach *Fischer* in besonderem Maße um eine „lex imperfectissima“[514].

2. Das Recht auf soziale Sicherung

Einige Landesverfassungen enthalten ein Recht auf soziale Sicherung, das gegebenenfalls noch ergänzt wird durch die besondere Aufnahme von Normen zur Vorsorge, bzw. Bekämpfung spezieller sozialer Notlagen.

a) Die Verfassung von Bayern

Nach Art. 171 BayVerf hat jedermann einen Anspruch auf Sicherung gegen die Wechselfälle des Lebens durch eine ausreichende Sozialversicherung. Dieser
Art. 171 BayVerf befindet sich ebenso wie Art. 168 Abs. 3 BayVerf im Abschnitt „Die Arbeit“ innerhalb des vierten Hauptteils „Arbeit und Wirtschaft“ der Verfassung.

Art. 171 BayVerf will den Bestand der Sozialversicherung im Sinne einer Institutsgarantie als Konkretisierung des Sozialstaatsprinzips gewährleisten; die Durchführung bleibt dem Gesetzgeber überlassen.[515] Es lassen sich keine subjektiven Rechte daraus ableiten.[516] Nach *Meder* beschränkt sich der Begriff der Sozialversicherung, wie ihn Art. 171 BayVerf auffasst, auf die klassische Arbeiterversicherung, so seien auch entsprechende Urteile des Bayerischen Verfassungsgerichtshofs aufzufassen.[517] Zugleich erfolgt der Hinweis darauf, dass Art. 171 BayVerf kaum noch Bedeutung habe, da dieses Sachgebiet bundesrechtlich geregelt sei.[518]

Gemäß Art. 168 BayVerf hat jeder Bewohner Bayerns, der arbeitsunfähig ist oder dem keine Arbeit vermittelt werden kann, ein Recht auf Fürsorge. Diese Norm hat einen unmittelbaren Bezug zum Recht auf Arbeit. Aus Art. 168 Abs. 3 BayVerf lassen sich indes keine subjektiven Rechte ableiten[519], statt-

---

513 Fischer, in: Nipperdey, Art. 161, B.
514 Fischer, in: Nipperdey, Art. 161, B.
515 Meder, Art. 171, Rn. 1; Leisner, S. 72.
516 BayVerfGHE 7, 1 (3); 13, 109 (115), wird zitiert von BayVerfGH, BayVBl. 1962, S. 275 (276).
517 Meder, Art. 171, Rn. 1 mit Verweis auf BayVerfGHE 13, 109 (122, 123); 15, 59 (66); anders noch BayVerfGHE 4, 219 (239); Zacher, JöR 15 (1966), S. 321 (404).
518 Meder, Art. 171, Rn. 1; Zacher, JöR 15 (1966), S. 321 (404).
519 BayVerfGHE 5, 273 (277), wird zitiert von BayVerfGH, BayVBl. 1962, S. 275 (276); BayVerfGHE 42, 28 (32).

dessen ist er ein Programmsatz[520]. Zudem ist er durch Bundesrecht überdeckt[521], so dass ihm ebenso wie Art. 171 BayVerf nur geringe Bedeutung zukommt.

b) Die Verfassung von Berlin

Im Bereich der sozialen Sicherung enthält die Verfassung von Berlin Verfassungsaufträge und Grundrechtsbestimmungen. Diese sind jedoch im Text voneinander getrennt. Art. 18 S. 4 BerlVerf begründet z. B. einen Anspruch auf Unterhalt aus öffentlichen Mitteln, wenn Arbeit nicht nachgewiesen werden kann. Diese Vorschrift wird durch Bundesrecht (Vorschriften über Arbeitslosengeld, Arbeitslosenhilfe und Sozialhilfe) überlagert. Angesichts dieser umfassenden Regelungen dürfte ein darüber hinausgehender Anspruch gegen das Land aus Art. 18 S. 4 BerlVerf nicht in Betracht kommen. Die Vorschrift kann allenfalls eine richtungsweisende Bedeutung erlangen, soweit das Bundesrecht dem Land bei der Ausführung einen Gestaltungsspielraum einräumt, z. B. bei dem Erlass von Verwaltungsvorschriften im Bereich der Sozialhilfe.[522]

Verfassungsaufträge im Bereich der sozialen Sicherung enthält Art. 22 BerlVerf. Sie sind anwendbares Recht.[523] Die Aufzählung der förderungswürdigen Aufgaben in Abs. 2 ist angesichts der Formulierung „sowie andere soziale und karitative Zwecke" ausdrücklich nicht abschließend. Neben den staatlichen sind auch nichtstaatliche Träger in diesem Bereich zu fördern. Der Begriff der „sozialen Sicherung" geht laut *Stöhr* erheblich weiter als der in Art. 14 BerlVerf a.F. enthaltene Anspruch auf „Lebensunterhalt aus öffentlichen Mitteln"; er umfasst neben der Sozialhilfe auch die Unterstützung bei Arbeitslosigkeit oder Krankheit, sowie bei sonstigen unverschuldeten Notlagen.[524] In der alten Fassung der Berliner Verfassung wurde soziale Hilfe in Art. 14 normiert und räumte einen Anspruch auf Fürsorge bzw. Sozialhilfe, d.h. auf den notdürftigen Lebensunterhalt, ein. Subjektive Rechte entsprangen dieser Vorschrift ebenso wenig wie der neuen Regelung; *Schwan* stufte sie vielmehr als institutionelle Garantie ein.[525] Auch der Verfassungsgerichtshof von Berlin bestätigt, dass weder Art. 22 Abs. 1 BerlVerf, noch sein „Vorgänger", Art. 14 BerlVerf a.F. ein subjektives Recht einzelner Bürger

---

520 Meder, Art. 168, Rn. 3.
521 BayVerfGHE 15, 49 (58).
522 Zivier, § 35.2.5.2.
523 Zivier, § 35.2.5.3.
524 Stöhr, in: Pfennig/Neumann, Art. 22, Rn. 2.
525 Schwan, in: Pfennig/Neumann, Art. 14, Rn. 2.

auf bestimmte staatliche Leistungen begründet.[526] Der Verfassungsgesetzgeber hat die soziale Sicherung bewusst lediglich als Staatsziel in die Verfassung aufgenommen.[527] Art. 22 Abs. 2 BerlVerf enthält neben der Präzisierung der Staatszielbestimmung in Abs. 1 eine institutionelle Garantie für die dort genannten Einrichtungen.[528]

c) Die Verfassung von Brandenburg

Die brandenburgische Verfassung enthält in Art. 45 die Verpflichtung des Landes, für die Verwirklichung des Rechts auf soziale Sicherung bei Krankheit, Unfall, Invalidität, Behinderung, Pflegebedürftigkeit und im Alter zu sorgen. Dieser Art. 45 BrdbgVerf befindet sich ebenso wie die Regelungen zu den Bereichen Arbeit und Wohnung im 9. Abschnitt des Zweiten Hauptteils der Verfassung unter der Überschrift „Eigentum, Wirtschaft, Arbeit und soziale Sicherung". Das Land ist nur im Rahmen seiner Kräfte verpflichtet, dieses Recht zu verwirklichen. Damit gibt Art. 45 Abs. 1 S. 1 BrdbgVerf den einzelnen Bürgern des Landes keinen unmittelbaren Anspruch auf soziale Sicherheit. Nach *Neumann* bringt die Verfassung in dieser Norm stärker als bei anderen Bestimmungen ihren Staatszielcharakter zum Ausdruck.[529]

Gemäß Art. 45 Abs. 1 S. 2 BrdbgVerf soll durch soziale Sicherung eine menschenwürdige und eigenverantwortliche Lebensgestaltung ermöglicht werden. Damit schafft dieser Artikel Klarheit über die Zielsetzung der Verpflichtung des Landes. In Art. 45 Abs. 3 BrdbgVerf legt die Verfassung dem Staat die Pflicht zur Förderung der Errichtung und Unterhaltung von Einrichtungen für die Beratung, Betreuung und Pflege im Alter, bei Krankheit, Behinderung, Invalidität und Pflegebedürftigkeit sowie für andere soziale und karitative Zwecke auf. Damit werden hier konkrete Maßnahmen bezeichnet.[530] *Riepe* weist darauf hin, dass im Zusammenhang mit der sozialen Sicherung auch Art. 12 Abs. 4 BrdbgVerf, nach dem das Land verpflichtet ist, für gleichwertige Lebensbedingungen für Menschen mit und ohne Behinderung zu sorgen, erwähnt werden müsse.[531]

Den einzigen echten Anspruch begründet Art. 45 Abs. 2 BrdbgVerf: Nach der Ansicht von *Berlit* handelt es sich bei diesem Anspruch auf Sozialhilfe um ein „verfassungsgesetzliches Leistungsversprechen", welches noch im

---

526 BerlVerfGH, LVerfGE 4, 62 (64); so auch Stöhr, in: Pfennig/Neumann, Art. 22, Rn. 1.
527 BerlVerfGH, LVerfGE 4, 62 (64).
528 Stöhr, in: Pfennig/Neumann, Art. 22, Rn. 3.
529 P. Neumann, in: Neumann/Tillmanns, S. 77 (107).
530 Riepe, S. 213.
531 Riepe, S. 213.

Vorfeld direkt einklagbarer subjektiv-rechtlicher echter sozialer Grundrechte liege.[532] Es handelt sich jedoch nicht um einen verfassungsunmittelbaren Leistungsanspruch, da die Leistungen, die dem Grunde nach verbürgt sind, erst durch Gesetze auszuformen sind, welche Voraussetzungen, Art und Höhe des Anspruchs bestimmen.[533]

Will weist darauf hin, dass die Regelung in Brandenburg durch ihren enumerativen Charakter andere nicht genannte Bereiche ausschließt und daher nicht einen so umfassenden Schutz bietet wie z. B. die Regelung des Art. 22 BerlVerf.[534]

d) Die Verfassung von Sachsen

Die Verfassung von Sachsen regelt in ihrem Art. 7 das Recht auf soziale Sicherung. Ebenso wie die Rechte auf Arbeit, Wohnraum und Bildung wird das Recht auf soziale Sicherung in diesem Zusammenhang als ein Ausfluss des Rechts eines jeden Menschen auf ein menschenwürdiges Dasein gesehen. Das Recht auf soziale Sicherung ist eine Absicherung gegen die im Allgemeinen unvorhersehbaren Folgen von Krankheit, Unfall, Invalidität, Behinderung, Pflegebedürftigkeit, Alter und Arbeitslosigkeit.[535] Im Recht auf soziale Sicherung ist nach *Kunzmann* auch das Recht auf Gesundheit enthalten, worunter die Verpflichtung zum Kampf gegen die Ursachen von Gesundheitsschäden, die Gesundheitsberatung und Gesundheitsvorsorge fällt.[536] Ebenso zählt seiner Ansicht nach der Arbeitsschutz zum Bereich der sozialen Sicherung.[537]

Im Zusammenhang mit dem Recht auf soziale Sicherung kann das ebenfalls in Art. 7 Abs. 1 SächsVerf normierte Recht auf angemessenen Lebensunterhalt gesehen werden. Dabei ist ein Lebensunterhalt angemessen, wenn er im Rahmen der gesellschaftlichen Bräuche das zur Führung eines menschenwürdigen Lebens erforderliche Minimum garantiert.[538] Dieses ist subsidiär gemeint. Für die Erwerbstätigen steht zunächst die Verwirklichung des Rechts auf Arbeit im Vordergrund. Für alte und behinderte Menschen tritt das Recht auf soziale Sicherung hervor, welches grundsätzlich durch öffent-

---

532 Berlit, in: Simon/Franke/Sachs, § 9, Rn. 8.
533 P. Neumann, in: Neumann/Tillmanns, S. 77 (107).
534 Will, NJ 1995, S. 626 (628).
535 Kunzmann, in: Kunzmann/Haas/Baumann-Hasske, Art. 7, Rn. 13.
536 Kunzmann, in: Kunzmann/Haas/Baumann-Hasske, Art. 7, Rn. 13.
537 Kunzmann, in: Kunzmann/Haas/Baumann-Hasske, Art. 7, Rn. 13. Hier wird Arbeitsschutz jedoch im Zusammenhang mit dem Recht auf Arbeit betrachtet.
538 Kunzmann, in: Kunzmann/Haas/Baumann-Hasske, Art. 7, Rn. 12.

lich-rechtliche Versicherungssysteme gewährleistet wird. Bei Minderjährigen greift zunächst der Fürsorgeanspruch an die Erziehungsberechtigten ein. Bei Versagen eines anderen, den Lebensunterhalt sichernden Anspruchs greift das Recht auf Sozialfürsorge ein.[539]

Ebenfalls im Zusammenhang mit dem Recht auf soziale Sicherung gemäß Art. 7 Abs. 1 SächsVerf muss die Verpflichtung des Landes in Art. 7 Abs. 2 SächsVerf, alte und behinderte Menschen zu unterstützen, gesehen werden. Dabei sind nach *Kunzmann* alte Menschen diejenigen, die wegen ihres Lebensalters am Ende ihrer beruflichen Tätigkeit stehen oder aus dem Erwerbsleben ausgeschieden sind.[540] Diese Personengruppen hebt Art. 7 Abs. 2 SächsVerf aus der sozialen Fürsorgepflicht des Landes nach Abs. 1 besonders heraus.

3. Schutz vor einzelnen sozialen Notlagen

Es besteht auch die Möglichkeit, dass eine Verfassung zwar kein allgemeines Recht auf soziale Sicherung enthält, aber bestimmten Bevölkerungsgruppen besonderen Schutz verspricht.

a) Die Verfassung von Mecklenburg-Vorpommern

Nach Art. 17 Abs. 2 S. 1 der Verfassung von Mecklenburg-Vorpommern gewähren Land, Gemeinden und Kreise alten und behinderten Menschen besonderen Schutz. *Thiele* geht davon aus, dass diese Regelung eine Staatszielbestimmung ist.[541] In Satz 2 wird die Verpflichtung zu sozialer Hilfe und Fürsorge inhaltlich konkretisiert, indem als Ziel die gleichberechtigte und eigenverantwortliche Gestaltung des Lebens vorgegeben wird. Dazu gehöre vor allem, den alten und behinderten Menschen die Teilnahme am Leben in der Gemeinschaft zu ermöglichen oder zu erleichtern, ihnen die Ausübung eines angemessenen Berufs oder einer sonstigen Tätigkeit zu ermöglichen oder sie soweit wie möglich unabhängig von Pflege zu machen.[542]

Die Verfassung macht keine Aussagen darüber, was sie unter den Begriffen „alt" und „behindert" versteht. Nach *Thiele* zählen zu den alten Menschen diejenigen, bei denen ein Kräfteabbau in einem solchen Maße eingetreten ist, dass man von altersbedingten Schwierigkeiten sprechen kann. Behindert

---

539 Kunzmann, in: Kunzmann/Haas/Baumann-Hasske, Art. 7, Rn. 12.

540 Kunzmann, in: Kunzmann/Haas/Baumann-Hasske, Art. 7, Rn. 15; bzgl. der Definition von Behinderung siehe Anmerkungen zu Art. 17 MeckPomVerf, Drittes Kapitel, III. 3. a).

541 Thiele, in: Thiele/Pirsch/Wedemeyer, Art. 17, Rn. 3.

542 Thiele, in: Thiele/Pirsch/Wedemeyer, Art. 17, Rn. 4.

seien nach der von der Weltgesundheitsorganisation vorgeschlagenen Eingrenzung alle, die auf Grund der Auswirkungen einer auf einem regelwidrigen körperlichen, geistigen oder seelischen Zustand beruhenden, nicht nur vorübergehenden Funktionsbeeinträchtigung in ihrer Fähigkeit zur Eingliederung in die Gesellschaft eingeschränkt sind, wobei es auf die Ursache der Behinderung nicht ankomme.[543]

b) Die Verfassung von Sachsen-Anhalt

Die sachsen-anhaltinische Verfassung stellt in ihrem Art. 38 ältere Menschen und Menschen mit Behinderung unter den besonderen Schutz des Staates. Diese Norm ist eine Staatszielbestimmung, was vor allem daraus deutlich wird, dass sie sich im Abschnitt „Staatszielbestimmungen“ befindet. Die Verpflichtung zum Schutz ist dem Land übertragen. Damit ist eine Verantwortung begründet, ohne dass die Stellung der kreisfreien Städte und der Landkreise als Träger der Sozialhilfe oder die Stellung der in Art. 33 SaAnhVerf genannten freien Wohlfahrtspflege eingeschränkt werden soll.[544]

c) Die Verfassung von Rheinland-Pfalz

Auch nach Art. 64 RhPfVerf schützen Land und Kommunen behinderte Menschen vor Benachteiligung und wirken auf ihre Integration hin. Diese Norm ist ausdrücklich als Staatszielbestimmung formuliert und wurde im Rahmen der jüngsten Verfassungsreform in die Verfassung aufgenommen. Ein einklagbares Recht wird Behinderten nicht eingeräumt.[545] Während Art. 64 1. Alt. RhPfVerf als spezielles Gleichheitsrecht angesichts des grundgesetzlichen Benachteiligungsverbots gemäß Art. 3 Abs. 3 Satz 2 GG und des allgemeinen Gleichheitssatzes nach Art. 17 Abs. 1 und 2 RhPfVerf weitgehend leer läuft, geht der Förderungsauftrag nach Art. 64 2. Alt. RhPfVerf weiter.[546] Art. 64 RhPfVerf tritt verstärkend zum Grundrecht aus Art. 17 RhPfVerf hinzu, steht aber auch selbständig und gleichgewichtig neben anderen Staatszielen.[547]

d) Sonstige Regelungen

Etliche Verfassungen verpflichten sich im Rahmen eines besonderen Gleichheitssatzes, für die Gleichwertigkeit der Lebensbedingungen von Menschen

---

543 Thiele, in: Thiele/Pirsch/Wedemeyer, Art. 17, Rn 5.
544 Reich, Art. 38, Rn. 1.
545 Jutzi, in: Grimm/Caesar, Art. 64, Rn. 2.
546 Jutzi, in: Grimm/Caesar, Art. 64, Rn. 6, 7.
547 Jutzi, in: Grimm/Caesar, Art. 64, Rn. 9.

mit und ohne Behinderung zu sorgen.[548] Da besondere Gleichheitsrechte nicht Gegen-stand dieser Arbeit sind, werden sie im Folgenden nicht näher untersucht.

4. Regelungen zur Einrichtung einer Sozialversicherung

In etlichen Landesverfassungen finden sich zwar kein Recht auf soziale Sicherung oder eine ausdrückliche Verpflichtung des Landes, für soziale Sicherung zu sorgen, sie enthalten aber Regelungen zur Einrichtung einer Sozialversicherung. Dazu gehören Art. 57, 58 BremVerf, Art. 35 HessVerf (für den besonderen Fall der Arbeitslosigkeit siehe auch Art. 28 Abs. 3 HessVerf), Art. 46 SaarlVerf sowie Art. 53 Abs. 3 RhPfVerf. In Bayern soll die Sozialversicherung nach dem Verfassungstext das Mittel sein, den Anspruch auf Sicherung gegen die Wechselfälle des Lebens durchzusetzen.[549]

5. Regelungen zur Förderung der Wohlfahrtspflege

In einigen Verfassungen wird die Anerkennung und Förderung sozialer und karitativer Einrichtungen ausdrücklich aufgeführt.[550] Damit wird die Bedeutung der nichtstaatlichen Wohlfahrtspflege unterstrichen.[551] Diese Normen enthalten zwar ein Staatsziel, begründen aber keine subjektiven Rechte, so z. B. einen Anspruch auf Fördermaßnahmen bestimmter Art oder bestimmten Umfangs.[552] Zum Teil werden sie als Einrichtungsgarantien[553] bzw. objektivrechtliche Verfassungsgarantien[554] bezeichnet. Da diese Regelungen nicht direkt zum Recht auf soziale Sicherung gehören, werden sie hier nicht näher betrachtet.

6. Berechtigte

Im Verfassungstext angesprochen wird „jedermann“ (Art. 171 BayVerf), „jeder Mensch“ (Art. 7 Abs. 1 SächsVerf) oder die Norm ist neutral als Staatszielbestimmung formuliert. Daher ist davon auszugehen, dass entspre-

548 Art. 2 a BaWüVerf, Art. 118 a BayVerf, Art. 11 BerlVerf, Art. 12 Abs. 4 BrdbgVerf, Art. 2 Abs. 3 BremVerf, Art. 38 SaAnhVerf, Art. 2 Abs. 4 ThürVerf.

549 Siehe bereits oben Drittes Kapitel, III 2. a).

550 Z.B. Art. 41 ThürVerf, Art. 33 SaAnhVerf; Art. 19 MeckPomVerf; Art. 6, Art. 87 BaWüVerf.

551 So Hopfe, in: Linck/Jutzi/Hopfe, Art. 41, Rn. 1 für Art. 41 ThürVerf.

552 So Hopfe, in: Linck/Jutzi/Hopfe, Art. 41, Rn. 5 für Art. 41 ThürVerf. Diese Aussage lässt sich auf die ähnlichen Normen der anderen Landesverfassungen entsprechend übertragen.

553 Art. 33 SaAnhVerf befindet sich im Abschnitt „Einrichtungsgarantien“.

554 Braun, Art. 87, Rn. 5.

chende Aktivitäten seitens der Länder letztlich allen Bewohnern des Landes zugute kommen sollen.

7. Verpflichtungsadressaten

Verpflichtet werden entweder das Land (Art. 22 BerlVerf, Art. 45 BrdbgVerf, Art. 7 SächsVerf, Art. 38 SaAnhVerf) oder aber Land und Kommunen
(Art. 17 Abs. 2 MeckPomVerf, Art. 64 RhPfVerf). Damit ist in erster Linie der Landesgesetzgeber angesprochen, wobei die Kommunen im Rahmen ihrer Fähigkeiten gehalten sind, gerade für die Integration behinderter Menschen das Möglichste zu tun.

8. Vereinbarkeit der landesverfassungsrechtlichen Regelungen mit Bundesrecht

Fraglich ist, wie sich das Recht auf soziale Sicherung hinsichtlich etwaiger bundesrechtlicher Regelungen verhält.

a) Verfassungsrecht

Gemäß Art. 20 Abs. 1 GG ist die Bundesrepublik Deutschland ein sozialer Bundesstaat. Die Sozialstaatsklausel ist vor allem Schutzprinzip für die wirtschaftlich Schwachen und verpflichtet den Staat, auch diesen Freiheit von Not, ein menschenwürdiges Dasein und eine angemessene Beteiligung am allgemeinen Wohlstand zu gewähren.[555] Hauptsächliches Ziel der Sozialstaatsklausel ist die Bewältigung sozialer Notlagen und Beeinträchtigungen, wie sie z. B. durch Krankheit, Alter, Invalidität, Arbeitslosigkeit und sonstige benachteiligende Lebensumstände herbeigeführt werden. Die Sozialstaatsklausel bedarf in hohem Maße der konkreten Ausgestaltung.[556] Sie ist in erster Linie an den Gesetzgeber gerichtet, der über einen weiten Gestaltungsspielraum darüber verfügt, was sozialstaatlich geboten ist.[557] Die landesverfassungsrechtlichen Regelungen sind genauer ausgestaltet als das allgemein gehaltene Sozialstaatsprinzip des Grundgesetzes. Es ist jedoch nicht ersichtlich, dass sie in ihren Konkretisierungen gegen das Sozialstaatsgebot des Art. 20 Abs. 1 GG verstoßen.

---

[555] Antoni, in: Seifert/Hömig, Art. 20, Rn. 4.
[556] BVerfGE 5, 85 (198).
[557] BVerfGE 22, 180 (204); 70, 278 (288); Antoni, in: Seifert/Hömig, Art. 20, Rn. 4.

b) Einfache Bundesgesetze

Das Gebiet, das die Länder mit ihren Regelungen zur sozialen Sicherung ansprechen, betrifft vor allem die Sozialversicherungsgesetzgebung. Diese fällt allerdings gemäß Art. 72 Abs. 2, Art. 74 Nr. 12 GG unter die Gesetzgebungskompetenz des Bundes.

Die Bereiche der Sozialversicherung sind besonderes konkretisierte Ausprägungen des Sozialstaatsgedankens. Dazu zählen vor allem die Sozialversicherung[558], die Unfallversicherung[559], die Krankenversicherung und Krankenversorgung[560] sowie die Fürsorge für Hilfsbedürftige[561]. Dies sind gerade die Bereiche, welche die Länder in ihren Regelungen einzeln aufführen. So ist z. B. die Regelung des Art. 45 Abs. 1 S. 2 BrdbgVerf, nach der jedem eine menschenwürdige und eigenverantwortliche Lebensgestaltung ermöglicht werden soll, vergleichbar mit § 9 SGB I. Das Ziel einer gleichberechtigten und eigenverantwortlichen Lebensgestaltung, wie es z. B. Art. 17 Abs. 2 S. 2 MeckPomVerf vorgibt, findet sich bereits in §§ 39 Abs. 3, 75 Abs. 1 BSHG.

Die Unterstützung alter und behinderter Menschen, die in einigen Landesverfassungen ausdrücklich gefordert wird, wird ebenfalls durch zahlreiche Bundesgesetze bereits gewährt. So besteht die Verpflichtung, für ältere Arbeitnehmer Maßnahmen des Schutzes (§ 75 Abs. 2 S. 2 BetrVG) vorzusehen. Zur Förderung Behinderter halten die §§ 97 bis 115, sowie §§ 236 bis 239 und §§ 248 bis 251 SGB III besondere Förderungsmöglichkeiten bereit. Daneben sind hier auch § 10 SGB I, die Regelungen des Schwerbehindertengesetzes, die Schwerbehinderten-Ausgleichsabgabenverordnung, sowie §§ 48, 49 BBiG zu beachten. § 1 SGB IX gibt als Ziel eine eigenverantwortliche Lebensgestaltung vor.

Aufgrund dieser genauen Regelungen zur sozialen Sicherung in den einfachen Bundesgesetzen laufen die landesverfassungsrechtlichen Regelungen weitgehend leer.

9. Ergebnis

Im Gegensatz zu der ausgestaltungsbedürftigen Sozialstaatsklausel des Grundgesetzes geben die Landesverfassungen zum Teil konkrete sozialstaatliche Vorgaben. Diese werden einhellig als Staatszielbestimmungen oder

---

558 BVerfGE 28, 324 (348).
559 BVerfGE 45, 376 (387).
560 BVerfGE 57, 70 (99); 68, 193 (209).
561 BVerfGE 40, 121 (133); 43, 13 (19).

Programmsatz bezeichnet oder wurden bereits ausdrücklich als Staatszielbestimmung in die Landesverfassungen aufgenommen. Damit wird im Bereich der sozialen Sicherung der Eindruck eines subjektiven Rechts, wie er bzgl. anderer sozialer Grundrechte aufgrund ihres Wortlauts besteht, vermieden.

Die Landesverfassungsnormen, die einen besonderen Schutz behinderter Menschen vorsehen, weisen einen engen Bezug auf zu denjenigen speziellen Gleichheitsrechten, die ein Benachteiligungsverbot für Behinderte enthalten. Neben dem Grundgesetz (Art. 3 Abs. 3 S. 2 GG) verfügen auch etliche Landesverfassungen über dieses spezielle Gleichheitsrecht.[562] In einem solchen Fall überlagern sich beide Staatszielbestimmungen. Aufgrund der umfangreichen bundesgesetzlichen Regelungen im Bereich der sozialen Sicherung entfalten die Landesverfassungsnormen allerdings wenig Bedeutung.

IV. Rechte auf sozial-kulturelle Entfaltung: Das Recht auf Bildung

Rechte auf sozial-kulturelle Entfaltung sind die Rechte auf Erziehung, Ausbildung und Fortbildung, das Recht auf freie Wahl der Ausbildungsstätte und auf gleichberechtigten Zugang zu diesen, die Gewährleistung der Chancengleichheit im Bildungs- und Ausbildungswesen und das Recht auf Teilnahme am kulturellen Leben.[563] Den Prototyp der Rechte auf sozial-kulturelle Entfaltung bildet das Recht auf Bildung.

Das Recht auf Bildung nimmt eine Sonderstellung unter den sozialen Grundrechten ein. Dies liegt vor allem daran, dass sich zentrale Bildungseinrichtungen wie Schulen und Hochschulen in staatlicher Hand oder zumindest unter staatlicher Aufsicht befinden. Damit wird die Vermittlung von Bildung in staatlicher Regie gestaltet. Dies ist ein bedeutender Unterschied zu den übrigen sozialen Grundrechten, bei welchen der Staat lediglich lenkend eingreifen, aber über die entsprechenden Ressourcen nicht verfügen kann.[564] Die Vermittlung von Bildung erwächst so zu einer zumindest auch öffentlichen Aufgabe.[565] Ein weiterer Unterschied zwischen dem Recht auf Bildung und anderen sozialen Grundrechten liegt darin, dass aufgrund ihrer ausschließlichen Kulturhoheit die Länder für die Bildungspolitik zuständig sind.[566]

---

562 Art. 2 a BaWüVerf, Art. 118 a BayVerf, Art. 11 BerlVerf, Art. 12 Abs. 2 BrdbgVerf, Art. 2 Abs. 3 BremVerf, Art. 3 Abs. 3 S. 2 NdsVerf, Art. 2 Abs. 4 ThürVerf.
563 Badura, Der Staat 1975, S. 17 (23); Thamm, S. 31.
564 Vgl. Richter, in: Böckenförde, S. 119 (122).
565 Richter, in: AK, Art. 7, Rn. 6; ähnlich BVerwGE 47, 201 (204).
566 BVerfGE 6, 309 (310, 354); 37, 314 (322); 43, 291 (348).

Abelein sowie *Oppermann* machen auf die besondere Bedeutung des Rechts auf Bildung aufmerksam, die aus zwei Elementen besteht: zum einen aus dem individuellen Interesse des Einzelnen und zum anderen aus dem öffentlichen Interesse. Letzteres sei gegeben, da die wirtschaftliche Gesamtleistung des Gemeinwesens von geistig-technisch anspruchsvoller Berufstätigkeit abhänge.[567]

Dahrendorf stuft das Recht auf Bildung als Bürgerrecht ein und sieht darin die Ergänzung der anderen großen Bürgerrechte vor dem Gesetz und im Staat: Es habe in der allgemeinen Schulpflicht seine erste konkrete Gestalt gefunden und sei seitdem ständig durch neue Inhalte ergänzt worden.[568] Daneben habe das Recht auf Bildung noch zwei weitere Aspekte: Zum einen sei es ein soziales Grundrecht aller Bürger, das „gleichsam den Fußboden absteckt, auf dem jeder Staatsbürger stehen darf und muss, um als solcher tätig zu werden“[569]. Zum anderen weist er darauf hin, dass mit dem Recht auf Bildung neben rechtlicher Chancengleichheit auch die tatsächliche Chancengleichheit durchgesetzt werden müsse.[570]

1. Historische Entwicklung des Rechts auf Bildung

Bis ins 20. Jahrhundert hinein fehlten Erziehung und Bildung in der Aufzählung von Menschen- und Bürgerrechten.[571] Allerdings wurden Schulen schon früher erwähnt. Nach § 1 Abs. 2 Preuß ALR waren Schulen „Veranstaltungen“ des Staates.[572] Der Entwurf einer Verfassung des Deutschen Reiches vom 28. März 1849 erklärte in § 24, dass für die Bildung der deutschen Jugend durch öffentliche Schulen überall gesorgt werden solle und Eltern bzw. deren Stellvertreter ihre Kinder nicht ohne den Unterricht lassen durften, welcher für die unteren Volksschulen vorgeschrieben war.[573] Nach Art. 21 Preuß.Verf. von 1850 sollte für die Bildung der Jugend durch öffentliche Schulen genügend gesorgt werden.[574] Diese Normen bezeichnet *Richter* als Grundnormen des deutschen Bildungsverfassungsrechts.[575] Sie kodifizierten die Trennung von familiärer Erziehung und öffentlicher Bildung. Darüber hinaus verhalfen diese Grundnormen der Säkularisierung des Schulwesens

567 Abelein, DÖV 1967, S. 375 (375); Oppermann, in: HbdStR, Bd. VI, § 135, Rn. 9; dazu auch Neukirchen, in: Ev. Staatslexikon, Bd. I, Sp. 258 (267).
568 Dahrendorf, S. 24.
569 Dahrendorf, S. 23.
570 Vgl. Dahrendorf, S. 24.
571 Abelein, DÖV 1967, S. 375 (375).
572 Vgl. Richter, in: AK, Art. 7, Rn. 1.
573 Vgl. Abelein, DÖV 1967, S. 375 (375).
574 Vgl. Richter, in: AK, Art. 7, Rn. 1.
575 Richter, in: AK, Art. 7, Rn. 1.

zum Durchbruch und verhinderten eine Privatisierung des gesamten Schulwesens.[576]

In der Weimarer Reichsverfassung regelte ein ganzer Abschnitt den Bereich „Bildung und Erziehung“. Zwar war nicht ausdrücklich ein Recht auf Bildung normiert, die Art. 143 bis 149 WRV ordneten aber ausführlich das Schul- und Bildungswesen. Das kulturpolitische Ziel einer möglichst vollkommenen Jugendbildung in Art. 143 WRV war durch das Mittel öffentlicher Schulen anzustreben.[577] Gesorgt war für die Bildung der Jugend nur dann, wenn öffentliche Schulen überall in solcher Anzahl, Größe und Lage vorhanden waren, dass jedermann seine Kinder sie besuchen lassen konnte.[578] Art. 143 S. 2 WRV, nach dem Reich, Länder und Gemeinden zusammen wirken, war ein reiner Programmsatz, aus dem niemand Rechte herleiten konnte.[579] Auch insgesamt war das Schulwesen nicht echter, nicht eigentlicher Grundrechtsinhalt.[580]

2. Umfang des Rechts auf Bildung

Neumann nennt „Bildung“ einen unbestimmten Verfassungsbegriff.[581] Daher ist zunächst zu klären, welchen Umfang das Recht auf Bildung vorliegend haben soll. *Richter* spricht ausdrücklich von Grundrecht*en* auf Bildung.

Darin soll eine Einschränkung liegen gegenüber einem Grundrecht auf Bildung, welches als subjektiv-öffentliches Recht gegenüber dem Staat auf Verschaffung von Bildung unabhängig vom Bedarf, je nach Begabung und Neigung, verstanden wird.[582] Die Grundrechte des Grundgesetzes besäßen allerdings für die Bildungsprozesse der Schüler in der Schule große Bedeutung, hätten jedoch unterschiedliche Zielsetzungen und Schutzbereiche. Danach ließen sich vier Schutzbereiche unterscheiden: erstens Minimumgrundrechte als Gewährleistung derjenigen Sozialisationsbedingungen, die für ein menschenwürdiges Dasein unerlässlich erschienen. Der zweite Schutzbereich umfasse das Recht zum Zwecke der Entfaltung der individuellen Persönlichkeit unter den Bedingungen einer vergesellschafteten Sozialisation. Weiterhin entscheidend sei das Zugangsrecht, welches den gleichen Zugang zu allen Bildungseinrichtungen gewährleistet. Schließlich sei noch das Partizipations-

---

576 Richter, in: AK, Art. 7, Rn. 1.
577 Anschütz, Art. 143 WRV, Anm. 1.
578 Anschütz, Art. 143 WRV, Anm. 1.
579 Anschütz, Art. 143 WRV, Anm. 2.
580 Landé, in: Nipperdey, Art. 143-149, A. II.
581 H. Neumann, BremVerf, Art. 27, Rn. 6.
582 Richter, in: Böckenförde, S. 119 (122).

recht von Bedeutung, welches die Teilnahme an der Willensbildung in den Bildungseinrichtungen sichert.[583]

Nach *Reuter* sind rechtliche Inhalte des Grundrechts auf Bildung der positive Leistungsanspruch des einzelnen Bürgers, die staatliche Verpflichtung zur Schaffung eines emanzipatorischen und sozialgerechten Bildungssystems und die individuelle Pflicht zu Bildungspartizipation und sozialverantwortlichem Einsatz erhaltener Ausbildung.[584] Bildung korrespondiert mit staatsbürgerlichen Grundpflichten (allgemeine Schulpflicht). Da die modernen Demokratien die Verteilungsentscheidungen im Berufssystem an „Berechtigungen" gebunden haben, welche im Bildungswesen erworben werden, wurde Bildung dadurch nach *Richter* über die Schulpflicht hinaus zu einer Obliegenheit.[585]

Begrifflich muss „Bildung" von „Ausbildung" getrennt werden. Während es sich bei Ausbildung um Angebote zum Zweck des Erwerbs einer beruflichen Qualifikation handelt, beschreibt Bildung einen lebenslang fortdauernden Prozess, der keine festen Konturen aufweist.[586] Bildung ist also nie abgeschlossen, ihr Gewinn ist nicht äußerlich, sondern innerlich und soweit der Bildungsprozess ein Ziel hat, erweist sich dieses erst am Ende.[587] Auch muss das Recht auf Bildung begrifflich vom Recht auf Erziehung unterschieden werden. Erziehung betrifft die Ausbildung und Bildung durch Entfaltung der Fähigkeiten des Kindes.[588] Auch spricht Bildung mehr die geistige, Erziehung mehr die allgemein-menschliche Entwicklung an. Beide Bereiche sind jedoch stark ineinander verwoben.[589] Das Bundesverfassungsgericht hat das elterliche Erziehungsrecht, das sich auf alle billigenswerten Erziehungsziele erstreckt, vom schulischen Bereich dahin abgegrenzt, dass die Eltern die Befugnis haben, den von ihrem Kind einzuschlagenden Bildungsweg frei zu wählen, und dass der staatliche Erziehungsauftrag in der Schule diesem Elternrecht gleichgeordnet ist.[590] Trotz dieser begrifflichen Trennung zwischen den Rechten auf Bildung, Erziehung und Ausbildung zeigt sich, dass diese Trennung in den Landesverfassungen schwerlich durchgehalten wird.

---

583 Vgl. Richter, in: AK, Art. 7, Rn. 38.
584 L.-R. Reuter, S. 12.
585 Richter, in: Böckenförde, S. 119 (122).
586 Dietlein, S. 15; Schlink, in: Böckenförde, S. 129 (131) beschränkt dies nicht nur auf berufliche Qualifikationen, sondern auf äußerlich feststellbare Qualifikationen, die den Zugang zu einer neuen sozialen Rolle ermöglichen.
587 Schlink, in: Böckenförde, S. 129 (131).
588 HessStGH, ESVGH 32, 1 (8).
589 Oppermann, in: HbdStR, Bd. VI, § 135, Rn. 4.
590 BVerfGE 34, 165 (183); 45, 400 (415); 47, 46 (72).

Im Zusammenhang mit dem Recht auf Bildung taucht immer wieder auch die Frage nach der Organisation des Schulwesens auf. Dabei ist auffällig, dass sowohl bei den Verfassungsberatungen, wie auch bei späteren Verfassungsänderungen über kaum eine Verfassungsmaterie so heftig gestritten wurde und wird wie über die Organisation des Schulwesens.[591] Diese zählt nicht zu den sozialen Grundrechten.

Neben umfassenden Regelungen in den Landesverfassungen [592] existiert umfangreiche Judikatur zu Stichworten wie Wahlrecht der Eltern, Privatschulen, religiöse Gebundenheit oder Schulaufsicht. Da diese Regelungen aber über den Inhalt des sozialen Grundrechts „Recht auf Bildung" hinausgehen, werden sie im Rahmen dieser Arbeit nicht näher erörtert. Die einschlägigen Artikel der Landesverfassungen werden auch in der Diskussion um Sinn oder Unsinn von Gesamtschulen aufgeführt. So weist *Meder* im Zusammenhang mit Art. 128 Abs. 1 BayVerf darauf hin, dass der „Grundsatz der gleichen Bildungschancen" nicht dahingehend missverstanden werden dürfe, dass er zu einer Abflachung und Senkung des Bildungsniveaus führe, was bei Einführung von Gesamtschulen der Fall sei.[593] *Heymann* und *Stein* kommen in ihrer Untersuchung zum Recht auf Bildung dagegen zu dem Ergebnis, dass Gesamtschulen förderlich und wünschenswert seien.[594] Dieses Beispiel zeigt, dass gerade im Zusammenhang mit dem Recht auf Bildung Verfassungsnormen zum Zwecke der politischen Argumentation interpretiert werden.

Im Folgenden wird das Recht auf Bildung im engeren Sinne in den Landesverfassungen untersucht, wobei das Recht auf Ausbildung nicht ausgeklammert werden kann. Zum Teil werden die Begriffe auch aufgrund der entsprechenden Kommentarliteratur nochmals konkret für die einzelne Landesverfassungsnorm erläutert.

3. Sprachliche und inhaltliche Ausgestaltung des Rechts auf Bildung

Die meisten Landesverfassungen, die das Recht auf Bildung enthalten, formulieren es auch als solches. Lediglich in der Verfassung von Sachsen ist es als Staatszielbestimmung formuliert enthalten.

---

591 Vgl. nur Kringe, S. 61.

592 Siehe z.B. für die Schulaufsicht Art. 17 Abs. 2 BaWüVerf, Art. 130 BayVerf, Art. 30 Abs. 1 S. 1 BrdbgVerf, Art. 28 BremVerf, Art. 56 Abs. 1 S. 3 HessVerf, Art. 15 Abs. 1 MeckPom Verf, Art. 4 Abs. 2 S. 2 NdsVerf, Art. 8 Abs. 3 S. 2 NRWVerf, Art. 27 Abs. 2 SaarlVerf, Art. 103 SächsVerf, Art. 29 SaAnhVerf, Art. 23 Abs. 2 ThürVerf, Art. 27 Abs. 3 RhPfVerf.

593 Meder, Art. 128, Rn. 1 a; Art. 129, Rn. 2 a.

594 Heymann/Stein, AöR 97 (1972), S. 185 ff.

a) Formulierung als Recht auf Bildung

Etliche Landesverfassungen formulieren das Recht auf Bildung subjektivrechtlich. Dabei lässt sich nicht wie z. B. beim Recht auf Arbeit ein deutlicher Unterschied in der Formulierung zwischen prae- und postföderalen Landesverfassungen ausmachen. So findet sich die subjektiv-rechtliche Formulierung in allen drei Verfassungsgruppen. Anzuführen sind hier die Verfassungen von Bayern, Bremen, Berlin, Niedersachsen, Nordrhein-Westfalen, Baden-Württemberg (*Erziehung und Ausbildung*), Brandenburg, Sachsen-Anhalt (*Erziehung und Ausbildung*) und Thüringen.

aa) Die Verfassung von Bayern

Art. 128 BayVerf regelt den Ausbildungsanspruch jedes Bewohners Bayerns. Für diesen Artikel der Bayerischen Verfassung wurde die Auseinandersetzung um die Rechtsqualität der Norm besonders intensiv geführt. Diese ist exemplarisch für die Probleme, die sich bei den entsprechenden Normierungen des Rechts auf Bildung in den übrigen Landesverfassungen ergeben. So hat auch der Bayerische Verfassungsgerichtshof in etlichen Fällen zu Art. 128 BayVerf zu entscheiden gehabt.

Die Bayerische Verfassung verwendet den Begriff Ausbildung. Damit soll jedoch nach überwiegender Ansicht kein Gegensatz zwischen „Ausbildung“ und „Bildung“ (vgl. den schulischen Bildungsauftrag, wie er in Art. 131 Abs. 1 BayVerf zum Ausdruck kommt) aufgebaut werden. Vielmehr sollte der Akzent auf der staatlichen Garantie der Gleichheit im Bereich von Erziehung und Bildung liegen, so dass deshalb Art. 128 BayVerf an die Spitze des Abschnitts „Bildung und Schule“ der Verfassung gerückt wurde.[595] Daher ist hier unter Ausbildung sowohl „Bildung im Sinn der Entfaltung der gesamten Anlagen und Fähigkeiten“ als auch die Vermittlung der notwendigen Kenntnisse und Fähigkeiten zu verstehen, die lebens- und erwerbstüchtig machen.[596]

In der Literatur wird Art. 128 Abs. 1 BayVerf zum Teil als subjektives Recht des Einzelnen angesehen, das aufgrund seiner Formulierung verfassungsrechtlich verbürgt sein soll.[597] So sieht es auch *Gallwas*, der vor allem dem Verfassungstext großes Gewicht beimisst.[598] Der Funktion nach handele es sich bei Art. 128 Abs. 1 BayVerf seiner Ansicht nach um ein staatsgerichtetes

---

595 Stettner, in: Nawiasky u. a., Art. 128, Rn. 4.
596 Meder, Art. 128, Rn. 1.
597 Abelein, DÖV 1967, S. 375 (378); Hoegner, S. 161.
598 Gallwas, BayVBl. 1976, S. 385 (386).

Teilhaberecht.[599] Als solches stehe es zunächst unter dem allgemeinen teilhaberechtlichen Vorbehalt des Möglichen, im Sinne dessen, was der Einzelne vernünftigerweise von der Gesellschaft beanspruchen kann. Das Maß dessen werde vom Staat festgelegt.[600]

Der Bayerische Verfassungsgerichtshof deutete Art. 128 Abs. 1 BayVerf hingegen als bloßen Programmsatz[601], sprach zum Teil aber auch von einem Verfassungsauftrag[602]. Zunächst war die Rechtsprechung uneinheitlich. So wurde in zwei Entscheidungen die Frage nach dem Rechtscharakter von Art. 128 Abs. 1 BayVerf als subjektives-öffentliches Recht ausdrücklich offen gelassen.[603] Letztlich wurde Art. 128 Abs. 1 BayVerf vom Bayerischen Verfassungsgerichtshof als bloßer Programmsatz aufgefasst. Diese Auffassung, dass Art. 128 Abs. 1 BayVerf kein subjektives Recht auf Ausbildung einräume, sondern als Programmsatz lediglich den Staat verpflichte, wurde später vom Bayerischen Verfassungsgerichtshof selbst wieder in Frage gestellt und nicht beantwortet.[604] Begründet wurde dieses mit der gesteigerten Bedeutung des Bildungs- und Hochschulwesens im modernen Kultur- und Sozialstaat, aber auch mit dem Wortlaut der Verfassung. Wegen der Einschlägigkeit des Gleichheitssatzes wurde das Problem in den jeweiligen Fällen aber letztlich offen gelassen.[605] In einer Entscheidung aus dem Jahr 1984 wurde dann der fehlende Grundrechtscharakter von Art. 128 Abs. 1 BayVerf erneut festgestellt.

So wie der Bayerische Verfassungsgerichtshof Art. 128 Abs. 1 BayVerf als Programmsatz sieht, formuliert er auch die sich daraus ergebenden Konsequenzen. Demgemäss müsse der Staat alle Vorkehrungen treffen, um dem Einzelnen die Chance seiner beruflichen und bildungsmäßigen Entfaltung zu gewähren.[606] Dieser Verpflichtung genügt der Staat im Allgemeinen durch Bereitstellung und Bereithalten der Einrichtungen zur schulischen Aus- und Fortbildung.[607] Kommt man auf die Argumentation der Rechtsprechung des Bayerischen Verfassungsgerichtshofs zu Art. 106 Abs. 1 BayVerf zurück, so muss jedoch auch für Art. 128 Abs. 1 BayVerf gelten, dass allein seine Stel-

599 Gallwas, BayVBl. 1976, S. 385 (388).
600 Gallwas, BayVBl. 1976, S. 385 (388).
601 BayVerfGHE 17, 30 (38).
602 Vgl. Darstellung bei Stettner, in: Nawiasky u. a., Art. 128, Rn. 10 ff.
603 BayVerfGHE 7, 9 (14); 12, 152 (163, 164).
604 BayVerfGHE 34, 14 (20); 35, 126 (130); 38, 16 (26).
605 Vgl. Darstellung bei Stettner, in: Nawiasky u. a., Art. 128, Rn. 11.
606 BayVerfGHE 24, 1 Leitsatz 8 b.
607 BayVerfGHE 28, 99, Leitsatz 2.

lung innerhalb der Verfassung nicht zu einer endgültigen Ablehnung des Grundrechtscharakters führen kann[608].

Die Deutung als Programmsatz hält *Stettner* für schwer begründbar. Zwar gibt er zu, dass man nur den subjektiv-berechtigenden Verfassungsnormen, die keines Umsetzungsaktes durch den Gesetzgeber bedürfen, sondern unmittelbar wirksam sind, Grundrechtsqualität zuweisen solle. Er weist aber auch darauf hin, dass man einer Verfassungsnorm, die ausdrücklich einen Anspruch aufstellt, nicht denjenigen Gehalt rauben sollte, den man ihr auch dann noch belassen kann, wenn man sie nicht als aktuell geltende Grundrechtsnorm einstuft. Dazu gehöre z. B. die klagbare Verpflichtung, Kapazitäten im Rahmen des Möglichen auszubauen.[609]

Über den Programmsatz hinaus wurde Art. 128 Abs. 1 BayVerf rechtliche Qualität verliehen, indem aus der Verfassungsnorm eine objektive Schranke derart abgeleitet wurde, dass eine ihr widersprechende Rechtsetzung unzulässig sei.[610] Der Bayerische Verfassungsgerichtshof spricht daneben den weiten Gestaltungsspielraum an, den er dem Normgeber bei der Konzipierung der insoweit zu treffenden Regelungen zuerkennt und der trotz des Umstandes besteht, dass der Gesetzgeber verpflichtet ist, die Voraussetzungen für eine möglichst gute Ausbildung zu schaffen.[611] Angesichts des bestehenden Beurteilungsspielraums des Gesetzgebers sind von der Rechtsprechung bisher aus Art. 128 Abs. 1 BayVerf keine direktiven Gehalte entwickelt worden, die auf eine bestimmte Entscheidung des Gesetzgebers im Einzelfall hinauslaufen.[612]

Mit der Feststellung, dass Unterrichtsinhalte, Differenzierungen oder fehlende Differenzierungen nur dann gegen Art. 128 Abs. 1 BayVerf verstoßen, wenn solche Regelungen oder Unterlassungen den Gleichheitssatz oder sonstige Verfassungsnormen verletzen[613], wird die Verfassungsnorm nach *Stettner* praktisch deckungsgleich mit dem Gleichheitssatz bzw. sonstigen Verfassungsnormen interpretiert, so dass kein eigenständiger Normgehalt mehr übrig bleibt.[614] Der wichtigste Inhalt von Art. 128 Abs. 1 BayVerf ist laut *Meder*, dass, sofern Ausbildungseinrichtungen vorhanden sind, der Zugang zu ihnen nicht von gesellschaftlichen, wirtschaftlichen oder politischen Ver-

---

608 Stettner, in: Nawiasky u. a., Art. 128, Rn. 10; siehe auch Drittes Kapitel, V. 2. a) aa).
609 Stettner, in: Nawiasky u. a., Art. 128, Rn. 9.
610 BayVerfGHE 17, 46 (58); 28, 99 (102); 37, 126 (131); Nawiasky/Leusser, Art. 128, S. 209.
611 BayVerfGHE 38, 152 (161).
612 Stettner, in: Nawiasy u. a., Art. 128, Rn. 17.
613 BayVerfGHE 39, 87 (95).
614 Stettner, in: Nawiasky u. a., Art. 128, Rn. 15.

hältnissen abhängig gemacht werden darf.[615] Letztlich besteht jedoch Einigkeit darüber, dass ein subjektives Recht aus Art. 128 Abs. 1 BayVerf nicht abzuleiten ist.[616] Außerdem steht die Verpflichtung des Staates aus Art. 128 Abs. 1 BayVerf unter dem Vorbehalt des Möglichen.[617]

Auch Art. 128 Abs. 2 BayVerf, nach dem Begabten der Besuch von Schulen und Hochschulen nötigenfalls aus öffentlichen Mitteln zu ermöglichen ist, soll nach der Rechtsprechung des Bayerischen Verfassungsgerichtshofs nur einen Verfassungsauftrag beinhalten, der als verbindlich bezeichnet wird.[618] Frühere Entscheidungen gingen dagegen nur von einem Programmsatz aus[619]. Art. 128 Abs. 2 BayVerf ist Ausprägung des Sozialstaatsprinzips[620].

bb) Die Verfassung von Bremen

Gemäß Art. 27 BremVerf hat jeder nach Maßgabe seiner Begabung das gleiche Recht auf Bildung. Art. 27 BremVerf befindet sich im zweiten Hauptteil der Verfassung (Ordnung des sozialen Lebens) im Abschnitt Erziehung und Unterricht. Zuvor werden in Art. 26 BremVerf die wesentlichen Aufgaben der Erziehung und Bildung der Jugend umschrieben.

Nach *Neumann* drückt das Recht auf Bildung ein bildungspolitisches Programm in der Technik eines Grundrechts aus. Es gehöre zu den sozialen Grundrechten und sei zugleich eine Staatszielbestimmung.[621] *Füssel* bezeichnet es als Programmsatz.[622] „Nach Maßgabe der Begabung" bedeutet, dass jeder nur ein Recht auf Bildung entsprechend seiner Begabung hat. Bei vorhandenen Ausbildungseinrichtungen darf der Zugang zu ihnen nicht von gesellschaftlichen, wirtschaftlichen oder politischen Verhältnissen abhängig gemacht werden.[623] Nach *Füssel* muss Art. 27 BremVerf in Verbindung zum Recht auf „gleiche [...] kulturelle Entwicklungsmöglichkeiten" nach Art. 2 S. 1 BremVerf gesehen werden.[624] Der in Art. 27 BremVerf konkretisierte Grundsatz der gleichen Bildungschancen berechtigt den Staat allerdings nicht, das Leistungsniveau in den staatlichen Schulen soweit zu senken, dass

615 Meder, Art. 128, Rn. 1 a.
616 Meder, Art. 128, Rn. 1; Bay VGH BayVBl. 1980, S. 244 (245); BayVerfGHE 21, 59 (66).
617 Bay VGH BayVBl. 1980, S. 244 (245).
618 BayVerfGHE 37, 126 (131); Meder, Art. 128, Rn. 3.
619 BayVerfGHE 21, 164 (169).
620 Stettner, in: Nawiasky u. a., Art. 128, Rn. 23.
621 H. Neumann, BremVerf, Art. 27, Rn. 2 mit Verweis auf Feuchte, in: Feuchte, Art. 11, Rn. 10.
622 Füssel, in: Kröning/Pottschmidt/Preuß/Rinken, S. 185 (201).
623 H. Neumann, BremVerf, Art. 27, Rn. 4; Spitta, Art. 27, S. 73.
624 Füssel, in: Kröning/Pottschmidt/Preuß/Rinken, S. 185 (200).

die bremischen Zeugnisse im deutschsprachigen Raum nicht mehr als gleichwertig behandelt werden.[625]

Den Begriff „Bildung" konkretisiert die Verfassung von Bremen nicht. Der Landesverfassungsgeber hat jedoch in Art. 26 BremVerf Bildungsziele für die Jugend vorgeschrieben, die eine elastische Anpassung an die für den Eintritt in das Berufsleben erforderlichen Kenntnisse und Fähigkeiten ermöglichen. *Neumann* formuliert daher, dass das Land verpflichtet sei, zu berücksichtigen, wenn die bremische Wirtschaft auf lange Sicht mehr Berufsanfänger mit soliden Kenntnissen in speziellen Bereichen, wie z. B. Englisch, Französisch und Spanisch sowie neuen Informationstechniken benötige.[626] Das Recht auf Bildung wird gemäß Art. 27 S. 2 BremVerf durch öffentliche Einrichtungen gesichert. Das sind z. B. die staatlichen Schulen.[627] Der Erwachsenenbildung wird in einer eigenen Norm (Art. 35 BremVerf) Rechnung getragen.

cc) Die Verfassung von Berlin

In der bis 1995 geltenden Berliner Verfassung fand sich das Recht auf Bildung nicht. Interessanterweise wurde dieses Recht im Zuge der neuen Verfassungsgebung aufgenommen. Bildung im Sinne von Art. 20 Abs. 1 BerlVerf setzt auf der Seite des Grundrechtsträgers Bildungsfähigkeit und Bildungsbereitschaft voraus. Art. 20 BerlVerf ähnelt in seiner Struktur (Grundrecht mit darauf folgendem Verfassungsauftrag bzw. Staatszielbestimmung) Art. 18 BerlVerf. Der Zugang zu Bildungseinrichtungen wird im Rahmen der gesetzlichen Zulassungskriterien garantiert; die Grenzen, denen der Gesetzgeber bei der Bestimmung dieser Kriterien unterliegt, ergeben sich im Wesentlichen aus der verfassungsgerichtlichen Rechtsprechung zu Art. 12 GG.[628] Subjektiv-rechtlich beschränkt sich das Recht auf Bildung auf den Zugang zu öffentlichen Einrichtungen, wobei die berufliche Erstausbildung besonders hervorgehoben ist.[629] Das Zugangsrecht gilt nur für öffentliche, nicht für private Einrichtungen.[630] Einen Anspruch auf Zugang zu bestimmten Bildungseinrichtungen oder auf die Bereitstellung bestimmter Bildungseinrichtungen gibt Art. 20 BerlVerf nicht; als Staatsziel verbietet er aber eine ausschließliche Orientierung des Angebots öffentlicher Bildungseinrichtun-

---

625 H. Neumann, BremVerf, Art. 27, Rn. 4.
626 H. Neumann, BremVerf, Art. 27, Rn. 6.
627 H. Neumann, BremVerf, Art. 27, Rn. 7.
628 Zivier, § 35.2.4.2.
629 Stöhr, in: Pfennig/Neumann, Art. 20, Rn. 2.
630 Stöhr, in: Pfennig/Neumann, Art. 20, Rn. 5.

gen an den Bedürfnissen der Wirtschaft unter Missachtung kultureller Gesichtspunkte.[631]

Der systematische Zusammenhang des Worts „Bildung" mit der Förderung der Kultur in Abs. 2 zeigt, dass Bildung nicht nur als Element der Berufsbildung, sondern auch als eigenständiger kultureller Wert anerkannt wird. Der Schwerpunkt der staatlichen Förderungsmaßnahmen liegt allerdings in der beruflichen Erstausbildung, wie Art. 20 Abs. 1 S. 2 BerlVerf zeigt.[632] Zuständig für die in Art. 20 Abs. 1 S. 2 BerlVerf genannten Förderungsmaßnahmen ist weitgehend das Land. In der Praxis ergeben sich allerdings Einschränkungen aus der Begrenzung der finanziellen Mittel.[633]

dd) Die Verfassung von Niedersachsen

Das Recht auf Bildung (Art. 4 Abs. 1 NdsVerf) findet sich im ersten Abschnitt der Niedersächsischen Verfassung unter „Grundlagen der Staatsgewalt, Grundrechte und Staatsziele". Das Recht auf Bildung ist das einzige soziale Grundrecht, das in der niedersächsischen Verfassung subjektivrechtlich formuliert ist.

Nach *Neumann* drückt das Recht auf Bildung ein bildungspolitisches Programm in Form eines Grundrechts aus, gehört zu den sozialen Grundrechten und ist zugleich eine Staatszielbestimmung.[634] Trotz der Formulierung „Recht auf Bildung" könne das Land Niedersachsen nicht verpflichtet werden, ohne Rücksicht auf seine Finanzkraft so viele und verschiedenartige Ausbildungsstätten zu schaffen und zu unterhalten, wie potentielle Antragsteller dies eventuell wünschen.[635] Ob allein aus Art. 4 Abs. 1 NdsVerf ein Individualgrundrecht gefolgert werden kann, bleibt fraglich. So spricht laut *Neumann* die Tatsache, dass der Verfassungsgeber dem Landesgesetzgeber die Regelung des „Näheren" gemäß Art. 4 Abs. 4 NdsVerf übertragen hat, dafür, dass es sich bei Art. 4 Abs. 1 NdsVerf um ein soziales Landesgrundrecht handelt.[636] *Berlit* wertet Art. 4 Abs. 1 NdsVerf der Sache nach als Staatsziel.[637] Der Staatsgerichtshof spricht zwar von einem Individualrecht gegen den Staat auf Bildung nach Maßgabe von Begabung und Interesse, nennt dieses aber in engem Zusammenhang mit dem Recht der freien Be-

[631] Zivier, § 35.2.4.2.
[632] Zivier, § 35.2.4.2.
[633] Zivier, § 35.2.4.2.
[634] H. Neumann, Die niedersächsische Verfassung, Art. 4, Rn. 1.
[635] H. Neumann, Die niedersächsische Verfassung, Art. 4, Rn. 4.
[636] H. Neumann, Die niedersächsische Verfassung, Art. 4, Rn. 4.
[637] Berlit, NVwZ 1994, S. 11 (15).

rufswahl und freien Wahl der Ausbildungsstätte gemäß Art. 3 Abs. 2 S. 1 NdsVerf sowie dem Grundrecht der allgemeinen Handlungsfreiheit gemäß Art. 3 Abs. 2 S. 1 NdsVerf i. V. m. Art. 2 Abs. 1 GG.[638] Der Staatsgerichtshof macht darauf aufmerksam, dass die Schüler bei der Verwirklichung ihres Rechts auf Bildung darauf angewiesen sind, unter der Aufsicht des Landes stehende Einrichtungen in Anspruch zu nehmen.[639] *Starck* geht davon aus, dass die Verfassung entgegen dem apodiktischen Wortlaut in Art. 4 Abs. 1 NdsVerf in Wirklichkeit ein Recht auf Bildung nur nach Maßgabe der jeweiligen Begabung und Fähigkeit gewährleisten könne, wobei wichtig sei, dass dieses Recht unabhängig von der Herkunft und wirtschaftlichen Lage gewährleistet wird.[640]

Berlit weist darauf hin, dass Art. 4 Abs. 1 NdsVerf sich nicht nur auf junge Menschen beschränkt und sich daher auch auf Maßnahmen der Erwachsenenbildung erstreckt.[641] Der Begriff „Bildung" ist ein unbestimmter Rechtsbegriff und wird in der Niedersächsischen Verfassung nicht näher erläutert.[642] Der Landesgesetzgeber hat jedoch im Rahmen seiner Befugnis im Niedersächsischen Schulgesetz Bildungsziele bezüglich des Bildungsauftrags der Schule aufgestellt. Das Schulgesetz dient gemeinsam mit den bereits in Art. 4 Abs. 2 und Abs. 3 NdsVerf bestehenden Regelungen zum Schulwesen der Verwirklichung des Rechts auf Bildung.[643]

ee) Die Verfassung von Nordrhein-Westfalen

Art. 8 Abs. 1 NRWVerf befindet sich innerhalb des zweiten Teils der Verfassung im dritten Abschnitt, der „Schule, Kunst und Wissenschaft, Sport, Religion und Religionsgemeinschaften" regelt. Zuvor werden in diesem Abschnitt in Art. 7 NRWVerf die Erziehungsziele aufgeführt.

Nach *Dästner* hat Art. 8 Abs. 1 NRWVerf die Bedeutung einer Staatszielbestimmung. Zwar begründe die Norm kein einklagbares Recht auf jede gewünschte Erziehung und Bildung, verstärke aber die Rechtsstellung der Kinder auf gleichen Zugang zu den öffentlichen Bildungseinrichtungen.[644] *Martina* und andere ordnen Art. 8 Abs. 1 S. 1 NRWVerf dagegen rechtssystema-

638 Nds.StGHE 1, 221 (245).
639 Nds.StGHE 1, 221 (246).
640 Starck, NdsVBl. 1994, S. 2 (8).
641 Berlit, NVwZ 1994, S. 11 (15).
642 H. Neumann, Die niedersächsische Verfassung, Art. 4, Rn. 5.
643 Berlit, NVwZ 1994, S. 11 (15).
644 Dästner, Art. 8, Rn. 1.

tisch als grundrechtsgleiches Recht ein.[645] Auch Kühne verweist auf den Grundrechtscharakter der Norm sowie auf den Einklang dieser Auffassung mit der Rechtsprechung.[646] Dabei müsse allerdings der Vorbehalt des Möglichen beachtet werden.[647] Zudem konkretisiert Art. 8 Abs. 3 NRWVerf die sich aus Art. 8 Abs. 1 NRWVerf ergebende Verpflichtung, indem er dem Land und den Gemeinden auferlegt, Schulen zu errichten und zu fördern.

Entgegen seinem Wortlaut steht der Anspruch auf Bildung aus Art. 8 Abs. 1 S. 1 NRWVerf nicht nur Kindern bis zur Volljährigkeit zu, sondern allen jungen Menschen, deren Ausbildung noch nicht abgeschlossen ist.[648] Innerhalb der Systematik des Art. 8 NRWVerf ist der Kindesanspruch aber „primärstes Postulat", d. h. wie generell bei Art. 6 Abs. 2 GG oberste Richtschnur im Sinne einer objektiven Wertvorgabe.[649]

Im Gegensatz zu anderen Landesverfassungen, die den einen oder den anderen Begriff zum Grundwort gemacht haben, geht Art. 8 Abs. 1 S. 1 NRWVerf von einem Nebeneinander von Bildung und Erziehung aus.[650]

ff) Die Verfassung von Baden-Württemberg

Am Anfang des Dritten Abschnitts (Erziehung und Unterricht) des Ersten Hauptteils der Verfassung von Baden-Württemberg steht in Art. 11 BaWüVerf das Recht auf Erziehung und Ausbildung. Dessen „Grundsatz" in Abs. 1 bezieht sich auf das gesamte Erziehungs- und Ausbildungswesen im Land und umfasst daher Vorschulerziehung und Kindergarten, das Schulwesen, Hochschulen, Berufsakademien und sonstige Berufsausbildung.[651] Dies wird auch daran deutlich, dass der Verwaltungsgerichtshof für Baden-Württemberg die Verfassungsmäßigkeit der Erhebung von Kindergartengebühren am Maßstab des Art. 11 BaWüVerf prüft.[652]

Nach *Birn* stellt das Recht auf eine der Begabung entsprechende Erziehung und Ausbildung ein echtes Grundrecht dar; nach seinem Wortlaut verleihe Art. 11 Abs. 1 BaWüVerf ein subjektives öffentliches Recht. Damit sei frei-

645 Martina, S. 97; Peters, DVBl. 1950, S. 449 (450); Bertrams, NWVBl. 1990, S. 181 (182); OVG Münster, NVwZ-RR 1990, S. 23 (24); OVG Münster, NVwZ 1984, S. 804 (805, 806) bzgl. des Elterngrundrechts.
646 Kühne, in: Geller-Kleinrahm, Art. 8, Anm. 2 a) aa).
647 Martina, S. 97 mit Verweis auf NRW OVGE 34, 211 (213); BVerfGE 33, 303 (333).
648 Dästner, Art. 8, Rn. 1.
649 Kühne, in: Geller-Kleinrahm, Art. 8, Anm. 2 a) aa); vgl. BVerfGE 59, 360 (376).
650 Kühne, in: Geller-Kleinrahm, Art. 8, Anm. 1 b) aa).
651 Braun, Art. 11, Rn. 1.
652 VGH BaWü, ESVGH 34, 274 (275, 282).

lich noch nicht gesagt, dass im Einzelfall ein Anspruch auf eine bestimmte staatliche Förderungsmaßnahme besteht.[653] *Endemann* sieht in Art. 11 Abs. 1 BaWüVerf sowohl ein Individualgrundrecht als auch ein objektives Gestaltungsgebot, gibt allerdings zu, dass die Reichweite dieses sozialen Grundrechts unsicher sei.[654] Nach *Feuchte* gewährt Art. 11 Abs. 1 BaWüVerf ein subjektives Recht und ist zugleich Element der objektiven Wertordnung.[655] Allerdings sei der Inhalt des subjektiven Rechts erst durch die Konkretisierung durch ein Gesetz zu klären.[656]

Nach *Braun* enthält Art. 11 Abs. 1 BaWüVerf hingegen keinen individuellen Rechtsanspruch auf Bereitstellung der für den Einzelnen geeigneten und zeitgemäßen Bildungseinrichtungen.[657] Dies folge daraus, dass dem Recht auf Bildung in Art. 11 Abs. 2 und 4 BaWüVerf der Organisations- und Gestaltungsfreiraum des Staates zur Seite gestellt ist.[658] Allerdings habe der Einzelne einen Anspruch auf Zugang zu geschaffenen Einrichtungen, soweit er die entsprechenden Voraussetzungen erfülle.[659] Ansonsten enthalte Art. 11 Abs. 1 BaWüVerf als Teil der objektiven Rechts- und Wertordnung der Landesverfassung ein unmittelbar bindendes Verfassungsgebot, das als Staatszielbestimmung bezeichnet werden könne und über einen bloßen Programmsatz im Sinne einer Orientierungshilfe hinausgehe.[660] Im Übrigen bekräftige Art. 11 Abs. 2 BaWüVerf die Rechtsqualität des Abs. 1 als die staatlichen Gewalten unmittelbar bindendes Verfassungsgebot für das staatliche Schulwesen, ein solches Verfassungsgebot gelte aber auch für die übrigen Bereiche der Erziehung und Ausbildung.[661]

Der Staatsgerichtshof für Baden-Württemberg ließ in einem Urteil aus dem Jahre 1969 keinen Zweifel daran, dass es sich bei Art. 11 BaWüVerf nicht um einen bloßen Programmsatz, sondern um ein klares Verfassungsgebot für die Legislative und Exekutive handele; dies ergebe sich eindeutig aus Art. 11 Abs. 2 BaWüVerf. Der Staatsgerichtshof spricht insoweit von Art. 11 Ba-

---

653 Birn, S. 62.
654 Endemann, in: Landeszentrale für politische Bildung Baden-Württemberg (Hrsg.), S. 67 (79).
655 Feuchte, in: Feuchte, Art. 11, Rn. 4, 11.
656 Feuchte, in: Feuchte, Art. 11, Rn. 9, 4.
657 Braun, Art. 11, Rn. 7 mit Verweis auf BVerfG NJW 1976, S. 864 (864), wo es jedoch um die Vereinbarkeit mit Art. 2 Abs. 1 GG, Art. 6 Abs. 2 S. 1 GG geht.
658 Braun, Art. 11, Rn. 7; VGH BaWü, ESVGH 26, 216 (223).
659 Braun, Art. 11, Rn. 7.
660 Braun, Art. 11, Rn. 2; vgl. StGH BaWü ESVGH 20, 1 (3); VGH BaWü, ESVGH 26, 216 (222).
661 Braun, Art. 11, Rn. 3.

WüVerf als einem „Verfassungsbefehl"[662]. Da gemäß Art. 2 Abs. 1 BaWü-Verf die Grundrechte des Grundgesetzes in die Verfassung von Baden-Württemberg übernommen wurden, schließt der Verfassungsbefehl des Art. 11 BaWüVerf auch den Gleichheitsgrundsatz aus Art. 3 GG ein.[663]

Über den Umfang des Rechts auf Bildung im Sinne des Art. 11 Abs. 1 Ba-WüVerf äußert sich der Verwaltungsgerichtshof von Baden-Württemberg dahingehend, dass sich daraus allenfalls ein Anspruch gegen den Staat auf Einhaltung der von ihm selbst festgelegten und bereits erprobten Standards ableiten lässt, welche die Qualität des Schulunterrichts bestimmen. Ein Anspruch auf die Erprobung neuer Schul- und Unterrichtsformen sowie auf die Fortführung eines begrenzten Schulversuchs lässt sich daraus jedoch nicht ableiten.[664] Der Verfassungsauftrag in Art. 11 Abs. 3 BaWüVerf, die erforderlichen Finanzmittel bereitzustellen, konkretisiert die Pflicht des Landes zur Verwirklichung des Abs. 1. Allerdings läuft Art. 11 Abs. 3 BaWüVerf insofern leer, als der Bund die Regelung von Ausbildungsbeihilfen gemäß Art. 74 Abs. 1 Nr. 13 GG an sich zieht.[665]

gg) Die Verfassung von Brandenburg

Die Verfassung von Brandenburg widmet dem Bereich „Bildung, Wissenschaft, Kunst und Sport" einen eigenen Abschnitt (6. Abschnitt) innerhalb des zweiten Hauptteils der Verfassung. An der Spitze dieses Abschnitts steht Art. 28 BrdbgVerf, welcher die Grundsätze der Erziehung und Bildung festlegt. Anschließend folgt in Art. 29 BrdbgVerf das Recht auf Bildung. Das eigentliche Recht auf Bildung (Art. 29 Abs. 1 BrdbgVerf) wird von dem teilhaberechtlichen Anspruch auf gleichen Zugang zu staatlichen Bildungseinrichtungen (Art. 29 Abs. 3 BrdbgVerf) sowie dem Themenkreis der Erwachsenenbildung (Art. 33 Abs. 1 BrdbgVerf) inhaltlich separiert und damit differenziert. Trotzdem wird es, anders als die übrigen Sozialbestimmungen, in der Formulierung eines subjektiv-öffentlichen Rechts garantiert. Daraus lässt sich allerdings nicht schließen, dass Art. 29 Abs. 1 BrdbgVerf ein gerichtlich einklagbares subjektives Recht auf Bereitstellung individuell begehrter Ausbildungs- bzw. Bildungsangebote gebe.[666] Dass der Verfassungs-

---

[662] StGH BaWü, ESVGH 20, 1 (3); so auch VGH BaWü, ESVGH 26, 216 (222); VGH BaWü, ESVGH 34, 274 (282).

[663] StGH BaWü ESVGH 20, 1 (3); ähnlich auch Feuchte, in: Feuchte, Art. 11, Rn. 13, wonach Art. 11 Abs. 1 BaWüVerf auch eine Konkretisierung des allgemeinen Gleichheitsrechts darstellt.

[664] VGH BaWü ESVGH 26, 216 (223).

[665] Braun, Art. 11, Rn. 9.

[666] Dietlein, S. 153, 154.

geber einen solchen Anspruch auf Bildung nicht im Sinn hatte, ergibt sich auch aus der Entstehungsgeschichte der Norm.[667] Art. 29 Abs. 1 BrdbgVerf soll vielmehr als Verpflichtung des Landes verstanden werden und ist demgemäß lediglich als objektive Staatszielbestimmung aufzufassen.[668]

Art. 29 Abs. 2 BrdbgVerf konkretisiert das in Abs. 1 normierte Staatsziel, in dem er das Land verpflichtet, öffentliche Bildungseinrichtungen zu schaffen und berufliche Ausbildungssysteme zu fördern. Art. 29 Abs. 3 S. 1BrdbgVerf gewährt das Recht auf gleichen Zugang zu den öffentlichen Bildungseinrichtungen, aber kein subjektives Recht auf Zugang. Damit ist Art. 29 Abs. 1 S. 3 BrdbgVerf kein positives Leistungsrecht, sondern lediglich ein Gleichheitsrecht, welches ausschließlich Schutz vor willkürlicher staatlicher Ungleichbehandlung bei der Zulassung zu öffentlichen Bildungseinrichtungen gewährt.[669]

Art. 29 Abs. 3 S. 2 BrdbgVerf nimmt den Staat in die Pflicht, Begabte, sozial Benachteiligte und behinderte Menschen besonders zu fördern, d.h. entsprechende Einrichtungen zu schaffen sowie den Betroffenen den Zugang zu ihnen zu ermöglichen.[670] Auch hierbei handelt es sich nicht um ein subjektives öffentliches Recht.

hh) Die Verfassung von Sachsen-Anhalt

Nach Art. 25 SaAnhVerf hat jeder junge Mensch ohne Rücksicht auf seine Herkunft und wirtschaftliche Lage das Recht auf Erziehung und Ausbildung. Dieser Art. 25 SaAnhVerf befindet sich im zweiten Abschnitt der Verfassung, welcher die Überschrift „Einrichtungsgarantien“ trägt. Dies steht im Gegensatz zu der systematischen Stellung der anderen sozialen Grundrechte (z. B. für die Bereiche Arbeit und Wohnung), welche sich im Abschnitt „Staatsziele“ befinden. Der Abschnitt Einrichtungsgarantien fasst jedoch in der Verfassung von Sachsen-Anhalt zugleich die Einrichtungen zusammen, die einen verstärkt sozialen Bezug haben, so dass dem Abschnitt eine innere Sachlogik nicht abzusprechen ist.[671]

Mahnke stuft Art. 25 Abs. 1 SaAnhVerf als grundrechtsgleiches Recht ein, gegen dessen Verletzung gemäß Art. 75 Nr. 6 SaAnhVerf Verfassungsbe-

---

667 Nähere Ausführungen dazu finden sich bei Riepe, S. 209.
668 Riepe, S. 210.
669 Riepe, S. 211.
670 Riepe, S. 211.
671 Mahnke, vor Art. 24.

schwerde vor dem Landesverfassungsgericht erhoben werden kann.[672] Nach *Reich* handelt es sich dagegen um eine objektive Norm, welche eine Wertordnung statuiert. Diese sei nicht nur im Zusammenhang mit der sozialen Sicherung, sondern auch mit der kulturellen Förderung der Jugendlichen zu verstehen und vermittele eine Teilhabe an staatlichen Leistungen.[673] Da Teilhaberechte jedoch unter dem Vorbehalt des Möglichen stehen, können Begabungs- und Fähigkeitsgrenzen vom Staat vorgegeben werden.[674] Dabei müsse „Begabung" eher als die angeborene und „Fähigkeit" eher als die entwickelte Möglichkeit zur Inanspruchnahme der staatlichen Leistung verstanden werden.[675]

Nach *Reich* wird mit dem Begriffspaar „Erziehung und Ausbildung" korrespondierend mit der Überschrift „Bildung und Schule" festgehalten, dass sich der Staat nicht nur auf eine berufsbezogene Ausbildung junger Menschen beschränken soll, sondern trotz der grundrechtlich gesicherten Stellung der Eltern auch ein Recht zur Erziehung besitzt, wenn dadurch die Begabung und Fähigkeit gefördert werden kann.[676] Unter Erziehung kann dabei das Bemühen um die seelisch-geistige Entwicklung verstanden werden, wie sich auch aus
Art. 27 Abs. 1 SaAnhVerf ergibt.[677] Mit der Einschränkung „ohne Rücksicht auf seine Herkunft und wirtschaftliche Lage" wird deutlich gemacht, dass die Vermögensverhältnisse der Eltern keine Rolle spielen sollen.[678]

Im Einzelnen regeln die §§ 33 ff. des Schulreformgesetzes für das Land Sachsen-Anhalt vom 11. Juni 1991 das Recht auf Bildung sowie den Bildungsweg.[679]

ee) Die Verfassung von Thüringen

Durch das Recht auf Bildung in Art. 20 ThürVerf wird die bildungspolitische Chancengleichheit eingelöst.[680] Da jeder nach Maßgabe der Gesetze freien und gleichen Zugang zu den öffentlichen Bildungseinrichtungen hat, ist das soziale Grundrecht auf Bildung nur nach Maßgabe konkreter gesetzlicher

672 Mahnke, Art. 25, Rn. 2.
673 Reich, Art. 25, Rn. 1.
674 Reich, Art. 25, Rn. 1.
675 Reich, Art. 25, Rn. 1.
676 Reich, Art. 25, Rn. 1.
677 Reich, Art. 25, Rn. 1.
678 Reich, Art. 25, Rn. 1.
679 Mahnke, Art. 25, Rn. 2.
680 Würtenberger/Beck, in: Schmitt (Hrsg.), Thüringen, eine politische Landeskunde, S. 85 (90).

Ausgestaltung gewährt.[681] Dabei verbleiben Legislative und Exekutive weitreichende Freiheiten; sie müssen jedoch ausreichend Vorkehrungen treffen, um dem Einzelnen unter Berücksichtigung seiner Eignung die Chance einer bildungsmäßigen und beruflichen Entfaltung zu gewährleisten.[682] Aus Art. 20 S. 1 ThürVerf folgt trotz seines Wortlauts kein Rechtsanspruch des Einzelnen, sondern ein zentrales Staatsziel.[683] *Jutzi* bezeichnet Art. 20 S. 1 ThürVerf daher aufgrund seiner Formulierung als „Sündenfall eines sog. Sozialen Grundrechts“[684]. Nach *Jutzi* muss hingegen Art. 20 S. 2 ThürVerf trotz seiner objektiv-rechtlichen Gewährleistungsformulierung als subjektives Recht interpretiert werden, welches allerdings unter dem Vorbehalt des Möglichen steht.[685] Danach darf der Zugang zu den Bildungseinrichtungen nicht von gesellschaftlichen, wirtschaftlichen oder politischen Umständen abhängig gemacht werden. Mit Rücksicht auf Privatschulen gilt Art. 20 S. 2 ThürVerf ausdrücklich für öffentliche Bildungseinrichtungen und nach Maßgabe der Gesetze, welche z. B. Beschränkungen für die Zulassung zum Hochschulstudium vorsehen können. Diese sind jedoch erst dann relevant, wenn bei Ausschöpfung sämtlicher Ausbildungskapazitäten Studienbewerber übrig sind.[686]

Gemäß Art. 20 S. 3 ThürVerf werden auch die Begabten besonders gefördert. Nach *Würtenberger/Beck* wird diese Elitenförderung vielfach missverstanden. Sie gehöre jedoch zu den bildungspolitischen Aufgaben eines modernen Staates, der sich um wissenschaftliche, kulturelle, ökonomische und ökologische Leistungen bemüht und der den allgemeinen Wohlstand nur durch ein hohes Bildungs- und Leistungsniveau sichern könne. Daher zähle Art. 20 S. 3 ThürVerf zu „jenen verfassungsrechtlichen Neuschöpfungen, die die realen Voraussetzungen des Kultur- und Sozialstaates sichern“.[687] Auch Art. 20 Abs. 3 ThürVerf gewährt kein subjektives Recht, sondern enthält lediglich einen Verfassungsauftrag zur besonderen Förderung von Begabten, Behinderten und sozial Benachteiligten. Dies ist Ausdruck des Bemühens um Chancengleichheit und soll mit der besonderen Förderung bestimmter Personengruppen nicht die Chancen anderer schmälern.[688] *Jutzi* wendet in diesem

---

681 Würtenberger/Beck, in: Schmitt (Hrsg.), Thüringen, eine politische Landeskunde, S. 85 (90); Huber, in: Schmitt (Hrsg.), Die Verfassung des Freistaats Thüringen, S. 69 (86).
682 Hopfe, in: Linck/Jutzi/Hopfe, Art. 20, Rn. 4 mit Verweis auf BayVerfGHE 28, 99 (102).
683 Hopfe, in: Linck/Jutzi/Hopfe, Art. 20, Rn. 3.
684 Jutzi, ThürVBl. 1995, S. 54 (55).
685 Jutzi, ThürVBl. 1995, S. 54 (55), Hopfe, in: Linck/Jutzi/Hopfe, Art. 20, Rn. 4.
686 Hopfe, in: Linck/Jutzi/Hopfe, Art. 20, Rn. 5; Huber, in: Schmitt (Hrsg.), Die Verfassung des Freistaats Thüringen, S. 69 (86).
687 Würtenberger/Beck, in: Schmitt (Hrsg.), Thüringen, eine politische Landeskunde, S. 85 (90).
688 Hopfe, in: Linck/Jutzi/Hopfe, Art. 20, Rn. 6.

Zusammenhang ein, dass sich die Frage stellt, was eine solche Formulierung in der Verfassung dann bezwecken solle.[689]

Das Staatsziel Bildung steht prinzipiell auf einer Stufe neben anderen Staatszielen. Allerdings kann es insbesondere durch Art. 2 ThürVerf Grenzen und Modifikationen erfahren, so dass also die Gleichheit vor dem Gesetz bei allen Regelungen beachtet werden muss.[690]

b) Formulierung als Staatszielbestimmung: Die Verfassung von Sachsen

Eindeutig als Staatszielbestimmung formuliert lediglich die Verfassung von Sachsen das Recht auf Bildung.

Ebenso wie das Recht auf Arbeit und das Recht auf angemessenen Wohnraum ist auch das Recht auf Bildung in der Sächsischen Verfassung in Art. 7 Abs. 1 mit dem Recht eines jeden Menschen auf ein menschenwürdiges Dasein gekoppelt. Dabei ist das Recht auf Bildung allgemein zu verstehen. Es wird durch die Bestimmungen des 9. Abschnitts (Das Bildungswesen) der Sächsischen Verfassung näher konkretisiert. Es umfasst das Recht auf Schulbildung, welches vom Land Sachsen nach Art. 102 Abs. 1 SächsVerf gewährleistet wird. Daneben sind auch die Berufsbildung und die Erwachsenenbildung vom Recht auf Bildung umfasst. Diese Bereiche sind nach Art. 106 und Art. 108 SächsVerf zu fördern. Das Recht auf Bildung in Art. 7 Abs. 1 SächsVerf ist, da es direkt aus der Menschenwürde abgeleitet wird, eine inhaltliche Vorgabe für die in Abschnitt 9 enthaltenen Gewährleistungs- und Förderpflichten des Landes.[691] Ein subjektives Recht wird dadurch jedoch nicht gewährt, ein solches gibt Art. 29 Abs. 2 SächsVerf, der den gleichen Zugang zu allen öffentlichen Bildungseinrichtungen als Grundrecht gewährt.[692] Nach *Degenhart* steht das Recht auf Bildung – im Gegensatz zu den sonstigen Staatszielen – unter dem Vorbehalt des Möglichen, vielmehr sind die für die Gewährleistung der schulischen Belange notwendigen Mittel vom Staat bereitzustellen.[693]

---

689 Jutzi, ThürVBl. 1995, S. 54 (55).
690 Jutzi, ThürVBl. 1995, S. 54 (56).
691 Kunzmann, in: Kunzmann/Haas/Baumann-Hasske, Art. 7, Rn. 14.
692 Degenhart, in: Degenhart/Meissner, § 6, Rn. 14.
693 Degenhart, in: Degenhart/Meissner, § 6, Rn. 14.

c) Sonstige Formulierungen

Einige Landesverfassungen normieren zwar nicht ausdrücklich ein Recht auf Bildung, räumen dem Bereich Bildung aber dennoch einen Platz in der Verfassung ein, indem sie z. B. die Unentgeltlichkeit des Unterrichts festschreiben oder Regelungen zu Bildungs- und Erziehungszielen sowie der Organisation des Unterrichts enthalten.

aa) Die Verfassung von Mecklenburg-Vorpommern

In der Verfassung von Mecklenburg-Vorpommern findet sich das Recht auf Chancengleichheit im Bildungswesen in Art. 8. Als einziges der neuen Bundesländer hat Mecklenburg-Vorpommern das Recht auf Bildung nicht in die Verfassung aufgenommen. Im Gegensatz zu den anderen sozialen Grundrechten in der Verfassung von Mecklenburg-Vorpommern befindet sich Art. 8 MeckPomVerf nicht im Abschnitt „Staatsziele", sondern im Abschnitt „Grundrechte". Das Prinzip der Chancengleichheit ist denn auch vielmehr ein Anwendungsfall des allgemeinen Gleichheitssatzes (Art. 5 Abs. 3 MeckPomVerf). Da Rechtsgleichheit jedoch noch keine Startgleichheit schaffe, ziele die Forderung nach Chancengleichheit auf Angleichung der tatsächlichen Verhältnisse.[694] Eine Entscheidung darüber, ob eine Regelung zur Schülerbeförderung gegen das durch Art. 8 MeckPomVerf verankerte Recht auf Chancengleichheit im Bildungswesen verstößt, hat das Landesverfassungsgericht Mecklenburg-Vorpommern nicht treffen müssen, da es die entsprechende Verfassungsbeschwerde als unzulässig beurteilte.[695] Das Recht auf Bildung an sich taucht in § 1 Abs. 1 des Schulgesetzes von Mecklenburg-Vorpommern auf, wonach jeder ein Recht auf schulische Bildung hat. Anschließend an diese einfachgesetzliche Normierung wird das Schulwesen geregelt. Unterschiede zu anderen Ländern, die auf der Stellung des Rechts auf Bildung im Schulgesetz anstatt der Verfassung beruhen, sind nicht ersichtlich.

bb) Die Verfassung von Hessen

Die Hessische Verfassung enthält explizit kein Recht auf Bildung. Ob ein solches dennoch aus der Verfassung abgeleitet werden kann, ist umstritten. Nach der Rechtsprechung des Hessischen Staatsgerichtshofs kann es dahin gestellt bleiben, ob aus Art. 2 Abs. 1 HessVerf (allgemeine Handlungsfrei-

---

694 Pirsch, in: Thiele/Pirsch/Wedemeyer, Art. 8, Rn 1.

695 LVerfG MeckPom, LVerfGE 9, 225 (232).

heit) ein Recht auf Bildung abgeleitet werden kann.[696] Auf junge Menschen angewandt, erscheine dieses Grundrecht als Recht auf eine in den verfassungsmäßigen Grenzen möglichst ungehinderte Entfaltung der Persönlichkeit und damit ihrer Anlagen und Befähigungen.[697] Gehe man davon aus, dass die Sicherung einer sozialgebundenen Entfaltungsfreiheit ebenso wie die Achtung und der Schutz der Menschenwürde nicht nur negative Freiheitsrechte, sondern Staatszwecke des freiheitlichen, demokratischen und sozialen Rechtsstaates seien, so liege es nahe, im Recht von Kindern, Jugendlichen und jungen Erwachsenen auf Entwicklung ihrer körperlichen, geistigen und seelischen Kräfte entsprechend ihrer Wesensart ein Recht auf Bildung zu sehen.[698] Letztlich wurde die Entscheidung darüber, ob ein Recht auf Bildung tatsächlich aus Art. 2 Abs. 1 HessVerf abgeleitet werden kann, unter Hinweis auf die Rechtsprechung des Bundesverfassungsgerichts offen gelassen.[699]

Nach *Groß* muss das Recht auf Bildung aus der Würde des Menschen und damit aus Art. 3 Abs. 1 HessVerf abgeleitet werden, zumal das Recht auf Bildung in den Vorschriften über Erziehung und Schule der Art. 55 ff. HessVerf nur für Jugendliche gesichert sei.[700] Trotzdem hat der Hessische Staatsgerichtshof immer wieder zum Bereich Bildung entschieden. Nach der Rechtsprechung aus dem Jahr 1956 gehört Art. 59 Abs. 1 HessVerf (Unentgeltlichkeit des Unterrichts) zu den sozialen Grundrechten. Diese seien in höherem Maße als die klassischen Grundrechte der Differenzierung zugänglich und einschränkend zu interpretieren, um dem Gesetzgeber bei der Ausgestaltung nicht über Gebühr die Hände zu binden.[701] Die Einschränkungen für den Wirkungsbereich müssen allerdings zweckmäßig, notwendig und zumutbar sein.[702] Das hessische Beispiel zeigt, dass nicht zwingend ein Recht auf Bildung in der Verfassung verankert sein muss, damit sich die Politik, aber auch der Staatsgerichtshof mit diesem Thema auseinandersetzt.

Das Recht auf Bildung außerhalb der Schule und damit die Würde des Menschen nach Art. 3 HessVerf verwirklichen insbesondere das Gesetz über Volkshochschulen, das Erwachsenenbildungsgesetz und das Jugendbildungsförderungsgesetz. Mit diesen Gesetzen soll dazu beigetragen werden, das regionale und soziale Gefälle in der Weiterbildung abzubauen und ausgewo-

---

696 HessStGH, ESVGH 32, 1 (1), LS 7; vgl. auch die Diskussion darüber, ob aus Art. 2 Abs. 1 GG ein Recht auf Bildung abgeleitet werden kann (siehe Drittes Kapitel, IV. 7 a)).
697 HessStGH, ESVGH32, 1 (14) mit Verweis auf BVerfGE 45, 400 (417).
698 HessStGH, ESVGH 32, 1 (14); vgl. Stein, S. 3 ff.
699 HessStGH, ESVGH 32, 1 (14, 15).
700 Groß, in: Heidenreich/Böhme, S. 365 (377).
701 HessStGH, ESVGH 11, 17 (17, 18), LS 2. a).
702 HessStGH, ESVGH 27, 30 (30), LS 3.

gene und den Bildungsbedürfnissen entsprechende Bildungsangebote zu schaffen.[703] Nach dem Jugendbildungsförderungsgesetz haben Träger der außerschulischen Jugendbildung wie Gemeinden und Gemeindeverbände, Jugendverbände auf Landesebene und Zusammenschlüsse der genannten Organisationen Anspruch auf Förderung durch das Land.[704]

cc) Die Verfassung des Saarlandes

Die Saarländische Verfassung widmet dem Bereich „Erziehung, Unterricht, Volksbildung, Kulturpflege" einen eigenen Abschnitt. Am Beginn stehen die Ziele von Unterricht und Erziehung, gefolgt von Regelungen zur Organisation des Schulwesens. Ein Recht auf Bildung folgt daraus jedoch nicht.

dd) Die Verfassung von Rheinland-Pfalz

Die Verfassung von Rheinland-Pfalz enthält in Art. 31 die Forderung, dass jedem Menschen zu einer seiner Begabung entsprechenden Ausbildung verholfen werden soll. Dieser Artikel befand sich unverändert auch in der alten Verfassung von Rheinland-Pfalz. Er steht im Abschnitt „Schule, Bildung und Kulturpflege" innerhalb des ersten Hauptteils („Grundrechte und Grundpflichten"). Art. 31 RhPfVerf ergänzt die übrigen landesverfassungsrechtlichen Regelungen zum Schul- und Bildungswesen nach *Hennecke* um zwei Dimensionen: Zum einen komme zum Ausdruck, dass im öffentlichen Schulwesen der junge Mensch selbst Subjekt sei, um dessen Erziehung, Bildung und Ausbildung es gehe. Zum anderen enthalte Art. 31 RhPfVerf einen sozialstaatlichen Auftrag, da erst Bildungsqualifikationen die volle Entfaltung der Persönlichkeit ermöglichen und in der Regel mit sozialem Aufstieg verbunden seien. Durch eine entsprechende öffentliche Finanzierung werde dies möglich gemacht.[705]

Sowohl in Art. 31 Abs. 1 als auch in Abs. 2 RhPfVerf wird der Begriff „Begabung" verwendet, allerdings mit unterschiedlicher Bedeutung. Während in Abs. 1 jedem aufgrund seiner unterschiedlichen individuellen Begabung zu einer entsprechenden Ausbildung verholfen werden soll, ist in Abs. 2 eher die besondere Förderung von „Hochbegabten" angesprochen.[706]

---

[703] Groß, in: Heidenreich/Böhme, S. 365 (378).
[704] Vgl. Groß, in: Heidenreich/Böhme, S. 365 (378).
[705] Hennecke, in: Grimm/Caesar, Art. 31, Rn. 1-3.
[706] Hennecke, in: Grimm/Caesar, Art. 31, Rn. 5.

4. Berechtigte

In Art. 27 BremVerf wird der Begriff „jeder" benutzt. Damit beschränkt sich das Recht auf Bildung als Menschenrecht nicht auf deutsche Staatsbürger. Indem die Bayerische Verfassung in Art. 128 Abs. 1 „jeden Bewohner Bayerns" anspricht, umfasst sie auch Erwachsene und vor allem nicht nur bayerische oder deutsche Staatsangehörige.[707] Auch Art. 20 Abs. 1 BerlVerf umfasst mit der Formulierung „jeder Mensch" auch Ausländer, ebenso beschränkt sich die niedersächsische Regelung mit dieser Formulierung nicht auf deutsche Staatsbürger.[708] Die nordrhein-westfälische Verfassung spricht den Anspruch auf Erziehung und Bildung aufgrund des Wortes „jedes" auch ausländischen Kindern, die in Nordrhein-Westfalen leben, zu, womit Art. 8 Abs. 1 NRWVerf ein Jedermannsrecht ist.[709] Mit der Formulierung „jeder junge Mensch" steht das Recht auf Bildung und Erziehung gemäß Art. 25 Abs. 1 SaAnhVerf auch jungen Ausländern zu; allerdings muss als Vorbehalt unterstellt werden, dass ein Wohnsitz im Land besteht.[710] Außerdem sind davon Kinder und Jugendliche gleichermaßen umfasst.[711]

Nach der früheren Rechtsprechung des Hessischen Staatsgerichtshofs zu Art. 59 Abs. 1 HessVerf sind soziale Grundrechte in der Regel auf ein politisches Gemeinwesen bezogen und können deshalb im Allgemeinen Ausländern nicht zugestanden werden.[712] Später korrigierte der Hessische Staatsgerichtshof diese Entscheidung jedoch in dem Sinne, dass eine Beschränkung der Prüfung des Gesetzes über Unterrichts- und Lernmittelfreiheit anhand von Art. 59 HessVerf auf Deutsche dem Sinn und der Zielsetzung des Gesetzes nicht entspreche.[713]

Ausländische Studienbewerber können jedoch auf ein landesrechtlich verbürgtes Recht auf Bildung keinen Anspruch auf Zulassung zum Studium stützen, da das Zulassungsverfahren zum Hochschulstudium gemäß § 32 Abs. 2 S. 1 Nr. 1 Hochschulrahmengesetz bundesrechtlich geregelt ist und der in diesem Zusammenhang entscheidende Art. 12 GG ein Deutschengrundrecht ist.[714]

---

707 Nawiasky/Leusser, Art. 128, S. 209.
708 Stöhr, in: Pfennig/Neumann, Art. 20, Rn. 4; H. Neumann, Die niedersächsische Verfassung, Art. 4, Rn. 3.
709 Dästner, Art. 8, Rn. 1; Kühne, NWVBl. 1996, S. 325 (327).
710 Vgl. Mahnke, Art. 25, Rn. 2; Reich, Art. 25, Rn. 1.
711 Reich, Art. 25, Rn. 1.
712 HessStGH, ESVGH 11, 17 (18) LS 2. b).
713 HessStGH, ESVGH 27, 30 (33).
714 Quaritsch, in: HbdStR, Bd. V, § 120, Rn. 11.

Durch die Formulierung „jeder Mensch“ wird betont, dass der Zugang zu Bildung nicht von sachfremden Kriterien wie der wirtschaftlichen Leistungsfähigkeit oder der Herkunft abhängig gemacht werden darf.[715] Für den Bereich des Rechts auf Bildung ist besonders die teilweise Beschränkung auf Kinder, bzw. Jugendliche zu beachten.

5. Verpflichtungsadressaten

Verpflichtet, das Recht auf Bildung umzusetzen, sind die Länder. Da ihnen in großem Ausmaß die Gesetzgebungskompetenz zusteht, ist hier vor allem der Landesgesetzgeber in die Pflicht genommen. Aber auch Verordnungs- und Satzungsgeber sowie die Verwaltung, die z. B. für ein geordnetes Schulwesen im Rahmen der Schulaufsicht zuständig ist, sind hier angesprochen.

6. Sonstige Normen im Bereich Bildung

Etliche Verfassungen enthalten ausdrücklich eine Begabtenförderung.[716] Diese soll dazu beitragen, durch ein hohes Bildungs- und Leistungsniveau den allgemeinen Wohlstand zu sichern, ohne jedoch die Chancen anderer zu schmälern.[717] In vielen Verfassungen taucht auch die Erwachsenenbildung als besonders förderungswürdig auf.[718] Zur Verwirklichung dessen ist insbesondere auf die Weiterbildungsgesetze der Länder hinzuweisen, die z. B. Bildungsurlaube regeln. Das Bundesverfassungsgericht hat in diesem Zusammenhang über die Kompetenz der Landesgesetzgeber, entsprechende Weiterbildungsgesetze zu erlassen, positiv entschieden, da der Bund von seiner Kompetenz im Rahmen der konkurrierenden Gesetzgebung keinen Gebrauch gemacht hat.[719]

---

715 Zivier, § 35.2.4.2.

716 Art. 128 Abs. 2 BayVerf, Art. 29 Abs. 3 S. 2 1. Alt. BrdbgVerf, Art. 31 Abs. 4 S. 1 BremVerf, Art. 6 Abs. 2 S. 2 NRWVerf, Art. 20 S. 3 ThürVerf, Art. 31 S. 2 RhPfVerf.

717 Vgl. Würtenberger/Beck, in: Schmitt (Hrsg.), Thüringen, eine politische Landeskunde, S. 85 (90); Hopfe, in: Linck/Jutzi/Hopfe, Art. 20, Rn. 6 für die ThürVerf.

718 Art. 22 BaWüVerf, Art. 139 BayVerf, Art. 33 BrdbgVerf, Art. 35 BremVerf, Art. 17 NRWVerf, Art. 108 SächsVerf, Art. 30 SaAnhVerf, Art. 29 ThürVerf, Art. 9 Abs. 3 SchlHlstVerf, vgl. auch Art. 32 SaarlVerf sowie Art. 37 RhPfVerf.

719 BVerfGE 77, 308 (329); 85, 226 (234).

7. Vereinbarkeit der landesverfassungsrechtlichen Regelungen mit Bundesrecht

Obwohl das Bildungswesen zu einem großen Teil in der Kompetenz der Länder liegt, müssen bundesrechtliche Regelungen betrachtet werden.

a) Verfassungsrecht

Ob aus dem Grundgesetz ein subjektives Grundrecht auf Bildung hergeleitet werden kann, ist umstritten. So kennt das Grundgesetz laut *Richter* kein Grundrecht auf Bildung im Sinne eines Individualanspruches gegen den Staat auf Bildung nach Maßgabe von Begabung und Interesse.[720]

Abelein hingegen leitet ein Recht auf Bildung aus dem Sozialstaatsprinzip des Art. 20 Abs. 1 GG und des Art. 28 Abs. 1 GG her. Danach gehöre die Voraussetzung für die jedem offenstehende Chance auf eine seiner Begabung entsprechende Bildung zu dem wesentlichen Inhalt des auf die Verwirklichung der sozialen Gerechtigkeit zielenden Sozialstaatsprinzips. Dabei stehe das Recht auf Bildung im Interesse jedes einzelnen Bürgers, da die Menschenwürde nicht nur die Gewährleistung des materiellen Existenzminimums, sondern die Bereitstellung entsprechender Bildungsmöglichkeiten für jeden Einzelnen verlange. Ebenso wie ein klagbarer Anspruch auf Fürsorge und Sozialhilfe könne daher auch ein Recht auf Bildung aus dem Sozialstaatsprinzip abgeleitet werden.[721]

Nach *Heymann* und *Stein* führt die sozialstaatliche Interpretation der Art. 7 Abs. 1 GG, Art. 12 Abs. 1 GG und Art. 5 Abs. 3 GG zu einem Grundrecht auf Bildung in einem die Schul-, Berufs- und Hochschulbildung umfassenden Sinn.[722] Zwar trage der Staat gemäß Art. 7 GG lediglich die Verantwortung für das gesamte Schulwesen, doch dürfe der Einzelne einer derartigen Pflichtigkeit des Staates nicht rechtlos gegenüberstehen und die Leistungen des Staates nur gnadenweise genießen, sondern habe einen Rechtsanspruch auf diejenigen Leistungen, zu denen der Staat rechtlich verpflichtet ist.[723] Insofern übernehmen *Heymann* und *Stein* hier die Argumentation *Abeleins*, führen aber weiter aus, dass auch die Wissenschaftsfreiheit ein Element

---

720 Vgl. Richter, in: AK, Art. 7, Rn. 38; so auch Ossenbühl, in: Staatslexikon, Bd. I, Sp. 800 (800).

721 Abelein, DÖV 1967, S. 375 (378); diese Ansicht wurde übernommen von F. Klein, in: Klein/Fabricius, S. 25.

722 Heymann/Stein, AöR 97(1972), S. 185 (195).

723 Heymann/Stein, AöR 97 (1972), S. 185 (193).

des Anspruchs auf Bildung sei, sofern man sie sozialstaatlich auslege. Der entscheidende Aspekt dabei sei die in der Wissenschaftsfreiheit implizierte Pflicht des Staates, Hochschulen zu schaffen und zu finanzieren. Auch in diesem Bereich entsprächen dieser Verpflichtung entsprechende Rechte der hiervon betroffenen Einzelnen.[724] Art. 12 Abs. 1 GG komme Bedeutung zu, da der Staat durch seine eigene Gesetzgebung gewisse Ausbildungsabschlüsse zur Voraussetzung für das Ergreifen bestimmter Berufe mache. Folglich habe er die Pflicht, die Ausbildungsgänge, sei es auf Hochschul- oder anderer Ebene, zu ermöglichen.[725] *Heymann* und *Stein* kommen letztlich zu dem Schluss, dass dem Grundgesetz ein ungeschriebenes Recht auf Bildung immanent sei.[726]

Zum Teil wird sogar Art. 2 Abs. 1 GG ein Recht auf Bildung entnommen.[727] Diese vom Bundesverwaltungsgericht ohne weitere Ausführungen gemachte Aussage wurde jedoch in einem späteren Urteil wieder korrigiert, in welchem nur noch von „Elementen eines Rechts auf Bildung“ in Art. 2 Abs. 1 GG die Rede ist.[728] Danach wird also kein umfassendes Bildungsgrundrecht aus Art. 2 Abs. 1 GG entnommen.[729] Auch nach *Clevinghaus* bildet Art. 2 Abs. 1 GG eine der gewichtigsten inhaltlichen Grundsatznormen für die Ausgestaltung eines für alle freien Bildungswesens, da dort jedem das Recht auf freie Entfaltung seiner Persönlichkeit zugestanden werde.[730] Dem steht jedoch entgegen, dass Art. 2 Abs. 1 GG zwar als „Hauptfreiheitsrecht“ eine lückenschließende Auffangfunktion erfüllt[731], aber eben nicht für jegliche Form staatlichen Tätigwerdens herangezogen werden kann.[732] Das Bundesverfassungsgericht hat die Entscheidung darüber, ob das kindliche Entfaltungsrecht nach Art. 2 Abs. 1 GG auch Elemente eines Rechts auf Bildung enthalte, offengelassen.[733]

---

724 Heymann/Stein, AöR 97 (1972), S. 185 (194).
725 Heymann/Stein, AöR 97 (1972), S. 185 (194).
726 Heymann/Stein, AöR 97 (1972), S. 185 (188).
727 BVerwGE 47, 201 (206).
728 BVerwG BayVBl. 1979, S. 182 (182).
729 Kühne, NWVBl. 1996, S. 325 (327).
730 Clevinghaus, S. 152.
731 Murswiek, in: Sachs, Art. 2, Rn. 10; Dreier, in: Dreier, Art. 2, Rn. 23.
732 Vgl. Scholz, in: Maunz-Dürig, Art. 12, Rn. 118, der partielle Teilhaberechte im Bereich von Bildung und Ausbildung im Rahmen der Berufsfreiheit ggf. über die sozialstaatliche Interpretation von Art. 2 Abs. 1 GG und Art. 3 Abs. 1 GG entwickelt sehen möchte. Bzgl. der besonderen Problematik von staatlichen Schutzpflichten, welche ebenfalls aus Art. 2 Abs. 1 GG hergeleitet werden, siehe Viertes Kapitel, II. 2.
733 BVerfGE 45, 400 (417).

Dennoch sind bei der Einfügung des Rechts auf Bildung in die verfassungsrechtliche Gesamtordnung vielfältige Bezüge zu verfassungsrechtlichen Normen zu beachten. Dazu gehören auch Normen des Grundgesetzes, so Art. 6 Abs. 2 GG (Elternrecht), Art. 7 Abs. 1 GG (Schulaufsicht des Staates), Art. 12 GG (Freiheit der Berufwahl), Art. 3 Abs. 1 GG (allgemeiner Gleichheitssatz) und Art. 20 Abs. 1 GG (Sozialstaatsprinzip).[734] Diese Normen finden sich entweder auch in den Verfassungen der Länder[735] oder sie werden ausdrücklich übernommen[736]. Es ist nicht ersichtlich, dass die Regelungen in den Landesverfassungen bezüglich des Rechts auf Bildung gegen diese Artikel des Grundgesetzes verstoßen.

b) Einfache Bundesgesetze

Im Unterscheid zu den übrigen sozialen Grundrechten fällt die Gesetzgebungskompetenz im Bereich Bildung und Kultus den Ländern zu. Damit steht den Ländern hier ein entscheidend größerer Spielraum zu als bei der Verwirklichung anderer sozialer Grundrechte. Einzelne Gebiete liegen jedoch auch in diesem Zusammenhang in der Hand des Bundes. Dazu gehören Regelungen zum betrieblichen Teil der Berufsausbildung nach Art. 74 Abs. 1 Nr. 11 und 12 GG[737] sowie über Ausbildungsbeihilfen und Förderung der wissenschaftlichen Forschung nach Art. 74 Nr. 13 GG[738].

Dem Bund obliegt die Gesetzgebungskompetenz bezüglich außerschulischer Jugendfürsorge und Jugendpflege gemäß Art. 74 Nr. 7 GG.[739] Bundesgesetze, die Kindern und Jugendlichen zugute kommen, sind unter anderem das Gesetz zum Schutz der Jugend in der Öffentlichkeit (Jugendschutzgesetz) sowie das Kinder- und Jugendhilfegesetz.

Auch bei überregionaler Bildungsplanung kann der Bund nach Art. 91 b GG beteiligt sein. Darüber hinaus steht dem Bund gemäß Art. 75 Abs. 1 Nr. 1 a GG bezüglich der allgemeinen Grundsätze des Hochschulwesens die Kompetenz zum Erlass von Rahmengesetzen zu.

---

734 Vgl. Braun, Art. 11, Rn. 1.

735 Z.B. Art. 118 BayVerf, Art. 10 BerlVerf, Art. 12, 49 BrdbgVerf, Art. 2, 8 Abs. 2 BremVerf, Art. 1 HessVerf, Art. 18, 28 SächsVerf, Art. 7, 16, SaAnhVerf, Art. 2 ThürVerf, Art. 17, 58 RhPfVerf.

736 Art. 2 Abs. 1 BaWüVerf, Art. 5 Abs. 3 MeckPomVerf, Art. 3 Abs. 2 NdsVerf, Art. 4 Abs. 1 NRWVerf, vgl. auch Art. 2 Abs. 3 BrdbgVerf.

737 Ossenbühl, in: Staatslexikon, Bd. I, Sp. 800 (800); Oppermann, in: HbdStR, Bd. VI, § 135, Rn. 26; BVerfGE 26, 246 (255) bzgl. der Fixierung von Berufsbildern und -bezeichnungen.

738 Oppermann, in: HbdStR, Bd. VI, § 135, Rn. 28; Rengeling, in: HbdStR, Bd. IV, § 100, Rn. 193.

739 Kunig, in: von Münch, Art. 74, Rn. 34.

Für den Hochschulbereich sind insbesondere das Hochschulrahmengesetz sowie das Bundesausbildungsförderungsgesetz zu nennen. Dieses ist unter gewissen Voraussetzungen auch für die Förderung des Besuchs von weiterführenden allgemeinbildenden Schulen einschlägig. All diese durch Bundesrecht geregelten Gebiete berühren zwar das Recht auf Bildung im weiteren Sinne, ändern jedoch nichts an der Kompetenz der Länder im Kultusbereich.

c) Zwischenergebnis

In weiten Teilen des Bildungsbereichs besteht eine ausschließliche Gesetzgebungskompetenz der Länder. Daher spricht *Birn* auch davon, dass Art. 11 BaWüVerf, „bundesrechtsfest" ist.[740] Dies gilt auch für die entsprechenden Normierungen in den übrigen Landesverfassungen.

8. Ergebnis

Im Bereich von Bildung und Erziehung müssen vier Punkte unterschieden werden: das Recht auf Bildung, das Recht auf Erziehung, das Recht auf Ausbildung und der teilhaberechtliche Anspruch auf Zugang zu bestehenden staatlichen Einrichtungen.

Reeb stellt fest, dass die Aussagen der Landesverfassungen zu Bildung und Erziehung sehr vage formuliert sind.[741] Einige Verfassungen stellen an den Anfang der Abschnitte über Bildung und Erziehung die Ziele, die damit erreicht werden sollen. Die Aussagen über Erziehungsziele in den Verfassungen Baden-Württembergs, Bayerns und Nordrhein-Westfalens decken sich inhaltlich weitgehend.[742]

Reuter wendet sich ausdrücklich gegen die Annahme, dass das Recht auf Bildung in den Landesverfassungen letztlich nur Programmsatzqualität habe oder Gesetzgebungsanweisung sei. Damit werde die Bedeutung des Rechts auf Bildung abqualifiziert. Vor allem stünden die eindeutigen Formulierungen in manchen Verfassungen dagegen. Außerdem wirke die Notwendigkeit einer Konkretisierung der Verfassungssätze und damit verbundene Probleme nicht auf die Rechtsqualität der Normen zurück.[743] Daneben weist *Reuter* darauf hin, dass aufgrund der Anknüpfung von Bildungsleistungsansprüchen an den Begabtenbegriff in etlichen Landesverfassungen zum Teil nur sehr

[740] Birn, S. 63.
[741] Reeb, S. 32 für die westdeutschen Landesverfassungen.
[742] Reeb, S. 33.
[743] L.-R. Reuter, S. 22.

begrenzte Bildungsleistungsansprüche bestehen.[744] Dagegen spricht allerdings, dass die besondere Förderung von Begabten nicht erreichen soll, dass anderen Bildungschancen genommen werden.

Von der überwiegenden Zahl der Autoren sowie von der Rechtsprechung wird das Recht auf Bildung jedoch ebenso wie andere soziale Grundrechte als Staatszielbestimmungen, Programmsatz oder Verfassungsauftrag angesehen. Dies ist, da auch das Recht auf Bildung ein soziales Grundrecht ist, nur konsequent.

Klein/Fabricius stellen letztlich zu Recht fest, dass sich die unmittelbare Wirksamkeit auch eines Grundrechts auf Bildung in seiner Bedeutung als verbindliche Auslegungsregel für Gesetze und Verwaltungsvorschriften der betreffenden Länder und seiner Landesorgane erschöpft, sowie darin, dass keiner ohne sachlichen Grund von vorhandenen Bildungs- und Erziehungseinrichtungen ausgeschlossen werden darf.[745]

Im Ergebnis kommen alle Landesverfassungen zumindest zu einem gleichen Zugangsrecht zu öffentlichen Bildungseinrichtungen. Hier stellt sich jedoch die Frage, ob dieses nicht bereits durch Art. 3 Abs. 1 und Art. 12 Abs. 1 GG , bzw. entsprechende Landesverfassungsnormen[746] gedeckt ist. Ein Unterschied zwischen der Herleitung aus Art. 12 Abs. 1 GG und den Verankerungen des Rechts auf Bildung in den Landesverfassungen besteht jedoch darin, dass Art. 12 Abs. 1 GG ein Staatsbürgerrecht, die sozialen Grundrechte hingegen „Jedermannrechte" sind.[747]

Dem Verfassungsgebot, dass jedem jungen Menschen aufgrund seiner Begabung eine entsprechende Ausbildung zusteht, bedeutet nicht, dass die Ausbildung keine Kosten verursachen darf. Dem Verfassungsgebot ist vielmehr dann genüge getan, wenn der junge Mensch eine entsprechende Ausbildung ohne unzumutbare wirtschaftliche Inanspruchnahme seinerseits bzw. seiner Unterhaltsverpflichteten erhält.[748] Der Landesgesetzgeber wird nämlich auch bei einer Verpflichtung zur Verwirklichung des Recht auf Bildung nicht von seiner verfassungsrechtlichen Verantwortung für einen ausgeglichenen Haus-

---

744 L.-R. Reuter, S. 22.

745 F. Klein, in: Klein/Fabricius, S. 10; vgl. auch Neukirchen, in: Ev. Staatslexikon, Bd. I, Sp. 258 (260), der von der Chancengleicheit als bildungspolitischem Grundpostulat spricht.

746 Z.B. Art. 118 BayVerf, Art. 10 BerlVerf, Art. 12, 49 BrdbgVerf, Art. 2, 8 Abs. 2 BremVerf, Art. 1 HessVerf, Art. 18, 28 SächsVerf, Art. 7, 16, SaAnhVerf, Art. 2 ThürVerf, Art. 17, 58 RhPfVerf.

747 Kühne, NWVBl. 1996, S. 325 (327) für Art. 8 Abs. 1 NRWVerf.

748 VGH BaWü, ESVGH 34, 274 (282); vgl. auch Reich, Art. 25, Rn. 1.

halt und den Erfordernissen des gesamtwirtschaftlichen Gleichgewichts nach Art. 109 Abs. 2 GG entbunden.[749]

Abschließend lässt sich festhalten, dass das Recht auf Bildung eine Sonderstellung unter den sozialen Grundrechten einnimmt. Dies ist zum einen dadurch bedingt, dass es in erster Linie in der Hand des Staates liegt, Bildungseinrichtungen zu schaffen und zu erhalten. Das Recht auf Arbeit und das Recht auf angemessenen Wohnraum unterliegen dagegen der Verfügungsgewalt Privater. Zum Zweiten befindet sich der Kultusbereich in der Gesetzgebungskompetenz der Länder, so dass ihnen ein wesentlich größerer Spielraum zur Umsetzung ihrer Verfassungsforderungen verbleibt als bei den übrigen sozialen Grundrechten. Dies zeigt sich daran, dass ebenso wie zum Teil in den Landesverfassungen in den Schulgesetzen der Länder Bildungs- und Erziehungsziele festgeschrieben sind. Auch wird das Schulwesen in den Schulgesetzen ausführlich geregelt. Daneben bestehen in den Ländern Gesetze zur Erwachsenenbildung oder Jugendförderung. Drittens wird die außerordentliche Bedeutung, welche die Länder dem Recht auf Bildung zumessen, deutlich durch die hervorgehobene Stellung bzw. Formulierung innerhalb der Verfassungstexte (siehe z. B. Art. 4 Abs. 1 NdsVerf oder Art. 25 Abs. 1 SaAnhVerf).

V. Rechte auf befriedigende Lebensbedingungen: Das Recht auf angemessenen Wohnraum

Zu den Rechten auf befriedigende Lebensbedingungen gehören das Recht auf eine angemessene Wohnung und das Recht auf eine gesunde Umwelt.[750] Auch das in Art. 141 Abs. 3 S. 1 der Bayerischen Verfassung verankerte Recht auf Genuss der Naturschönheiten und Erholung in der freien Natur fällt unter diese Gruppe. Ebenso kann das Recht auf die Heimat in diese Rubrik sozialer Grundrechte einbezogen werden.[751]

1. Umfang des Rechts auf angemessenen Wohnraum

Viele Verfassungen nehmen sich der Wohnung „als Zufluchtsort, elementarem Lebensraum und Freiheitsbereich zur individuellen Entfaltung der Persönlichkeit"[752] an. So wird vielfach die Unverletzlichkeit der Wohnung in

---

749 H. Neumann, BremVerf, Art. 27, Rn. 9; BVerfGE 33, 303 (333).

750 Badura, Der Staat 1975, S. 17 (23).

751 Da die sog. Umweltrechte nicht Gegenstand dieser Arbeit sind, wird auf das Recht auf gesunde Umwelt sowie das Recht auf Genuss der Naturschönheiten sowie auf Erholung in der freien Natur nicht eingegangen.

752 So Jutzi, ThürVBl. 1995, S. 54 (55); BVerfGE 42, 212 (219).

den Landesverfassungen sichergestellt.[753] Die Unverletzlichkeit der Wohnung stellt jedoch ein Abwehrrecht und kein soziales Grundrecht dar.[754]

Beim Recht auf angemessenen Wohnraum tauchen in den Landesverfassungen unterschiedliche Formulierungen auf. Zum einen finden sich hier wiederum eindeutig formulierte Staatszielbestimmungen, zum anderen wird teilweise die Formulierung „Recht auf ..." verwendet. Die Verfassungen der Länder Hamburg und Schleswig-Holstein sowie Hessens, des Saarlandes und Baden-Württembergs machen keine Aussagen zum Themenbereich des Rechts auf angemessenen Wohnraum.

Zunächst ist zu klären, wie der Begriff „Wohnraum" zu verstehen ist. Der Begriff „Wohnraum" oder „Wohnung" findet sich in etlichen verfassungsrechtlichen oder einfachgesetzlichen Bestimmungen.[755] Je nach Intention der Regelung kann ihnen jeweils ein eigenständiger Begriffsinhalt entnommen werden. Unter den Begriff Wohnraum, wie er von den Landesverfassungen verwendet wird, fallen zunächst zum Wohnen bestimmte Räume (insbesondere Schlafen, Essen, Kochen, dauernde private Nutzung) einschließlich der Nebenräume (Bad, Flur, Abstellraum). Wohnraum ist ein solcher, der zur dauernden und selbständigen Eigennutzung - sei es als Eigentümer, Mieter oder sonstiger Nutzungsberechtigter - zur Verfügung steht.[756]

Die Schaffung von angemessenem Wohnraum steht in engem Zusammenhang mit der Vermeidung von Obdachlosigkeit. So sprechen auch einzelne Landesverfassungen von Maßnahmen zum Schutz vor Obdachlosigkeit. Zunächst muss der Begriff „Obdach" von „Wohnraum" abgegrenzt werden. *Riepe* konstatiert für Art. 40 Abs. 2 SaAnhVerf, dass Obdach weniger sei als menschenwürdiger Wohnraum. Obdach genüge nur knapp den hygienischen Mindestanforderungen, die an eine Behausung zu stellen seien und gewähre im Gegensatz zum menschenwürdigen Wohnraum keine Privatsphäre.[757] Dieser Ansicht ist nur begrenzt zu folgen, da die Anforderungen an ein Obdach zwar niedriger sind als an Wohnraum, Obdach aber trotzdem eine men-

---

753 So z.B. Art. 106 Abs. 1 BayVerf, Art. 28 Abs. 2 BerlVerf, Art. 15 BrdbgVerf, Art. 14 Abs. 2, 3 BremVerf, Art. 8 HessVerf, Art. 16 SaarlVerf, Art. 30 SächsVerf, Art. 17 SaAnhVerf, Art. 8 ThürVerf, Art. 7 RhPfVerf; siehe auch Art. 13 Abs. 1 GG, der über Verweisungsnormen auch Bestandteil von Landesverfassungen sein kann, vgl. Art. 2 Abs. 1 BaWüVerf, Art. 5 Abs. 3 MeckPomVerf, Art. 3 Abs. 2 NdsVerf, Art. 4 Abs. 1 NRWVerf.

754 Jarass, in: Jarass/Pieroth, Art. 13, Rn. 1; Kunig, in: von Münch, Art. 13, Rn. 1.

755 so z.B. in Art. 13 GG, § 564a ff. BGB, § 758 ZPO, II. WohnungbauG.

756 Jutzi für Art. 15 ThürVerf, in: Jutzi, ThürVBl. 1995, S. 54 (55) mit Verweis auf Weidenkaff, in: Palandt, Einf. V. § 535, Rn. 70.

757 Riepe, S. 190.

schenwürdige Unterbringung gewährleisten soll. Bei der Betrachtung der einzelnen Landesverfassungsnormen wird auch auf entsprechende Regelungen zur Vermeidung von Obdachlosigkeit einzugehen sein.

2. Historische Entwicklung des Rechts auf angemessenen Wohnraum

Das Bedürfnis nach einer angemessenen Wohnung war schon nach den Kriegen 1870/71 und 1914/18 ein ernstes Politikum, weil viele der zurückgekehrten Kriegsteilnehmer vergeblich Wohnungen suchten und obdachlos wurden.[758]

In der Weimarer Reichsverfassung findet sich eine entsprechende Regelung in Art. 155 Abs. 1, nach der allen Deutschen eine gesunde Wohnung gesichert werden sollte. Dieses soziale Ziel entsprach dem Programmartikel über die Gestaltung des Wirtschaftslebens, Art. 151 WRV, und die besondere Betonung von Familien sowie die Hervorhebung der Kinderreichen in Art. 155 WRV entsprach dabei den Grundsätzen der Art. 119 und 120 WRV.[759] Art. 155 WRV enthielt aber kein Grundrecht, auch keine Ankündigung eines solchen; vielmehr handelte es sich um objektives Recht, aus dem für den einzelnen erst mittelbar Berechtigungen oder Belastungen entsprangen.[760] *Hattenhauer* bezeichnet Art. 155 WRV als Programmsatz.[761] Dies gilt auch für Abs. 1, obwohl hier laut *Erman* „in weiten Kreisen des Volkes vielleicht die Vorstellung mitgewirkt hat, dass jedem Einzelnen ein öffentlich anerkannter Anspruch auf eine Wohnung bzw. Heimstätte verliehen werden sollte"[762]. Art. 155 Abs. 1 S. 2 WRV (Heimstätten zu schaffen und Kriegsteilnehmer darin besonders zu berücksichtigen) wurde als bindende Verpflichtung des Gesetzgebers verstanden.[763] Daneben sollte es Aufgabe des Staates sein, Wohnungen zu schaffen, wobei unter Wohnungen im Gegensatz zu Heimstätten vor allem die Mietwohnung im Mehrfamilienhaus zu verstehen war.[764] Dabei sollte die gesunde Wohnung zumindest die Vorteile des freien Licht- und Luftzutritts und die Grünumgebung bieten, was angesichts der Kriegsfolgen keineswegs eine Selbstverständlichkeit war.[765]

---

758 Hattenhauer, Rn. 537 ff.; vgl. H. Neumann, BremVerf, Art. 14, Rn. 2.
759 Erman, in: Nipperdey, Art. 155 WRV, § 2.
760 Erman, in: Nipperdey, Art. 155 WRV, § 8; eine Auflistung der aufgrund von Art. 155 Abs. 1 WRV erlassenen Gesetze findet sich bei Anschütz, Art. 155 WRV, Anm. 2.
761 Hattenhauer, Rn. 541.
762 Erman, in: Nipperdey, Art. 155 WRV, § 8.
763 Erman, in: Nipperdey, Art. 155 WRV, § 9.
764 Erman, in: Nipperdey, Art. 155 WRV, § 11.
765 Vgl. Erman, in: Nipperdey, Art. 155 WRV, § 12.

3. Sprachliche und inhaltliche Ausgestaltung des Rechts auf angemessenen Wohnraum

Das Recht auf angemessenen Wohnraum findet sich in den Landesverfassungen, in denen es enthalten ist, in der Formulierung als Recht, aber auch in der Formulierung als Staatszielbestimmung. Diese Variante ist die häufigere unter den Verfassungen.

a) Formulierung als Recht auf angemessenen Wohnraum

In den Verfassungen der Länder Bayern, Bremen und Berlin findet sich das Recht auf angemessenen Wohnraum subjektiv-rechtlich formuliert, indem die Formulierung „Recht auf ..." verwendet wird.

aa) Die Verfassung von Bayern

In der Bayerischen Verfassung findet sich das Recht auf angemessenen Wohnraum in Art. 106 innerhalb des zweiten Hauptteils der Verfassung unter dem Titel "Grundrechte und Grundpflichten". Trotz dieser Stellung innerhalb der Bayerischen Verfassung und trotz seines Wortlauts lässt sich aus Art. 106 Abs. 1 BayVerf ein subjektives Recht oder gar ein Grundrecht nicht ableiten.[766] Zwar scheint der Wortlaut der Vorschrift auf ein solches Recht hinzuweisen, doch lassen sich allein daraus keine sicheren Schlüsse ziehen. Die Bayerische Verfassung verwendet das Wort „Anspruch" oder „Recht" nicht selten auch dann, wenn sie nur einen moralischen Anspruch meint, wenn nur ein Programmsatz oder ein objektiver Rechtsgrundsatz festgelegt werden sollen.[767] Daher begründet Art. 106 Abs. 1 BayVerf in Verbindung mit Abs. 2 vielmehr für den Staat und die Gemeinden die (objektive) Verpflichtung, den Wohnungsbau, insbesondere den Bau billiger Volkswohnungen, intensiv zu fördern.[768] Art. 106 Abs. 2 BayVerf gilt nach der Rechtsprechung des Bayerischen Verfassungsgerichtshofs neben dem einschlägigen Bundesrecht weiter.[769]

bb) Die Verfassung von Bremen

Die Verfassung von Bremen enthält in Art. 14 Abs. 1 ein Recht auf angemessenen Wohnraum. Art. 14 BremVerf befindet sich im Ersten Hauptteil der

766 Meder, Art. 106, Rn. 1; so auch Nawiasky/Leusser, Art. 106, S. 187; BayVerfGH, BayVBl. 1962, S. 275 (276).
767 BayVerfGH, BayVBl. 1962, S. 275 (276).
768 Meder, Art. 106, Rn. 1; BayVerfGHE 15, 45 (56); BayVerfGH, BayVBl. 1962, S. 275 (276).
769 BayVerfGH BayVBl. 1962, S. 275 (276).

Verfassung von Bremen, der mit „Grundrechte und Grundpflichten" überschrieben ist. Aus Satz 2 folgt jedoch, dass dieses Recht nicht in einem umfassenden Leistungsanspruch gegen Staat oder Gemeinden bestehen kann, da der Staat zunächst nur die Verpflichtung hat, die Verwirklichung dieses Anspruchs zu fördern.[770] *Spitta* formuliert, dass dem Staat und den Gemeinden eine politische Verpflichtung in loser Form auferlegt wurde.[771] Schwierig erscheint die rechtliche Konkretisierung dieser Pflicht. Nach *Spitta* enthält Art. 14 Abs. 1 S. 1 BremVerf nur eine programmatische Erklärung.[772] Laut *Ladeur* kann davon ausgegangen werden, dass die Verfassung von Bremen zwar nicht nur einen Programmsatz aufstellen wollte, doch auf der anderen Seite bewertet er die Möglichkeiten des Landes gegenüber der Wohnungsbaupolitik des Bundes als äußerst begrenzt.[773] *Neumann* bezeichnet Art. 14 Abs. 1 Satz 1 BremVerf als Verfassungsauftrag zur Verwirklichung des Anspruchs eines jeden Bewohners auf eine angemessene Wohnung, womit die BremVerf Art. 155 WRV wieder aufnehme.[774]

cc) Die Verfassung von Berlin

Die Berliner Verfassung normiert das Recht auf angemessenen Wohnraum in ihrem Abschnitt II, der die Überschrift „Grundrechte, Staatsziele" trägt. Das Recht auf angemessenen Wohnraum ist in Art. 28 BerlVerf nach dem gleichen Schema strukturiert wie das Recht auf Arbeit, nämlich mit einem direkt folgenden Verfassungsauftrag an das Land. Unter angemessenem Wohnraum im Sinne dieses Artikels ist eigener Wohnraum (gemietet oder im Eigentum des Nutzers) und keine Notunterbringung zu verstehen. Art. 28 BerlVerf begründet eine verfassungsmäßige Pflicht der Landesorgane, alle Möglichkeiten, die ihnen das Bundesrecht einräumt, voll auszunutzen, damit Wohnraum für Menschen mit geringem Einkommen bereitgestellt wird. Vor allem ist das Land verpflichtet, alle gesetzlichen Möglichkeiten auszuschöpfen, um einen Leerstand von Wohnungen zu bekämpfen. Auch verbietet es die Verfassung, die Umwandlung von Wohnraum in Gewerberaum zuzulassen, solange ein Wohnungsmangel für Personen mit geringem Einkommen besteht.[775]

---

770 Ladeur, in: Kröning/Pottschmidt/Preuß/Rinken, S. 158 (168).
771 Spitta, Art. 14, S. 54.
772 Spitta, Art. 14, S. 54.
773 Ladeur, in: Kröning/Pottschmidt/Preuß/Rinken, S. 158 (168).
774 H. Neumann, BremVerf, Art. 14, Rn. 2.
775 Zivier, § 35.2.4.3.

Ein subjektives Teilhaberecht lässt sich aus dem Recht auf Wohnraum nicht ableiten.[776] Dies macht auch der Verfassungsgerichthof von Berlin in seiner Rechtsprechung deutlich. Danach könne Art. 28 Abs. BerlVerf subjektivrechtlich allenfalls vor Obdachlosigkeit schützen, er begründe aber weder ein allgemeines Behaltensrecht für eine bestimmte Wohnung noch - jenseits der Obdachlosigkeit - einen sonstigen Anspruch des einzelnen Bürgers. Damit wirke das Recht auf Wohnraum in Art. 28 Abs. 1 BerlVerf grundsätzlich nicht unmittelbar anspruchsbegründend, sondern verpflichtet das Abgeordnetenhaus und den Senat von Berlin, das im Rahmen staatlicher Einflussnahme und unter Berücksichtigung anderer staatlicher Aufgaben und Pflichten Mögliche zu tun, für Schaffung und Erhaltung von Wohnraum zu sorgen.[777]

b) Formulierung als Staatszielbestimmung

Die meisten Landesverfassungen, die sich mit dem Recht auf angemessenen Wohnraum beschäftigen, enthalten dieses Recht in Form einer Staatszielbestimmung.

aa) Die Verfassung von Nordrhein-Westfalen

Nach Art. 29 Abs. 2 NRWVerf hat das Land die Aufgabe, neue Wohnheimstätten zu schaffen. Dieser Art. 29 befindet sich im Vierten Abschnitt (Arbeit, Wirtschaft, Umwelt) des Zweiten Teils der Verfassung, der von den Grundrechten und der Ordnung des Gemeinschaftslebens handelt.

In erster Linie soll durch diese Norm der Wohnungsbau gefördert werden. Nach § 1 II. WoBauG obliegt die Förderung des Wohnungsbaus Bund, Ländern, Gemeinden und Gemeindeverbänden gemeinsam. Dabei ist der soziale Wohnungsbau vordringlich zu fördern und auf diese Weise soll Wohnungsmangel beseitigt und breit gestreutes Eigentum geschaffen werden. Nach *Dästner* besteht in Nordrhein-Westfalen als wichtiges Instrument der Wohnungsversorgung die Wohnungsbauförderungsanstalt, die das Wohnungs- und Kleinsiedlungswesen durch die Gewährung von Darlehen und Zuschüssen sowie die Übernahme von Bürgschaften fördert.[778] So sah z. B. das Wohnungsbauprogramm für den sozialen Wohnungsbau des Landes für das Jahr 1992 die Förderung von 25.500 Wohnungen vor.[779]

---

776 Stöhr, in: Pfennig/Neumann, Art. 28, Rn. 3.
777 BerlVerfGH, LVerfGE 4, 62 (63, 64).
778 Dästner, Art. 29, Rn. 2.
779 Dästner, Art. 29, Rn. 2.

bb) Die Verfassung von Sachsen

Die Sächsische Verfassung koppelt das Recht auf angemessenen Wohnraum ebenso wie andere soziale Grundrechte in Art. 7 Abs. 1 mit dem Recht eines jeden Menschen auf ein menschenwürdiges Dasein. Diese Norm steht im 1. Abschnitt der Verfassung, in welchem es um Grundlagen des Staates geht.

Nach *Kunzmann* ergibt sich das Recht auf angemessenen Wohnraum aus der überragenden Bedeutung der Wohnung für die Führung eines menschenwürdigen Lebens. Dabei heiße „angemessen“, dass die zur Erfüllung des Staatsziels ergriffenen Maßnahmen sich an einem Standard orientieren, der den gesellschaftlichen Bräuchen entspricht.[780] Bei wohnungspolitischen Maßnahmen seien allerdings andere Normen der Sächsischen Verfassung zu beachten, so vor allem das Schutzgebot von Ehe und Familie, das Mutterschaftsfürsorgegebot, das Kinderfürsorgegebot und das Fördergebot für Pflegende (Art. 22 SächsVerf) sowie die Verpflichtung zur Unterstützung alter und behinderter Menschen (Art. 7 Abs. 2 SächsVerf) und das Recht auf Eigentum (Art. 31 SächsVerf).[781] Nach *Degenhart* kann sich eine Gesetzgebung, die insbesondere die administrativen Voraussetzungen für die Schaffung von Wohnraum vereinfacht, darin auf die Staatszielbestimmung des Art. 7 Abs. 1 SächsVerf stützen; andererseits könne die Staatszielbestimmung es aber nicht rechtfertigen, rechtsstaatliche Standards in Genehmigungsverfahren hinter das verfassungsrechtlich gebotene Mindestmaß zurückzuführen.[782]

cc) Die Verfassung von Sachsen-Anhalt

In der Verfassung von Sachsen-Anhalt ist das Recht auf angemessenen Wohnraum dem Dritten Abschnitt - Staatsziele - unterstellt und auch ausdrücklich als Staatsziel formuliert. Mit dieser Formulierung des Art. 40 Abs. 1 SaAnhVerf soll vermieden werden, zu hohe, unrealistische Erwartungen beim Bürger zu wecken.[783] Ziel des Art. 40 Abs. 1 SaAnhVerf ist es, ausreichenden, menschenwürdigen Wohnraum zu angemessenen Bedingungen zu schaffen. Dabei beziehen sich „angemessene Bedingungen“ nach *Reich* nicht auf Wohnungsgröße und Ausstattung, welche bereits unter das Wort „ausreichend“ fielen, sondern auf Miete und Mietnebenkosten. Ausreichend und menschenwürdig ist Wohnraum danach, wenn hinsichtlich Größe und Qualität die Kriterien des sozialen Wohnungsbaus erfüllt sind.[784]

---

780 Kunzmann, in: Kunzmann/Haas/Baumann-Hasske, Art. 7, Rn. 11.
781 Kunzmann, in: Kunzmann/Haas/Baumann-Hasske, Art. 7, Rn. 11.
782 Degenhart, in: Degenhart/Meissner, § 6, Rn. 12.
783 Riepe, S. 188.
784 Reich, Art. 40, Rn. 1.

Art. 40 Abs. 1 SaAnhVerf bestimmt ausschließlich, welche Maßnahmen das Land und die Kommunen zur Wohnraumversorgung der Bevölkerung zu ergreifen haben. Es handelt sich also um eine objektiv verpflichtende Aufgabe.[785] Als Mittel der Förderung werden drei Maßnahmemöglichkeiten genannt: Die Unterstützung des Wohnungsbaus kann durch finanzielle Förderung, durch Ausweisen oder Bereitstellen von Bauland, durch eine Erleichterung von Baumaßnahmen sowie den Abbau administrativer Hemmnisse geschehen.[786] Bei der Erhaltung vorhandenen Wohnraums kann nur das erhalten werden, was den Kriterien des sozialen Wohnungsbaus entspricht und demgemäss noch als Wohnraum bezeichnet werden darf.[787] Daneben müssen Land und Kommunen auch noch andere geeignete Maßnahmen zur Bereitstellung von Wohnraum fördern, welche jede erdenkliche Möglichkeit umfassen sollen.[788]

Durch die Art und Weise der Regelung in der Verfassung von Sachsen-Anhalt wird, so *Riepe*, dem Umstand Rechnung getragen, dass die Elemente der Marktwirtschaft allein nicht ausreichen, das Recht eines jeden Menschen auf eine Wohnung zu realisieren, sondern dass vielmehr Elemente der Marktwirtschaft durch planerische und soziale Elemente ergänzt werden müssten.[789] Er konstatiert zudem, dass es sich bei Art. 40 Abs. 1 SaAnhVerf um „eine Art Potpourri aus DDR-Verfassung und der Verfassung des Freistaats Bayern handele".[790] So gehe die Pflicht zur Förderung der Erhaltung vorhandenen Wohnraums ideenmäßig auf Art. 37 Abs. 1 S. 2 DDR-Verf 1968/74 zurück, der eine Verpflichtung zur Erhaltung vorhandenen Wohnraums enthielt. Die Pflicht zur Förderung der Bereitstellung von Wohnraum zu angemessenen Bedingungen durch Unterstützung des Wohnungsbaues und anderer geeigneter Maßnahmen, erinnere dagegen stark an die Verpflichtung zur Förderung des Baues billiger Volkswohnungen gemäß Art. 106 Abs. 2 BayVerf.

Gem. Art. 40 Abs. 2 SaAnhVerf sorgen das Land und die Kommunen dafür, dass niemand obdachlos wird. Trotz dieser sprachlich klaren Formulierung zielt die Norm nach *Riepe* tendenziell aber auch darauf ab, dass das Land im Falle der Obdachlosigkeit dafür Sorge trägt, dass der Bürger wieder Obdach erhält.[791] Von Obdachlosigkeit muss ausgegangen werden, wenn jemand

785 Mahnke, Art. 40, Rn. 1.
786 Reich, Art. 40, Rn. 1.
787 Reich, Art. 40, Rn. 1.
788 Reich, Art. 40, Rn. 1.
789 Riepe, S. 189.
790 Riepe, S. 189, der diese Aussage nicht als Wertung verstanden sehen möchte.
791 Riepe, S. 189.

keine Unterkunft hat, wobei das Kriterium des Wohnraums in Art. 40 Abs. 1 SaAnhVerf nicht maßgeblich wäre.[792] Nach *Mahnke* ergibt sich die Verpflichtung dafür, dass niemand obdachlos wird, auch aus der staatlichen Schutzpflicht für Leben und Gesundheit, die aus Art. 5 Abs. 2 S. 1 SaAnhVerf herzuleiten sei. Hier korrespondiere das Staatsziel der Bereitstellung ausreichenden Wohnraums für alle mit dem Grundrecht auf Leben und körperliche und seelische Unversehrtheit.[793] Die Formulierung, die auf die Abwendung drohender Obdachlosigkeit gerichtet ist, soll zum Ausdruck bringen, dass Obdachlosigkeit möglichst gar nicht erst eintreten, sondern der Staat dem Bürger bereits bei der drohenden Gefahr zur Seite stehen soll.[794] Zur Vermeidung der Obdachlosigkeit müssen Land und Kommunen den Betroffenen in eigenen oder angemieteten Räumen unterbringen, und sofern dies nicht möglich ist, eventuell auch Einweisungsverfügungen in Räume Dritter nach Maßgabe des Polizeirechts erlassen.[795]

Zu beachten ist auch in diesem Zusammenhang wieder, dass der Bürger die Hilfe des Staates nicht einklagen kann. Dies zeigt sich bereits im Wortlaut der Norm. Trotzdem stellt Art. 40 Abs. 2 SaAnhVerf eine Besonderheit im Landesverfassungsrecht dar, da mit dieser Norm der Schutz vor Obdachlosigkeit erstmals in solcher Deutlichkeit Aufnahme in eine Landesverfassung gefunden hat.[796] Gleichzeitig kommt aufgrund dieser Norm nach *Riepe* der Verfassung von Sachsen-Anhalt ein besonders hohes Maß an Verfassungsehrlichkeit zu, da Art. 40 Abs. 2 SaAnhVerf gesteht, dass die Verwirklichung eines Rechts auf Wohnung letztlich auch durch die Förderung gemäß Art. 40 Abs. 1 SaAnhVerf nicht vollkommen bewerkstelligt werden kann. Dies wird gerade durch den Unterschied der Wörter „Wohnraum“ und „Obdach“ deutlich.[797]

dd) Die Verfassung von Brandenburg

In der Verfassung von Brandenburg findet sich in Art. 47 eine ausführliche Regelung zum Recht auf angemessenen Wohnraum. Art. 47 BrdbgVerf befindet sich im 2. Hauptteil der Verfassung (Grundrechte und Staatsziele) und zwar in dessen 9. Abschnitt mit der Überschrift Eigentum, Wirtschaft, Arbeit und soziale Sicherung.

---

792 Reich, Art. 40, Rn. 1.
793 Mahnke, Art. 40, Rn. 4.
794 Riepe, S. 189.
795 Reich, Art. 40, Rn. 1.
796 Riepe, S. 189.
797 Riepe, S. 190.

Aufgrund des Wortlauts erkennt die Verfassung Brandenburgs zunächst die generelle Existenz eines Rechts auf angemessenen Wohnraum an, trotzdem lässt sich kein subjektives Recht aus dieser Norm herleiten. Vielmehr gibt der Wortlaut zu erkennen, dass Art. 47 Abs. 1 BrdbgVerf lediglich das Land verpflichtet, nicht aber den Bürger berechtigt.[798] Es kann sich bei der Verpflichtung des Landes, den Bürger in die Lage zu versetzen, die bestünde, wenn er tatsächlich einen Anspruch auf eine angemessene Wohnung hätte, lediglich um ein moralisches Recht handeln.[799] Damit bleibt Art. 47 Abs. 1 BrdbgVerf ein Staatsziel und daher objektives Recht. Darüber hinaus wäre es für das Land Brandenburg faktisch unmöglich gewesen, mit Inkrafttreten der Verfassung jedem Bürger Wohnraum zu bieten. Da es zudem nicht Sinn einer Norm sei, das Land zu einer Leistung zu verpflichten, deren Erbringung nicht möglich ist, kann nach *Riepe* aus Art. 47 Abs. 1 BrdbgVerf auch kein subjektives Recht für den Einzelnen abgeleitet werden.[800] Wie es für die Verfassung Brandenburgs üblich ist, gibt Art. 47 Abs. 1 BrdbgVerf Maßnahmen vor, mit deren Hilfe die Verwirklichung des Staatsziels erreicht werden soll. Dabei ist zu beachten, dass diese Maßnahmen wegen des verwendeten Worts „insbesondere“ in Art. 47 Abs. 1 BrdbgVerf nicht abschließend sind. Als Maßnahmen vorgesehen sind zunächst die Förderung von Wohneigentum, Maßnahmen des sozialen Wohnungsbaus, Mieterschutz und Mietzuschüsse. Dabei erscheint vor allem der Aspekt „Mieterschutz“ hinsichtlich seines rechtlichen Gehalts problematisch. Die konkurrierende Gesetzgebungskompetenz für den Bereich des Mietrechts liegt nämlich gemäß Art. 74 Nr. 1 GG beim Bund, der davon umfassend Gebrauch gemacht hat.[801] Dem Land Brandenburg fehlt es damit an der Kompetenz zur Regelung des Mieterschutzes, so dass die diesbezügliche Normierung in Art. 47 Abs. 1 BrdbgVerf rechtlich keinen eigenständigen Gehalt hat.

In Art. 47 Abs. 2 BrdbgVerf wird der Schutz vor Obdachlosigkeit durch Räumung geregelt, indem angeordnet wird, dass eine Zwangsräumung nur erfolgen darf, wenn Ersatzwohnraum zur Verfügung steht. Bei Art. 47 Abs. 2 BrdbgVerf handelt es sich gemäß der Rechtsprechung des Verfassungsgerichts des Landes Brandenburg um eine grundrechtliche Gewährleistung. Dies resultiert daraus, dass bei einer entsprechenden Abwägung die Bedeutung der Wohnung für ein menschenwürdiges Leben besonders zu berücksichtigen ist. Ein menschenwürdiges Leben ist als Ausfluss der Menschenwürde, dem obersten Wert der Verfassung, dem Grundrechtsbereich zuzu-

798 BrdbgVerfG, LVerfGE 2, 105 (111).
799 Riepe, S. 215.
800 Riepe, S. 215.
801 Näheres siehe unten Drittes Kapitel, V. 5. b).

ordnen.[802] Damit besteht allerdings kein absoluter Schutz vor Obdachlosigkeit, wie ihn die Verfassung von Sachsen-Anhalt gewährt, denn Obdachlosigkeit kann nicht nur aufgrund einer Räumung eintreten.[803] Art. 47 Abs. 2 S. 1 BrdbgVerf stellt jedoch ein absolutes Räumungshindernis dar. Darin liegt der Unterschied zu etwaigen bundesrechtlichen Regelungen. So kann gem. §§ 721, 794 a ZPO jeder räumungspflichtige Mieter auf Verlangen durch gerichtliche Entscheidung einen befristeten Räumungsaufschub erhalten, wenn ihm noch keine Ersatzunterkunft zur Verfügung steht. Diese Räumungsfrist gem. §§ 721, 794 a, 765a ZPO hindert den Gerichtsvollzieher an einer Zwangsräumung. Sie gewährt jedoch nur ein zeitlich begrenztes Räumungshindernis, während Art. 47 Abs. 2 BrdbgVerf ein Räumungsverbot unabhängig von der Geltendmachung des Mieters und einer zeitlichen Grenze normiert. Das Verfassungsgericht des Landes Brandenburg betont, dass Art. 47 Abs. 2 BrdbgVerf erst beim Vollzug der Räumung eingreift, nicht aber bereits bei Vorliegen eines Räumungsurteils oder beim Erlass eines Räumungstitels.[804] Damit steht Art. 47 Abs. 2 BrdbgVerf auch im Gegensatz zu § 885 Abs. 1 ZPO, nach dem der Gerichtsvollzieher unabhängig davon, ob Ersatzwohnraum zur Verfügung steht oder nicht, den Schuldner aus dem Besitz zu setzen und den Gläubiger in den Besitz einzuweisen hat. Drohende Obdachlosigkeit hindert die Räumung nicht; der Gerichtsvollzieher muss lediglich die zuständige Behörde gemäß § 181 Nr. 2 GVGA davon unterrichten.[805] Dadurch, dass Art. 47 Abs. 2 BrdbgVerf weiter geht als das einschlägige Bundesrecht zu diesem Thema, können Zweifel an der Gültigkeit dieses Artikels aufkommen. Darauf wird im Folgenden bei der Behandlung der Frage der Gültigkeit der Landesverfassungsnormen in Hinblick auf das Bundesrecht nochmals einzugehen sein.

ee) Die Verfassung von Mecklenburg-Vorpommern

In der Verfassung von Mecklenburg-Vorpommern ist das Recht auf angemessenen Wohnraum ebenso wie in der Verfassung von Sachsen-Anhalt als Staatsziel formuliert und untersteht dementsprechend den Staatszielen des 1. Abschnitts der Verfassung.

Bei Art. 17 Abs. 3 MeckPomVerf handelt es sich um eine Konkretisierung des Sozialstaatsprinzips, ohne dass ein einklagbares Grundrecht auf Wohnraum begründet würde. Dieses ließe sich nach *Thiele* nämlich nur unter den

---

802 BrdbgVerf, LVerfGE 2, 105 (111).
803 Riepe, S. 217.
804 BrdbgVerfG, LVerfGE 2, 105 (111).
805 Hartmann, in: Baumbach/Lauterbach, § 885, Rn. 7; Putzo, in: Thomas/Putzo, § 885, Rn. 10.

Bedingungen einer Zentralverwaltungswirtschaft und damit um den Preis der Freiheit einführen.[806] Als Staatszielbestimmung verdeutliche die Vorschrift die Tragweite und Grenzen staatlicher Handlungsmöglichkeiten. Wohnungsbaupolitik und Subventionierung im sozialen Wohnungsbau böten für die Landespolitik einen eigenen Spielraum und rechtfertigten die Verpflichtung zur Schaffung einer ausreichenden Wohnraumversorgung zu sozial tragbaren Bedingungen.[807] Durch die Verwendung des Wortes „insbesondere" wird deutlich, dass sich die Maßnahmen zur Versorgung der Bevölkerung mit Wohnraum nicht auf die genannten Maßnahmen beschränken, in ihnen aber der Schwerpunkt des staatlichen Handelns liegt.[808] Nach *Riepe* zeigen sich in Art. 17 Abs. 3 S. 2 MeckPomVerf ebenso wie in Art. 40 Abs. 1 SaAnhVerf inhaltliche Parallelen zu Art. 37 Abs. 1 S. 2 DDR-Verf. 1968/74.[809]

Die Verpflichtung von Land und Kommunen in Art. 17 Abs. 3 S. 3 MeckPomVerf, jedem im Notfall ein Obdach zu sichern, korrespondiert mit der bundesrechtlichen Regelung des § 72 Abs. 2 BSHG, wonach Hilfe bei der Beschaffung und Erhaltung einer Wohnung zu gewähren ist. Kompetenzrechtlich ist die Landesverfassung nicht gehindert, gleichlautendes Bundesrecht zu wiederholen.[810] Darüber hinaus stelle nach *Thiele* die Obdachlosigkeit einen Umstand dar, der nach polizeirechtlichen Grundsätzen die Ordnungsbehörde zum Einschreiten verpflichte. Deren Veranlassung einer Einweisung in entsprechende Unterkünfte sei nun landesverfassungsrechtlich gesichert.[811]

ff) Die Verfassung von Thüringen

Auch in der Thüringischen Verfassung findet sich das Staatsziel Wohnraum im Ersten Teil (Grundrechte, Staatsziele und Ordnung des Gemeinschaftslebens), und zwar im Ersten Abschnitt, der sich mit Menschenwürde, Freiheit und Gleichheit beschäftigt. Wie bereits durch den Wortlaut deutlich wird, gibt Art. 15 ThürVerf dem Einzelnen kein subjektives Recht.

Wenn die Thüringische Verfassung einen angemessenen Wohnraum verlangt, fordert sie einen, wenn auch unbestimmten, qualitativen Standard, wobei Maßstab der allgemeine Lebensstandard sein dürfte. So könne, laut *Jutzi*,

806 Thiele, in: Thiele/Pirsch/Wedemeyer, Art. 17, Rn 6.
807 Thiele, in: Thiele/Pirsch/Wedemeyer, Art. 17, Rn 6.
808 Riepe, S. 235.
809 Riepe, S. 259.
810 Thiele, in: Thiele/Pirsch/Wedemeyer, Art. 17, Rn 7.
811 Thiele, in: Thiele/Pirsch/Wedemeyer, Art. 17, Rn 7.

gesellschaftlichen Entwicklungen ausreichend Rechnung getragen werden.[812] Der Verfassungsauftrag wird dadurch erfüllt, dass in ausreichendem Maße Wohnraum zur Verfügung gestellt wird. Entscheidend ist also, dass Wohnraum tatsächlich zu erlangen ist. Art. 15 S. 1 ThürVerf regelt demnach nicht die Verteilung oder Streuung des Eigentumsobjektes Immobilie.[813]

Dabei muss der Begriff „Wohnraum" von dem Begriff „Wohnung" unterschieden werden und umfasst im Gegensatz zu diesem nur Wohnungen im engeren Sinn (also keine Arbeits-, Geschäfts- und Betriebsräume); die Nutzung gemischt genutzter Gebäude fällt allerdings bezogen auf die Wohnraumnutzung unter den Anwendungsbereich des Art. 15 ThürVerf.[814]

Im Gegensatz zum sächsischen Verfassungsgeber zählt der Thüringer Verfassungsgeber Mittel zur Verwirklichung des Staatsziels Wohnraum in Art. 15 S. 2 ThürVerf auf. Allerdings bleiben der Mieterschutz, Mietzuschüsse und besonderer Kündigungsschutz im Gegensatz zur Verfassung von Brandenburg unerwähnt. Auch wurde die Aufnahme angemessener bzw. sozial verträglicher Bedingungen bei der Verfügbarmachung von Wohnraum, wie sie die Verfassungen Mecklenburg-Vorpommerns[815] und Sachsen-Anhalts kennen, unterlassen. Wie sich aus Art. 43 ThürVerf ergibt, ist auch das Staatsziel des angemessenen Wohnraums nur im Rahmen der jeweiligen Kräfte und Zuständigkeiten anzustreben.

Problematische Kollisionen mit anderen Staatszielen oder Grundrechten der Thüringischen Verfassung oder des Grundgesetzes werden bei Art. 15 ThürVerf nicht gesehen.[816]

Nach Art. 16 ThürVerf wird allen im Notfall ein Obdach zugesichert. Dies ist eine Verpflichtung, die man ansonsten aus der grundgesetzlichen Menschenwürdegarantie und der staatlichen Schutzpflicht für Leben und Gesundheit herleitet.[817] Die in Art. 16 ThürVerf gewählte Formulierung sowie der inhaltliche und systematische Zusammenhang mit Art. 15 ThürVerf lassen darauf schließen, dass es sich um eine Staatszielbestimmung handelt. Nach *Jutzi* muss jedoch in Art. 16 ThürVerf die Verbürgung eines Leistungsgrundrechts gesehen werden. Er begründet dies zum einen damit, dass die Thüringische

---

812 Jutzi, ThürVBl. 1995, S. 54 (55).
813 Jutzi, ThürVBl. 1995, S. 54 (55).
814 Jutzi, in: Linck/Jutzi/Hopfe, Art. 15, Rn. 10.
815 Edinger, in: Schmitt (Hrsg.) Die Verfassung des Freistaats Thüringen, S. 101 (123).
816 Jutzi, ThürVBl. 1995, S. 54 (55).
817 Würtenberger/Beck, in: Schmitt (Hrsg.), Thüringen, eine politische Landeskunde, S. 85 (91).

Verfassung bei Grundrechten nicht stets die sprachlich eindeutige „Anspruchs-Formulierung“ gewählt habe und zum anderen mit dem Zusammenhang zwischen Art. 16 ThürVerf und der nach Art. 3 Abs. 1 ThürVerf bestehenden Pflicht des Staates, Leben und Gesundheit des Menschen zu schützen. Gleichzeitig neben der individuellen Einforderbarkeit wirke die Norm dennoch auch als Staatszielbestimmung, da das Grundrecht die objektivrechtliche Verpflichtung für Land und Gebietskörperschaften enthalte, entsprechende Einrichtungen zu schaffen.[818]

gg) Die Verfassung von Niedersachsen

In Niedersachsen hat das Staatsziel Wohnraum durch Einfügung des Art. 6 a Aufnahme in den Ersten Abschnitt der Verfassung gefunden, der die Überschrift „Grundlagen der Staatsgewalt, Grundrechte und Staatsziele“ trägt. Art. 6 a NdsVerf wurde im November 1997 neu in die Niedersächsische Verfassung eingefügt.

Der Auftrag an das Land, angemessenen Wohnraum zu schaffen, ist als Staatsziel ausgestaltet. Welche Ausstattung des Wohnraums „angemessen“ ist, bestimmt die Verfassung allerdings nicht, eine verfassungsgerichtliche Rechtsprechung ist bisher noch nicht zu ersehen. Aus einfachgesetzlichen Vorschriften des Baurechts kann der Begriff nicht abgeleitet werden.[819] Nach *Neumann* folgt der Inhalt des Begriffs „angemessen“ aus dem überkommenen Normzweck. Danach soll Art. 6 a NdsVerf die Ergebnisse des Wohnungsmarktes korrigieren. Zum Beispiel sei die Benachteiligung von Familien mit Kindern zu beachten, die gegenüber zahlungskräftigen kinderlosen Ehepaaren weniger Chancen auf dem Wohnungsmarkt hätten.[820] Daher seien Wohnungen zu fördern, die in ortsüblicher und zeitgemäßer Ausstattung sozial schwachen Wohnungssuchenden hinreichend dienten. Es sei dagegen unzulässig, nach dem „Gießkannenprinzip“ alle Bauvorhaben gleichmäßig zu fördern, da es ein Widerspruch zum Gedanken des sozialen Rechtsstaates sei, dass Mittel in Anspruch genommen werden, wenn eine Bedürftigkeit nicht vorliegt.[821]

Schwarz hingegen macht darauf aufmerksam, dass das Recht auf Wohnung als Abwägungstopos zu Verschiebungen im Balancegefüge der Verfassung

---

818 Jutzi, in: Linck/Jutzi/Hopfe, Art. 16, Rn. 2.

819 So zutreffend H. Neumann, Die niedersächsische Verfassung, Art. 6a NdsVerf, Rn. 7.

820 H. Neumann, Die niedersächsische Verfassung, Art. 6a NdsVerf, Rn. 7.

821 H. Neumann, Die niedersächsische Verfassung, Art. 6a NdsVerf, Rn. 7; BVerfGE 59, 52 (62); Benda, in: HbdVerfR, Bd. I, 4. Kap. § 17, Rn. 169.

führen könnte, da z. B. Probleme mit der grundrechtlichen Garantie des Privateigentums entstehen könnten.[822]

hh) Die Verfassung von Rheinland-Pfalz

Im Zuge der Verfassungsreform 2000 wurde in die Verfassung von Rheinland-Pfalz das Staatsziel auf Schaffung und Erhaltung von angemessenem Wohnraum eingefügt. Bündnis 90 / Die Grünen hatten in der Debatte hierüber verlangt, die Formulierung „das Land, die Gemeinden [...] sind verpflichtet, für die Verwirklichung des Rechts auf eine angemessene Wohnung zu sorgen" zu wählen, waren damit aber genauso gescheitert wie mit der Forderung nach sozialem und ökologischem Wohnungsbau.[823] Im Ergebnis wurde das Staatsziel Wohnraum in der vorliegenden Form von allen Landtagsfraktionen getragen.[824] So findet sich Art. 63 RhPfVerf im 6. Abschnitt der Verfassung unter der Überschrift „Die Wirtschafts- und Sozialordnung“. Mit Art. 63 RhPfVerf wird der besonderen Bedeutung der Wohnung für den Menschen – auch zur Sicherung der Grundrechtsverwirklichung – Rechnung getragen.[825] Art. 63 RhPfVerf stellt eine Staatszielbestimmung zur Befriedigung eines der „elementaren Lebensbedürfnisse des Menschen“ dar, jedoch kein subjektives Recht des Einzelnen, dass ihm angemessener Wohnraum überlassen wird.[826]. Als Wohnraum sollen Baracken oder ein bloßes Obdach nicht ausreichen.[827] *Jutzi* macht darauf aufmerksam, dass der Begriff „Wohnraum“, wie er in Art. 63 RhPfVerf verwendet wird, nicht identisch sei mit dem Begriff der „Wohnung“ im Sinne des Art. 7 Abs. 1 RhPfVerf. Dort sei der Schutzbereich weit zu ziehen und umfasse auch Arbeits-, Betriebs- und Geschäftsräume[828], wohingegen Art. 63 RhPfVerf diese Räume nach Sinn und Zweck nicht umfasst[829]. Die Verpflichtung zur Schaffung und Erhaltung von „angemessenem“ Wohnraum umfasst einen unbestimmten Rechtsbegriff. Zur Bestimmung der Angemessenheit könnten gesellschaftliche Entwicklun-

---

822 Schwarz, NdsVBl. 1998, S. 225 (228).

823 Änderungsantrag von Bündnis 90 / Die Grünen, Drucksache 13/5439 vom 15.02.20000, abgedruckt in: Der Präsident des Landtags Rheinland-Pfalz (Hrsg.): Verfassungsreform, S. 119.

824 So z.B. Abgeordneter Berg, CDU in der Debatte der 99. Plenarsitzung am 15. Dezember 1999, abgedruckt in: Der Präsident des Landtags Rheinland-Pfalz (Hrsg.): Verfassungsreform, S. 69; Abgeordneter Caesar, FDP in der Debatte der 99. Plenarsitzung am 15. Dezember 1999, abgedruckt in: Der Präsident des Landtags Rheinland-Pfalz (Hrsg.): Verfassungsreform, S. 73.

825 Jutzi, in: Grimm/Caesar, Art. 63, Rn. 1.

826 Jutzi, in: Grimm/Caesar, Art. 63, Rn. 1.

827 Jutzi, in: Grimm/Caesar, Art. 63, Rn. 5.

828 Siehe auch BVerfGE 32, 54 (68 ff.).

829 Jutzi, in: Grimm/Caesar, Art. 63, Rn. 5.

gen (Anzahl von Familien oder Alleinstehenden) sowie der allgemeine Lebensstandard nicht unberücksichtigt bleiben.[830] Dadurch, dass Wohnraum erhalten und geschaffen werden soll, ist dies als „Dauerauftrag" zu verstehen.[831] Konkrete Maßnahmen zur Durchführung schreibt Art. 63 RhPfVerf nicht vor, so dass die Adressaten bei der Wahl der Mittel weitgehend frei sind. In Betracht kommen Fördermaßnahmen, Wohnungsbau durch das Land oder die Kommunen, aber auch die Ausweisung von Bauland in angemessenem Umfang.[832]

4. Berechtigte

Der durch das Recht auf angemessenen Wohnraum angesprochene Personenkreis ist von Verfassung zu Verfassung auf den ersten Blick unterschiedlich. Durch die Regelungen in Art. 14 Abs. 1 S. 1 BremVerf und Art. 106 Abs. 1 BayVerf wird nur den Bewohnern des jeweiligen Bundeslandes ein Anspruch zugesprochen. Damit ist dieses soziale Grundrecht jedoch zugleich Menschenrecht, da der Begriff „Bewohner" auch Ausländer und Staatenlose umfasst.[833]

Brandenburg, Mecklenburg-Vorpommern, Thüringen, Rheinland-Pfalz und Nordrhein-Westfalen enthalten sich durch ihre Formulierungen gänzlich der Festlegung auf eine bestimmte Gruppe. Daher ist davon auszugehen, dass sich die Aufgabe des Landes auf alle Bürger bezieht, die sich im Land rechtmäßig dauerhaft aufhalten wollen, also auch auf Ausländer und Staatenlose.[834] Niedersachsen verwendet den Ausdruck „Bevölkerung". Durch diese Formulierung sind sowohl Deutsche als auch Ausländer von diesem Staatsziel umfasst.[835] Berlin und Sachsen sprechen von „jedem Menschen", wobei zu beachten ist, dass die Verfassung von Berlin „insbesondere Menschen mit geringem Einkommen" beachtet. Sachsen-Anhalt fördert ausreichenden Wohnraum „für alle". Damit muss Wohnraum sowohl für Deutsche als auch für Ausländer und Staatenlose geschaffen werden.[836]

---

830 Jutzi, in: Grimm/Caesar, Art. 63, Rn. 6.
831 Jutzi, in: Grimm/Caesar, Art. 63, Rn. 7.
832 Jutzi, in: Grimm/Caesar, Art. 63, Rn. 8.
833 H. Neumann, BremVerf, Art. 14, Rn. 3; Stern, Bd. III/I, S. 1016; Nawiasky/Leusser, Art. 106 BayVerf, S. 187.
834 So Jutzi, in: Linck/Jutzi/Hopfe, Art. 15, Rn. 7 für die ThürVerf sowie in Grimm/Caesar, Art. 63, Rn. 7 für die RhPfVerf.
835 H. Neumann, Die niedersächsische Verfassung, Art. 6a NdsVerf, Rn. 8.
836 Reich, Art. 40, Rn. 1.

Im Ergebnis lässt sich feststellen, dass der Kreis der Berechtigten auch beim Recht auf angemessenen Wohnraum sehr weit gefasst ist, was angesichts dessen, dass daraus kein subjektives Recht abgeleitet werden kann, keine spürbaren Konsequenzen hat.

5. Verpflichtungsadressaten

In der Regelung der Verfassung von Bremen sind Normadressaten der Gliedstaat Bremen und die Stadtgemeinden Bremen und Bremerhaven, da ihnen die „Förderung“ als Aufgabe zugewiesen wird.[837] Ebenso werden in Art. 40 SaAnhVerf und in Art. 63 RhPfVerf Land und Kommunen angesprochen. Damit werden ausschließlich sie verpflichtet, nicht aber alle anderen Träger staatlicher Gewalt.[838] In Art. 28 BerlVerf wird das „Land“ zur Förderung der Schaffung und Erhaltung von angemessenem Wohnraum verpflichtet. Damit verpflichtet Art. 28 Abs. 1 BerlVerf das Abgeordnetenhaus und den Senat von Berlin, das im Rahmen staatlicher Einflussnahme und unter Berücksichtigung anderer staatlicher Aufgaben und Pflichten Mögliche zu tun, für Schaffung und Erhaltung von Wohnraum zu sorgen.[839] In den Regelungen von Nordrhein-Westfalen, Sachsen, Brandenburg und Niedersachsen ist ebenfalls das Land angesprochen. Verpflichtungsadressat in Art. 15 S. 1 ThürVerf ist der Freistaat, damit sind alle Träger staatlicher Hoheitsgewalt des Landes umfasst. Gemeint sind also neben dem Land selbst seine Gebietskörperschaften sowie alle anderen Körperschaften, Stiftungen und Anstalten des öffentlichen Rechts sowie Beliehene, die ihre Hoheitsgewalt vom Land ableiten.[840] In Art. 15 S. 2 ThürVerf werden lediglich das Land und seine Gebietskörperschaften angesprochen, so dass hier der Adressatenkreis enger ist. In Art. 16 ThürVerf sind hingegen Land und Kommunen als Adressaten genannt. Damit ist die Thüringer Regelung am differenziertesten, was die Angabe der Verpflichtungsadressaten betrifft. Es bleibt allerdings fraglich, welche Rolle z.B. die Hochschulen oder Kammern bei der Verwirklichung des Staatsziels „angemessener Wohnraum“ spielen können.

6. Vereinbarkeit der landesverfassungsrechtlichen Regelungen mit Bundesrecht

Es bleibt die Frage bestehen, wie sich die einzelnen landesverfassungsrechtlichen Regelungen zum Recht auf angemessenen Wohnraum mit dem Bundesrecht vertragen.

---

837 H. Neumann, BremVerf, Art. 14, Rn. 4.
838 Jutzi, in: Grimm/Caesar, Art. 63, Rn. 4.
839 BerlVerfGH, LVerfGE 4, 62 (63, 64).
840 Jutzi, in: Linck/Jutzi/Hopfe, Art. 15, Rn. 3.

a) Verfassungsrecht

Das Grundgesetz enthält kein Recht auf angemessenen Wohnraum. In Art. 13 GG wird lediglich die Unverletzlichkeit der Wohnung garantiert. Allerdings hat das Bundesverfassungsgericht deutlich gemacht, dass sich für den Gesetzgeber aus der Bedeutung, die „die Wohnung als Mittelpunkt der menschlichen Existenz auch dann hat, wenn sie nur gemietet ist (vgl. die Wertentscheidung des Art. 13 GG)“, besondere verfassungsrechtliche Pflichten zum Schutz der Mieter ergeben können. Die Schaffung eines sozialen Mietrechts liege demnach beim Gesetzgeber.[841] Daneben sei es Sache des Gesetzgebers, einen Ausgleich zwischen den Interessen der Mieter und dem nach Art. 14 Abs. 1 GG geschützten Eigentum der Vermieter herzustellen.[842]

Die landesverfassungsrechtliche Verbürgung des Rechts auf angemessenen Wohnraum könnte gegen das Sozialstaatsprinzip des Grundgesetzes verstoßen. Allerdings greift hier die gleiche Argumentation wie bei der Vereinbarkeit des Rechts auf Arbeit mit dem Grundgesetz.[843] Aufgrund der weiten Gestaltungsfreiheit der Landesgesetzgeber verstößt die Normierung eines Rechts auf angemessenen Wohnraum in der Landesverfassung daher nicht gegen das allgemein gehaltene Sozialstaatsprinzip des Grundgesetzes.

b) Einfache Bundesgesetze

Gemäß Art. 74 Abs. 1 Nr. 1, 18 GG ist dem Bund im Rahmen der konkurrierenden Gesetzgebung die Möglichkeit gegeben, die Gebiete des bürgerlichen Rechts und des Verfahrensrechts sowie im Bereich des Bodenrechts und des Wohnungswesens gesetzgeberisch zu regeln. Davon hat er umfassend Gebrauch gemacht und so bestehen eine Reihe von Bundesgesetzen, die im weitesten Sinne Regelungen zum Bereich „Wohnraum“ treffen. Darüber hinaus kann der Bund aufgrund der Ermächtigung in Art. 74 Abs. 1 Nr. 1 GG das bürgerliche Recht regeln, welches auch das Mietrecht umfasst. Auch von dieser konkurrierenden Gesetzgebungskompetenz hat der Bund umfassend Gebrauch gemacht. Auf einige vom Bund erlassene Gesetze wird im Folgenden kurz eingegangen.

Einfachgesetzliche Bundesgesetze finden sich zum Zwecke der Wohnungsbauförderung, der Regelung der Miethöhe sowie des Mieterschutzes. In §§ 1 und 2 Abs. 2 II. Wohnungsbaugesetz und § 1 Wohngeldgesetz sind die Zwecke der Wohnungsbauförderung festgesetzt. Gemäß § 1 Abs. 2 II. WoBauG

---

841 BVerfGE 18, 121 (132); 37, 132 (140); 89, 1 (5).

842 BVerfGE 18, 121 (131); 37, 132 (140); 89, 1 (8).

843 Siehe oben Drittes Kapitel II. 8. c).

hat die Förderung des Wohnungsbaus das Ziel, den Wohnungsmangel zu beseitigen und für weite Kreise der Bevölkerung breitgestreutes Eigentum zu schaffen. Daneben soll die Förderung eine ausreichende Wohnungsversorgung aller Bevölkerungsschichten entsprechend den unterschiedlichen Wohnbedürfnissen ermöglichen und diese namentlich für diejenigen Wohnungssuchenden sicherstellen, die hierzu selbst nicht in der Lage sind. Darüber hinaus gilt für die neuen Bundesländer das Wohngeldsondergesetz.[844] Auch § 72 Abs. 2 BSHG regelt Maßnahmen zur Schaffung und Erhaltung von Wohnraum, indem er die Träger der Sozialhilfe zur Hilfe für Bedürftige verpflichtet, die u.a. auch Maßnahmen bei der Beschaffung und Erhaltung einer Wohnung umfassen. Dabei ist auch § 8 der Verordnung vom 09. Juni 1976 zur Durchführung des § 72 des BSHG zu beachten. Sinngemäß und die Zielsetzung betreffend entsprechen die Regelungen zum Recht auf angemessenen Wohnraum in den Landesverfassungen diesen Normen. Daher verstoßen sie zunächst nicht gegen Bundesrecht.

Zum Zwecke des Mieterschutzes sind die Regelungen der §§ 564 ff. BGB einschlägig. Die Miethöhe ist durch das Gesetz zur Regelung der Miethöhe (MHG) bundesrechtlich geregelt. Darüber hinaus besteht nach § 7 SGB I ein Anspruch auf Zuschuss zur Miete, sofern die entsprechenden Voraussetzungen erfüllt sind. Daneben bestimmt das Wohnungsbindungsgesetz die Wohnberechtigung im öffentlich geförderten sozialen Wohnungsbau und das Gesetz zum Abbau der Fehlsubventionierung[845] eine entsprechende Fehlbelegungsabgabe. Auch bauplanungsrechtlich findet „angemessener Wohnraum" Berücksichtigung, indem in § 1 Abs. 5 Nr. 2 die Wohnbedürfnisse der Bevölkerung bei der Bauleitplanung zu berücksichtigen sind.

Bestimmungen zum Schutz vor Räumung einer Wohnung finden sich vor allem in der ZPO, so in §§ 885 ZPO, 721 ZPO, 765 a ZPO. Diese sind besonders zu beachten, wenn nach entsprechenden Landesverfassungsnormen die Räumung von Wohnungen nur bei der Bereitstellung von Ersatzwohnraum erfolgen darf. Konkret stellt sich dieses Problem hinsichtlich Art. 47 Abs. 2 BrdbgVerf, so dass zu prüfen ist, ob dieser Artikel gegen Bundesrecht verstößt. Gemäß § 885 ZPO darf eine drohende Obdachlosigkeit des Schuldners und seiner Familie grundsätzlich die Räumung durch den Gerichtsvollzieher nicht beeinträchtigen; er hat nur die zuständigen Behörden nach § 181 Nr. 2 GVGA zu benachrichtigen.[846] Diese kann dann entweder mit einer ord-

---

844 Gesetz über die vereinfachte Gewährung von Wohngeld in dem in Art. 3 des Einigungsvertrages genannten Gebiet vom 16. Dezember 1992 (BGBl. 1992 I, S. 2406 ff.).

845 BGBl. 1981 I, S. 1542 ff.

846 Hartmann, in: Baumbach/Lauterbach, § 885, Rn. 7; Putzo, in: Thomas/Putzo, § 885, Rn. 10.

nungsbehördlichen Einweisung in die zu räumende Wohnung reagieren oder mit der Einweisung in die leerstehende Wohnung eines sonstigen Dritten oder in eine Obdachlosenunterkunft. Vor der Räumung hat der Gerichtsvollzieher allerdings zu prüfen, ob eine vom Räumungsschuldner beantragte Gerichtsentscheidung, z. B. nach § 765 a ZPO, unmittelbar bevorsteht.[847]

Zur Abmilderung sozialer Härte kann das Gericht dem Räumungsschuldner eine Räumungsfrist gewähren, die jedoch gemäß § 721 Abs. 5 ZPO nicht mehr als ein Jahr betragen darf. Auch kann der Gerichtsvollzieher nach § 765 a Abs. 2 ZPO der Räumung begrenzt Aufschub geben, wenn sie eine Härte bedeuten würde, die mit den guten Sitten nicht vereinbar wäre. Nach Ablauf der ordnungsbehördlichen Einweisungsfrist darf und muss der Gerichtsvollzieher jedoch auf Grund des nicht verbrauchten Vollstreckungstitels weiter vollstrecken.[848]

Zu beachten ist, dass insbesondere im Rahmen des Zwangsvollstreckungsverfahrens nach der Rechtsprechung des Bundesverfassungsgerichts die verfassungsrechtliche Gewährleistung der Grundrechte Geltung erlangt.[849] Daher müssen die Vollstreckungsgerichte bei der Prüfung dessen, was im Sinne von § 765 a ZPO als besondere Härte anzusehen ist, auch die Wertentscheidungen des Grundgesetzes und die dem Schuldner zustehenden Grundrechte beachten.[850] Im vom Bundesverfassungsgericht entschiedenen Fall ging es in der Abwägung insbesondere um die Erhaltung von Leben und Gesundheit des Räumungsschuldners, so dass sein Grundrecht aus Art. 2 Abs. 1 GG gegebenenfalls der Vollstreckungsmaßnahme entgegensteht.[851] Das Bundesverfassungsgericht macht in der Entscheidung deutlich, dass eine entsprechende Würdigung in „besonders gelagerten Einzelfällen" zu dem Ergebnis führen kann, dass die Vollstreckungsmaßnahme einzustellen ist.[852] Damit wird zum Ausdruck gebracht, dass nicht jede Wohnungsräumung aufgrund der drohenden Obdachlosigkeit gegen Grundrechte des Räumungsschuldners verstößt. Insbesondere muss hier auch das über Art. 14 Abs. 1 GG geschützte Interesse des Räumungsklägers beachtet werden.[853] Die Regelung des Art. 47 Abs. 2 BrdbgVerf müsste bei ihrer Anwendung aber zu einem absoluten zivilrechtlichen Räumungshindernis führen. Nach *Dietlein* lässt sie sich daher nicht in die Systematik der vollstreckungs- und polizeirechtlichen Vorschriften ein-

---

847 Hartmann, in: Baumbach/Lauterbach, § 885, Rn. 7.
848 Hartmann, in: Baumbach/Lauterbach, § 885, Rn. 7; LG Darmstadt, DGVZ 93, S. 154 (154).
849 BVerfGE 52, 214 (219); 46, 325 (333 ff.).
850 BVerfGE 52, 214 (219, 220).
851 BVerfGE 52, 214 (220).
852 BVerfGE 52, 214 (220).
853 Vgl. OVG Berlin, NVwZ 1992, S. 501 (502); Dietlein, S. 149.

passen.[854] *Franke* zufolge stützt sich Art. 47 Abs. 2 BrdbgVerf dagegen auf die polizei- und ordnungsrechtliche Kompetenz des Landes zur Verhütung von Obdachlosigkeit.[855] Laut *Dietlein* spricht dagegen allerdings, dass die Landesverfassungsbestimmung nicht die Frage der behördlichen Einweisung, sondern als unmittelbares Vollstreckungshindernis die zivilprozessrechtliche und damit bundesrechtlich geregelte Frage der Wohnungsräumung betrifft.[856]

Das brandenburgische Verfassungsgericht weist darauf hin, dass Art. 47 Abs. 2 BrdbgVerf bundesrechtskonform ausgelegt werden müsse, indem es schreibt, dass sich die Vorschrift „bei bundesrechtskonformer Auslegung im Bereich der Zwangsvollstreckung auswirkt, wenn und soweit die bundesrechtlichen Regelungen hierfür Spielraum lassen“[857]. Darüber hinaus sichere Art. 47 Abs. 2 BrdbgVerf landesverfassungsrechtlich ab, dass im Falle der Zwangsräumung von Wohnraum *behördlicherseits* für eine den Umständen nach angemessene anderweitige Unterbringung gesorgt werden müsse. Darauf gebe die Vorschrift einen grundrechtlichen Anspruch. Damit greife Art. 47 Abs. 2 BrdbgVerf auf, was sich bereits aus Art. 1 GG i.V.m. Art. 20 GG (Menschenwürde, Sozialstaatsprinzip) ergebe.[858] Art. 47 Abs. 2 BrdbgVerf betrifft einen Bereich, der bundesrechtlich bereits geregelt ist. Er steht, soweit er über die bundesrechtliche Regelung hinausgeht, zu den bundesrechtlichen Normierungen in Widerspruch, so dass seine Wirksamkeit begrenzt ist.

c) Zwischenergebnis

Angesichts der umfassenden bundesgesetzlichen Regelung zum Bereich „angemessener Wohnraum“ verbleiben den Ländern relativ wenig Möglichkeiten der eigenen, weitergehenden Regelung. Dieser Spielraum wird indes unterschiedlich beurteilt. Während *Rincke* ihn als gering einstuft[859], werten *Thiele*, *Berlit* und *Kunzmann* ihn als eigenen Spielraum oder gar weiten Ermessensspielraum[860], da es dem Land verbleibt, die wohnungspolitische Komponente im Rahmen seiner Leistungskraft auszugestalten.

Für den Landesgesetzgeber besteht die Möglichkeit, im Haushaltsgesetz Mittel für entsprechende Förderprogramme bereitzustellen oder landes- oder

---

854 Dietlein, S. 150.
855 Franke, in: Stern (Hrsg.), S. 1 (15).
856 Dietlein, S. 150, FN 140.
857 BrdbgVerfG, LVerfGE 2, 105 (111).
858 BrdbgVerfG, LVerfGE 2, 105 (111).
859 Rincke, S. 96.
860 Thiele, in: Thiele/Pirsch/Wedemeyer, Art. 17, Rn. 6; Kunzmann in Kunzmann/Haas/Baumann-Hasske, Art. 7, Rn. 11; Berlit, in: Simon/Franke/Sachs, § 9, Rn. 32.

kommunaleigene Wohnungen zu bauen. Die Kommunen sind insbesondere verpflichtet, ausreichend Bauland für Wohnzwecke in ihren Bebauungsplänen auszuweisen.[861] Darüber hinaus müssen auch die anderen Staatsziele, die in den Landesverfassungen vielfach normiert sind, beachtet werden. Im Bereich des Wohnungsbaus betrifft dies vor allem das Staatsziel Umweltschutz, das in den meisten Landesverfassungen Beachtung gefunden hat[862], und das der unbegrenzten Ausweisung von Bauland im Wege steht. Auch muss bei der Verfügung über Wohnraum an die Eigentumsrechte der Vermieter gedacht werden.

Gerade die umfangreichen Regelungen der brandenburgischen Verfassung betreffen Gebiete, welche der Bund aufgrund der konkurrierenden Gesetzgebungskompetenz bereits geregelt hat. Dies führt zu der Frage, welcher Regelungsgehalt der landesverfassungsrechtlichen Norm verbleibt. Da Bundesrecht jeglicher Art Landes-, auch Landesverfassungsrecht bricht, entfalten die weitergehenden Regelungen in Brandenburg keine Rechtswirksamkeit. *Riepe* spricht in diesem Zusammenhang von einer Suspendierung[863], *von Mangoldt* drückt es so aus, dass die Verpflichtung des Landes, „im Rahmen seiner Kräfte" zu agieren, gegen Null tendiert[864].

7. Ergebnis

a) Das Recht auf angemessenen Wohnraum

Sachsen erkennt das Recht auf angemessenen Wohnraum schlicht als Staatsziel an, eine Verpflichtung des Landes, entsprechende Maßnahmen zu ergreifen, ergibt sich jedoch erst mittelbar durch Auslegung des Art. 7 Abs. 1 SächsVerf. Brandenburgs Verfassung enthält die ausführlichste Regelung zum Recht auf Wohnraum. Hier hat das Land der Verpflichtung zur Verwirklichung des Rechts auf Wohnraum durch konkret in der Verfassung genannte Maßnahmen nachzukommen. Diese Maßnahmen liegen jedoch in einem Bereich, welcher der Gesetzgebungskompetenz des Bundes unterfällt. Mecklenburg-Vorpommern, Thüringen, Niedersachsen und Rheinland-Pfalz verzich-

---

861 Linck, in: Linck/Jutzi/Hopfe, Art. 15, Rn. 15.

862 Das Staatsziel Umweltschutz findet sich in Art. 20a GG sowie in folgenden Landesverfassungsnormen: Art. 3a BaWüVerf; Art. 3 Abs. 2, 141 BaWüVerf; Art. 31 Abs. 1 BerlVerf; Art. 39, 40 BrdbgVerf; Art. 11 a, 65 Abs. 1 BremVerf; Abs. 5 der Präambel HmbgVerf; Art. 26a HessVerf; Art. 2, 12 MeckPomVerf; Art. 1 Abs. 2 NdsVerf; Art. 29a NRWVerf; Art. 69 RhPfVerf; Art. 59a SaarlVerf; Art. 1, Art. 10 SächsVerf; Art. 2 Abs. 1, Art. 35 SaAnhVerf; Art. 7 SchlHVerf; Art. 31 ThürVerf.

863 Riepe, S. 276.

864 von Mangoldt, Die Verfassungen der neuen deutschen Bundesländer, S. 24.

ten auf die Verwendung der Worte „Recht auf ..." und beschränken sich auf die Verpflichtung des Staates, auf die Verwirklichung des entsprechenden Staatsziels hinzuwirken. Auch in der Nordrhein-Westfälischen Verfassung wird nur von der „Aufgabe des Landes" gesprochen, Wohnstätten zu schaffen. Inhaltlich entsprechen Art. 40 Abs. 1 SaAnhVerf, Art. 17 Abs. 3 S. 2 MeckPomVerf und Art. 15 S. 2 ThürVerf einander im Wesentlichen. Bremen und Bayern sprechen von einem Anspruch auf eine angemessene Wohnung und kombinieren dies mit der Feststellung, dass es Aufgabe des Staates sei, diesen zu schaffen. Berlin geht von einem Recht auf angemessenen Wohnraum aus.

Diejenigen Verfassungen, die sich mit der Wohnraumversorgung der Bürger befassen, erkennen den hohen Rang, den die Wohnung bei der Bestimmung der Lebensqualität für die einzelnen Bürger einnimmt.[865] *Jutzi* führt aus, dass Regelungen zur Schaffung von Wohnraum „die Grundrechtsverwirklichung in Bereichen sichert, die typischerweise auf eine Wohnung mehr oder weniger angewiesen sind".[866] Betrachtet man die Situation der neuen Länder zur Zeit der Entstehung ihrer Verfassungen, aber auch bis heute, so bestanden vielfach Ängste vor Verlust des vertrauten Wohnraums. Angesichts zum Teil undurchsichtiger Eigentumsverhältnisse, die eine Folge der deutschen Einheit waren, stellten Vorschriften wie z. B. Art. 40 Abs. 2 SaAnhVerf „vertrauensbildende Maßnahmen" von Seiten des Staates dar.[867] Für die neuen Bundesländer ist zu beachten, dass auf ihrem Gebiet das Gesetz über die Gewährleistung von Belegungsrechten im kommunalen und genossenschaftlichen Wohnungswesen vom 22. Juli 1990 gilt.[868]

Auch in Ländern, in denen ein Recht auf angemessenen Wohnraum bisher keine Aufnahme in die Verfassung gefunden hat, wird zuweilen vorgeschlagen, ein solches als Staatsziel in den Verfassungstext aufzunehmen.[869] 1990 wurde in Hessen auf Antrag der SPD-Fraktion im Landtag diskutiert, ob ein Art. 27 b in die Verfassung eingefügt werden soll, der einerseits das Recht auf angemessenen Wohnraum als Menschenrecht garantiert und andererseits die Pflicht des Staates zur Förderung des Anspruchs durch eine aktive Wohnungsmarktpolitik verfassungsrechtlich festschreibt.[870] Dieser Artikel hat jedoch letztlich keine Aufnahme in die Hessische Verfassung gefunden. Die CDU-Fraktion im Hessischen Landtag hat im November 1990 die Einsetzung

865 So Riepe, S. 189, für die Verfassung von Sachsen-Anhalt.
866 Jutzi, in: Linck/Jutzi/Hopfe, Art. 15, Rn. 1.
867 So Riepe, S. 190.
868 GBl. DDR 1990 I, S. 894.
869 Lange/Jobs, in: Eichel/Möller, S. 445 (468).
870 Vgl. Groß, in: Heidenreich/Böhme, S. 365 (372).

einer Enquete-Kommission zur Überarbeitung der Hessischen Verfassung beantragt.[871] Ein Recht auf angemessenen Wohnraum enthält die Hessische Verfassung bisher jedoch nicht.

Insgesamt wird die Aufnahme eines Rechts auf angemessenen Wohnraum, ebenso wie die Aufnahme anderer sozialer Grundrechte in Verfassungen, unterschiedlich beurteilt. So konstatieren *Steinmeier/Brühl*, dass, sofern etwaige Bestimmungen als unter dem Vorbehalt des Möglichen stehend verstanden werden, der grundrechtliche Extrakt eher mager bleibe und die rechtliche Absicherung des sozialen Grundbedürfnisses „Wohnen" eher kümmerlich ausfalle.[872] *Rincke* kommt zutreffend zu dem Ergebnis, dass auf Landesebene zur Förderung des Wohnungsbaus nur die Möglichkeit bestehe, über die Haushaltsgesetze Mittel zur Finanzierung des sozialen Wohnungsbaus oder über das Wohngeld hinaus Mietzuschüsse bereitzustellen.[873] Diese Möglichkeit werde jedoch dadurch wieder relativiert, dass in einer sozialen Marktwirtschaft selbst bei einer - angenommen - vollen Staatskasse niemals bedarfsdeckend sozialer Wohnungsbau betrieben werden könne.[874] Da das Land aufgrund der umfassenden Bundesregelungen kaum rechtliche Möglichkeiten zur Umsetzung des Staatsziels Wohnraum habe, könnten die Länder nur tatsächlich handeln und Wohnungen bauen, was aufgrund haushaltsrechtlicher Erwägungen häufig nicht möglich ist.[875]

Dass allein die Aufnahme eines Rechts auf angemessenen Wohnraum zu Förderungsmaßnahmen des Wohnungsbaus und der Wohnbedingungen führt, lässt sich durch einen Blick auf das hessische Recht widerlegen. Die Hessische Verfassung enthält kein Recht auf angemessenen Wohnraum. In Hessen gilt zur Gewährleistung der Wohnung gemäß Art. 8 HessVerf das Wohnungsaufsichtsgesetz. Vorausgesetzt wird dabei, dass die vom Staat zu schützende Wohnung menschenwürdig ist, da nur so Art. 3 HessVerf genügt werden kann. Das Wohnungsaufsichtsgesetz sieht Erhaltung und Pflege des Wohnungsbestandes als Aufgabe des Staates an. Neben baulichen und technischen Standards müssen auch hygienische Mindestanforderungen eingehalten werden. So ist es im öffentlichen Interesse gerechtfertigt, behördliches Einschreiten gegen Wohnungsmissstände zu ermöglichen.[876]

---

871 Vgl. Groß, in: Heidenreich/Böhme, S. 365 (373).
872 Steinmeier/Brühl, KJ 1989, S. 275 (276/277).
873 Rincke, S. 96; Jutzi, in: Linck/Jutzi/Hopfe, Art. 15, Rn. 15.
874 Rincke, S. 96.
875 Rincke, S. 96.
876 Vgl. Groß, in: Heidenreich/Böhme, S. 365 (380).

b) Schutz vor Obdachlosigkeit

Die Verfassungen von Sachsen-Anhalt, Brandenburg, Mecklenburg-Vorpommern und Thüringen befassen sich neben der Verwirklichung des Rechts auf Wohnraum auch mit der Obdachlosigkeit. Zu beachten sind in diesem Zusammenhang auch die Regelungen des Polizei- und Ordnungsrechts.

Art. 47 Abs. 2 BrdbgVerf statuiert sogar ein absolutes Räumungsverbot, sofern kein Ersatzwohnraum zur Verfügung steht. Somit regelt der brandenburgische Verfassungsgeber einen Bereich, in welchem der Bund bereits von seiner Kompetenz im Rahmen der konkurrierenden Gesetzgebung umfassend Gebrauch gemacht hat. Im Ergebnis dürfte die brandenburgische Regelung, soweit sie über Bundesrecht hinausgeht, daher keine Anwendung finden.

VI. Weitere Staatszielbestimmungen

Neben den hier behandelten sozialen Grundrechten enthalten die Landesverfassungen noch weitere Staatszielbestimmungen, die oft im Zusammenhang mit sozialen Grundrechten genannt werden. Dazu zählen z. B. das Staatsziel Umweltschutz, das in nahezu allen Landesverfassungen enthalten ist[877], sowie das Recht auf Naturgenuss[878]. Auch der in jüngerer Zeit landesverfassungsrechtlich populär gewordene Tierschutz[879] lässt sich hier einordnen. Die Verfassungen von Baden-Württemberg und Sachsen enthalten als Besonderheit ein Recht auf die Heimat.[880] Des Weiteren taucht die Förderung von Sport, kulturellem Leben, Kunst und Wissenschaft in etlichen Landesverfassungen als Staatsziel auf.[881]

Mit diesen Verfassungsaufträgen sind keine grundsätzlichen rechtlichen Probleme verbunden. Welche Bereiche im Einzelnen staatliche Förderung erhalten sollen, ist eine Frage des politischen Ermessens. Die Bedeutung der

---

877 Z.B. Art. 3 a BaWüVerf, Art. 3 Abs. 2, Art. 141 BayVerf, Art. 31 BerlVerf, Art. 39 BrdbgVerf, Art. 11 a BremVerf, Präambel HmbgVerf, Art. 26 a HessVerf, Art. 12 MeckPomVerf, Art. 1 Abs. 2 NdsVerf, Art. 29 a NRWVerf, Art. 69 RhPfVerf, Art. 59 a SaarlVerf, Präambel, Art. 10 SächsVerf, Präambel, Art. 35 SaAnhVerf, Art. 7 SchlHlstVerf, Art. 31 ThürVerf.

878 Art. 141 Abs. 3 BayVerf.

879 Art. 31 Abs. 2 BerlVerf, Art. 11 b BremVerf, Art. 6 b NdsVerf, Art. 70 RhPfVerf; Art. 32 ThürVerf.

880 Art. 2 Abs. 2 BaWüVerf; Art. 5 Abs. 1 Satz 2 SächsVerf.

881 Z.B. Art. 140 BayVerf, Art. 20 Abs. 2, Art. 32 BerlVerf; Art. 34 Abs. 2 und 3, Art. 35 BrdbgVerf, Art. 36 a BremVerf, Art. 16 MeckPomVerf, Art. 6 NdsVerf, Art. 40 RhPfVerf, Art. 34 SaarlVerf, Art. 11 SächsVerf, Art. 36 SaAnhVerf, Art. 9 SchlHlstVerf, Art. 30 ThürVerf.

Verfassungsvorschriften besteht vor allem darin, dass sie ein Gegengewicht gegen die rein wirtschaftlichen und fiskalischen Gesichtspunkte bilden, die in der Politik - und oft auch in der Rechtsprechung - vor allem bei schlechter Finanzlage immer mehr in den Vordergrund treten.[882] Da die Entscheidung, welchem dieser Ziele im Falle einer Kollision der Vorrang eingeräumt werden soll, dem politischen Ermessen unterliegt, ist nur im Extremfall nachprüfbar, ob ein Staatsziel in unerträglicher Weise benachteiligt oder vernachlässigt wird.[883] Da in dieser Arbeit soziale Grundrechte als solche begriffen werden, welche die wirtschaftliche Existenzsicherung bezwecken, werden die übrigen Staatszielnormen nicht näher untersucht.

VII. „Staatszielnormen“

Vor allem in den Verfassungen der neuen Bundesländer wird festgelegt, was unter Staatszielbestimmungen zu verstehen ist, so in den Verfassungen von Sachsen, Sachsen-Anhalt und Thüringen.[884] Die entsprechenden Normen verpflichten das jeweilige Land, die Verwirklichung dieses Staatsziels nach Kräften anzustreben und sein Handeln danach auszurichten. Damit stehen die Staatsziele sämtlich unter dem Vorbehalt der „Kräfte des Landes“. In der thüringischen Regelung ist dabei besonders der Hinweis zu beachten, dass die Verwirklichung der Staatsziele durch das Land „im Rahmen seiner Zuständigkeit“ angestrebt wird. Mit der Klarstellung darüber, was Staatszielbestimmungen sind und wie sie verwirklicht werden können, tragen diese Normen dazu bei, Klarheit zu schaffen über den rechtlichen Gehalt sozialer Staatszielbestimmungen.

VIII. Zusammenfassende Betrachtung und Wertung

Für den Vergleich der einzelnen Verfassungsnormen kommen verschiedene Kriterien in Betracht. Diese sind neben der Sprache auch die Systematik der jeweiligen Verfassung sowie die Rechtswirkung. Vor allem soll der Vergleich jedoch inhaltlich geführt werden.

1. Sprachlicher Vergleich

Sprachlich betrachtet zeichnen sich vor allem in den praeföderalen Verfassungen die sozialen Grundrechte dadurch aus, dass ein „Recht auf ...“ gewährt wird, juristisch betrachtet das Land jedoch nur verpflichtet ist, im Rahmen seiner Zuständigkeit und im Rahmen seiner Möglichkeiten für die

---

882 Zivier, § 35.2.6.2.

883 Zivier, § 35.2.6.2.

884 Art. 13 SächsVerf, Art. 3 SaAnhVerf, Art. 43 ThürVerf.

Verwirklichung dieser Kräfte zu sorgen. Dies findet sich in den Verfassungen von Bayern, Bremen, Hessen oder dem Saarland.

Die Sächsische Verfassung verbindet die das Sozialstaatsgebot konkretisierenden Staatszielbestimmungen mit dem Recht auf ein menschenwürdiges Dasein. Damit knüpft die Verfassung Sachsens sprachlich an international gebräuchliche Formulierungen an, wie z. B. den IPWSKR.

Brandenburg verwendet eine Mischform in den Formulierungen, indem das Land verpflichtet wird, im Rahmen seiner Kräfte für die Verwirklichung des Rechts auf soziale Sicherung, eine angemessene Wohnung oder auf Arbeit zu sorgen. Damit steht die Formulierung „Recht auf ..." nicht im Vordergrund. Lediglich das Recht auf Bildung wird auch als solches formuliert. In ähnlicher Weise zeichnet sich die Verfassung von Berlin dadurch aus, dass zunächst zwar ein Recht garantiert wird, direkt im Anschluss jedoch die Verpflichtung des Landes folgt, dieses Recht zu schützen und zu fördern. Diese, in Brandenburg und Berlin gewählte Lösung, kann zwar auf den ersten Blick für Verwirrung sorgen, macht aber dennoch den eigentlichen Gehalt der sozialen Grundrechte deutlich. *Merten* bezeichnet diese Formulierung, in der zunächst viel verheißen, was anschließend zurückgenommen wird, als „eine Art sozialer Springprozessionen".[885]

Mecklenburg-Vorpommern, Sachsen-Anhalt und Thüringen vermeiden konsequent die Formulierung „Recht auf ...". Stattdessen wurde im Verfassungstext dem Land die Verpflichtung auferlegt, die Idee, die hinter den sozialen Grundrechten steht, zu verwirklichen. Ähnlich wie Mecklenburg-Vorpommern haben auch die in jüngerer Zeit reformierten westdeutschen Landesverfassungen das Problem zugunsten der sprachlichen Klarheit gelöst. So finden sich weder in der Verfassung von Niedersachsen, noch in der von Rheinland-Pfalz vielversprechende Anspruchsformulierungen. Einzige Ausnahme bildet das Recht auf Bildung, welches subjektiv-rechtlich formuliert ist. Lediglich Mecklenburg-Vorpommern gewährt in diesem Zusammenhang nur ein Recht auf freien Zugang zu allen öffentlichen Bildungseinrichtungen, aber kein Recht auf Bildung an sich, und die Verfassung von Rheinland-Pfalz vermeidet auch hier die Formulierung als Anspruch.

Zum Teil sind soziale Grundrechte in den Landesverfassungen von ihrem Wortlaut her als Grundrechte ausgestaltet (Recht auf ...). Auch in der Kommentarliteratur wird in diesem Zusammenhang z.T. von Grundrechtsbestim-

---

885 Merten, VerwArch 83 (1992), S. 283 (297).

mungen gesprochen.[886] Es ist jedoch festzuhalten, dass in der Kommentarliteratur fast durchweg die Ansicht vertreten wird, dass auch diese Formulierungen dem einzelnen Bürger keine subjektiven einklagbaren Rechte einräumen. Diese Formulierungen können daher einen Leser, der die Verfassung in die Hand nimmt und den Text studiert, in die Irre führen.

2. Systematischer Vergleich

Unterschiede zwischen den Verfassungen bestehen auch in ihrer jeweiligen Systematik. In der Bayerischen Verfassung befinden sich Grundrechte im zweiten Hauptteil, nach dem Teil zum Staatsorganisationsrecht. Daran anschließend folgt der dritte Hauptteil über das Gemeinschaftsleben und der vierte Hauptteil über Wirtschaft und Arbeit. In diesen drei Teilen befinden sich soziale Grundrechte, was aus der thematischen Gliederung der Verfassung resultiert. Die Bayerische Verfassung kennt trotz der für den Zweiten Hauptteil gewählten Überschrift keine strenge Scheidung in einen Abschnitt über Grundpflichten und (individuelle) Grundrechte, die den Schutz der Verfassungsbeschwerde genießen, und in einen Abschnitt über objektive Verfassungsgrundsätze, die der Gesetzgeber beachten muss und die für die Auslegung bedeutsam sind.[887] In ähnlicher Weise enthält die Verfassung von Bremen soziale Grundrechte in verschiedenen, thematisch passenden, Teilen, nämlich unter „Grundrechten und Grundpflichten“ und verschiedenen Abschnitten innerhalb der „Ordnung des sozialen Lebens“.

Die Hessische Verfassung enthält einen Abschnitt über „soziale und wirtschaftliche Rechte und Pflichten“, innerhalb dessen sich folgerichtig das Recht auf Arbeit befindet. Vergleichbar regelt dies auch die Saarländische Verfassung. Auch in der Verfassung von Nordrhein-Westfalen finden sich soziale Grundrechte in thematisch passenden Abschnitten, allerdings alle innerhalb des Teils, der Grundrechte und die Ordnung des Gemeinschaftslebens regelt. Diese Lösung hat auch der Verfassungsgeber von Rheinland-Pfalz vorgezogen, der bei der Verfassungsreform im Jahr 2000 den Aufbau der alten rheinland-pfälzischen Verfassung unverändert gelassen hat.

Die Berliner Verfassung enthält einen eigenen Abschnitt „Grundrechte, Staatsziele“, innerhalb dessen die sozialen Grundrechte allerdings verstreut sind, da sie bei den thematisch passenden Freiheitsrechten eingeordnet sind. Das birgt die Gefahr in sich, dass Staatsziele als Erläuterung und Konkretisierung gedeutet werden können und auch echte Grundrechte geschwächt sind,

---

886 So z.B. bei Zivier, § 35.2.5.1.
887 BayVerfGH, BayVBl. 1962, S. 275 (276).

da sie so verstanden werden könnten, als ob sie nur auf das gerichtet seien, was in dem entsprechenden Staatszielzusatz enthalten ist.[888]

Auch die „Dritte Gruppe" der Verfassungen, nämlich die ostdeutschen Landesverfassungen weisen untereinander starke Unterschiede auf. So ist die Thüringische Verfassung nach Themengebieten geordnet, was Verwirrung hinsichtlich der Rechtswirksamkeit der einzelnen Normen stiften kann.[889] Nach *Neumann* erweist sich dieser Nachteil bei näherem Hinsehen aufgrund der klaren Formulierung als nicht so schwerwiegend.[890] Die Verfassung Brandenburgs nimmt keine systematische Trennung zwischen Grundrechten und Staatszielbestimmungen vor und gestaltet diese sehr ausführlich aus.[891] Auf der einen Seite steht die Verfassung Mecklenburg-Vorpommerns, in der die Staatszielbestimmungen in einem besonderen Teilabschnitt zusammengefasst und eindeutig gekennzeichnet sind. In die Verfassung von Sachsen haben als solche formulierte soziale Grundrechte keine Aufnahme gefunden. Sie fanden als soziale Staatsziele Eingang in die Verfassung Die Abschnitte „Grundlagen des Staates" und „Grundrechte" sind getrennt. In der Niedersächsischen Verfassung sind die sozialen Staatsziele eindeutig unter der entsprechenden Überschrift im ersten Abschnitt eingeordnet. Hinsichtlich ihrer Systematik ist die Verfassung von Mecklenburg-Vorpommern vorzugswürdig, da hier Staatsziele nicht mit echten Grundrechten vermengt werden. Sie bewahrt mit der Abstufung zwischen Grundrechten, Einrichtungsgarantien und Staatszielbestimmungen das „Augenmaß für das Mögliche".[892] Nur eine solche strikte Trennung kann zur nötigen Klarheit einer Verfassung beitragen.

3. Inhaltlicher Vergleich

Inhaltliche Unterschiede, aber auch Gemeinsamkeiten sind vor allem bei der ausführlichen Darstellung der landesverfassungsrechtlichen Regelungen zu den einzelnen sozialen Grundrechten deutlich geworden. An dieser Stelle soll daher nur noch einmal kurz auf die einzelnen Verfassungen eingegangen werden. Die Verfassungen von Hessen, Bayern, Bremen, dem Saarland und in ähnlicher Weise auch Nordrhein-Westfalen verwenden zwar die Formulierung „Recht auf ...", inhaltlich betrachtet geben sie jedoch recht wenig Vorgaben, wie der Staat dieses Recht verwirklichen soll.

---

888 Pestalozza, LKV 1995, S. 344 (348).
889 Vgl. Würtenberger/Beck, in: Schmitt (Hrsg.), Thüringen, eine politische Landeskunde, S. 85 (87).
890 P. Neumann, LKV 1996, S. 392 (396).
891 So auch Edinger, in: Schmitt (Hrsg.), Die Verfassung des Freistaats Thüringen, S. 101(122).
892 Kilian, LKV 1993, S. 73 (78); vgl. auch die positive Bewertung bei Sommermann, S. 354.

Die umfangreichsten von allen landesverfassungsrechtlichen Regelungen im Bereich der sozialen Grundrechte sind die in der Verfassung von Brandenburg. Sie sind auch am meisten ausdifferenziert, indem einzelne Maßnahmen vorgegeben oder bestimmte begünstigte Gruppen aufgeführt werden. Für den Gesetzgeber Brandenburgs bedeutet dies, dass er am stärksten von allen Gesetzgebern gebunden ist, so dass der weite Auslegungsspielraum, den das Sozialstaatsgebot belässt, ein Stück verloren geht. Die Verfassung von Sachsen-Anhalt gestaltet die sozialen Staatsziele zwar näher aus, kommt aber bei weitem nicht an die Regelungen in der Brandenburgischen Verfassung heran. Die Thüringer Verfassung nimmt inhaltlich hinsichtlich der hier bearbeiteten Staatszielbestimmungen eine Mittelstellung zwischen den ostdeutschen Landesverfassungen ein. Die Sächsische Verfassung rückt die sozialen Grundrechte zwar in die Nähe der Menschenwürde, nimmt aber keine inhaltlichen Konkretisierungen vor.

Die Staatszielbestimmungen in der Verfassung von Mecklenburg-Vorpommern sind sehr zurückhaltend ausgestaltet worden. Als Beispiel hierfür sei Art. 17 MeckPomVerf angeführt, der die Sicherung eines hohen Beschäftigungsstandes in den Rahmen des gesamtwirtschaftlichen Gleichgewichts stellt. Dies ist nur konsequent, denn eine Politik der Vollbeschäftigung wird ein Land mit seinen Kompetenzen gar nicht betreiben können.[893] Bei den Verfassungen der neuen Länder finden sich zwar gelegentlich Ähnlichkeiten mit der DDR-Verfassung (z. B. bei den Normen über angemessenen Wohnraum), trotzdem ist es nicht zu einer Rezeption der DDR-Verfassung gekommen.[894]

Die Verfassung von Niedersachsen ist ebenfalls zurückhaltend, da sie neben der Formulierung von Staatszielen keinerlei Vorgaben macht. Die sehr aktuelle Verfassung von Rheinland-Pfalz regelt zwar in einem eigenen Abschnitt die Wirtschafts- und Sozialordnung, macht im Übrigen aber keine näheren Angaben zur Konkretisierung der sozialen Staatsziele und ihrer Verwirklichung.

Eine Sonderstellung unter den sozialen Grundrechten nimmt das Recht auf Bildung ein. In allen Landesverfassungen (mit Ausnahme von Hamburg) finden sich – wenn auch unterschiedlich ausführlich – Regelungen zum Bildungswesen, auch wenn (wie z. B. in Hessen und dem Saarland) nicht aus-

---

893 Starck, Die Verfassungen der neuen deutschen Bundesländer, S. 44.

894 Riepe, S. 259 unter Hinweis auf Art. 17 Abs. 3 S. 2 MeckPomVerf und Art. 37 Abs. 1 S. 2 DDRVerf 1968/74.

drücklich ein Recht auf Bildung enthalten ist. Diese Besonderheit resultiert daraus, dass im Kultusbereich den Ländern die Regelungskompetenz zusteht.

4. Normative Wirkung

Wenn die sozialen Grundrechte in den einzelnen Landesverfassungen von Wortlaut und Inhalt her auch unterschiedlich ausgestaltet sind, so besteht doch Einigkeit darüber, dass sie keine subjektiven Rechte vermitteln und mithin nicht einklagbar sind. Dies wird zum Teil auch an entsprechenden Normen zur Verfassungsgerichtsbarkeit der Länder deutlich.[895] So ist z.B. die Verfassungsbeschwerde zum Verfassungsgerichtshof Berlin gemäß Art. 84 Abs. 2 Nr. 5 BerlVerf i.V.m. §§ 14 Nr. 6, 49 ff. Berl. VerfGHG auf die Verletzung subjektiver Rechte beschränkt. Allein auf die Verletzung objektiven Verfassungsrechts, dem Programmsätze und Staatszielbestimmungen zuzuordnen sind, kann die Verfassungsbeschwerde nicht gestützt werden.[896] Auch für die bayerische Verfassungsbeschwerde wird in der Kommentarliteratur hervorgehoben, dass als Voraussetzung ein subjektives Recht geltend gemacht werden muss und sie daher nicht auf objektive Rechtsgrundsätze, wie sie in Art. 3 BayVerf enthalten sind, sowie auf institutionelle Garantien oder Programmsätze gestützt werden kann.[897] In diesem Zusammenhang macht Zacher noch einmal das Problem deutlich, welches dadurch entsteht, dass die Verfassung das Wort „Anspruch“ untechnisch auch dann gebraucht, wenn nur ein Programmsatz oder ein objektiver Rechtsgrundsatz festgelegt werden soll.[898] In Mecklenburg-Vorpommern ist die Verfassungsbeschwerde nur bei der Verletzung von Grundrechten oder staatsbürgerlichen Rechten möglich; ähnlich ausgestaltet sind die Regelungen in Sachsen-Anhalt und in Brandenburg. Da die Verfassung von Brandenburg nicht klar zwischen Grundrechten und Staatszielen unterscheidet, muss das Verfassungsgericht hier sorgfältig bei der Überprüfung der Zulässigkeit der Verfassungsbeschwerde nach § 45 Abs. 1 Brdbg. VerfGG klären, ob die als verletzt gerügte Norm Grundrechtscharakter hat.[899] Besonders deutlich wird der mangelnde Grundrechtscharakter von sozialen Grundrechten in Art. 81 Nr. 4 SächsVerf, der die Verfassungsbeschwerde für die in der SächsVerf niedergelegten Grundrechte regelt und in dessen Aufzählung der klagbaren Rechte Art. 7 SächsVerf gerade nicht enthalten ist. Dies ist nur konsequent, denn klagbare Grundrechte hätten

---

895 Vgl. z.B. Art. 66, 120 BayVerf, Art. 84 Abs. 2 Nr. 5 BerlVerf, Art. 6 Abs. 2, 113 Nr. 4 BrdbgVerf, Art. 53 Nr. 6, 7 MeckPomVerf, Art. 81 Nr. 4 SächsVerf, Art. 75 Nr. 6 SaAnhVerf.

896 von Lampe, in: Pfennig/Neumann, Art. 84, Rn. 127.

897 Zacher, in: Nawiasky u.a., Art. 120, Rn. 13.

898 Zacher, in: Nawiasky u.a., Art. 120, Rn. 13.

899 Kluge, in: Wolnicki, S. 71 (75).

das Land Sachsen überfordert, sowohl wirtschaftlich als auch kompetentiell.[900] Insgesamt zeigt sich, dass bei den Regelungen zur Verfassungsbeschwerde in den Landesverfassungen davon ausgegangen wird, dass die sozialen Grundrechte keine subjektiven Rechte sind.

Eine besondere Stellung unter den sozialen Grundrechten kommt dem Recht auf Bildung zu. Deutlich wird dies auch an Hand der numerus-clausus-Fälle, deren Besonderheit darin besteht, dass dort über den Zugang des Studiums zu entscheiden war, für das grundsätzlich der Staat das Ausbildungsmonopol hat. Aus dieser Monopolstellung wird als Kehrseite eine verstärkte Bindung des Staates abgeleitet.[901] Diese Rechtsprechung kann daher nicht ohne weiteres auf den Bereich nicht-staatlicher Ausbildungswege oder allgemein auf den Bereich der Verschaffung von Arbeitsplätzen durch ein Recht auf Arbeit übertragen werden. Beim Recht auf Arbeit sowie dem Recht auf angemessenen Wohnraum kommt daher als zusätzliches Problem hinsichtlich der Durchsetzbarkeit ihre Gemeinsamkeit hinzu, dass sie Regelungen bezüglich eines Anspruchsobjekts treffen, das in einer vom Grundsatz des privaten Eigentums geprägten Rechts- und Verfassungsordnung der Verfügungsmacht des Staates nahezu vollständig entzogen ist.[902] Ein Problem dieser sozialen Grundrechte stellt sich bei der Bestimmung der jeweiligen Adressaten: Ist Anspruchsgegner eines Rechts auf Arbeit der Staat, die Unternehmer kraft Privatrechts oder die Unternehmer kraft staatlichen Zwangs?[903]

Wenn die sozialen Grundrechte keine einklagbaren Rechte geben, existiert auch kein Adressat im eigentlichen Sinne. Bei Staatszielbestimmungen kann es lediglich „Verpflichtungsadressaten“ geben, die angesprochen sind, Staatszielbestimmungen umzusetzen. Wie sich bereits aus dem Wesen von Staatszielbestimmungen ergibt, ist dies jeweils der Staat. Ob das nur der Landesgesetzgeber ist, oder z. B. auch Kommunen sind, ergibt sich aus den jeweiligen Normen, wie oben bereits für die einzelnen Rechte gezeigt wurde.

Bei der Bearbeitung sozialer Grundrechte fällt auf, dass sie von der Kommentarliteratur häufig in ihrem Aufbau ähnlich wie Grundrechte behandelt werden. Deutlich wird dies, wenn ebenso wie bei Grundrechten zwischen „Jedermann“- und „Deutschengrundrechten“ unterschieden wird. Wenn soziale Grundrechte gewissermaßen als Staatstrukturnormen verstanden werden,

---

900 von Mangoldt, in: Gerlach (Hrsg.), S. 221 (236); Heitmann, SächsVBl. 1993, S. 2 (3) macht ebenfalls auf diese Aufzählung aufmerksam.

901 Kratzmann, S. 50 ff. m.w.N.; BVerfGE 33, 303 (332).

902 Dietlein, S. 146.

903 Wank, S. 41; Tomandl, S. 32 ff.

ist jedoch keine Abgrenzung auf einen bestimmten Berechtigtenkreis möglich, denn die Wirkung trifft letztlich alle im Geltungsbereich der Norm lebenden Menschen. Trotzdem werden von der Literatur teilweise Berechtigte unterschieden.

Eine solche Unterscheidung kann lediglich Auswirkungen haben auf Abwägungsvorgänge zwischen einzelnen Staatszielbestimmungen. Folglich ist ihre Auswirkung recht begrenzt. Wirkung entfalten soziale Grundrechte oder Staatszielbestimmungen trotz allem, nämlich bei der Anwendung und Auslegung subjektiver öffentlicher Rechte oder bei der Abwägung mit anderen Staatszielen.[904] Auch bei Gesetzgebungsvorhaben müssen sie berücksichtigt werden. So wird z. B. zu Art. 128 Abs. 1 BayVerf festgehalten, dass ihm über den Programmsatz hinaus rechtliche Qualität verliehen werde, indem aus der Verfassungsnorm eine objektive Schranke derart abgeleitet werde, dass eine ihr widersprechende Rechtsetzung unzulässig sei.[905] Ebenso können soziale Grundrechte wie beim Handeln der Ländervertreter im Gesetzgebungsverfahren für Bundesgesetze über den Bundesrat Bedeutung erlangen. Zu beachten ist vor allem bei Gesetzgebungsverfahren aber, dass dem Gesetzgeber dabei stets ein weiter Spielraum zusteht.[906]

IX. Ergebnis

Soziale Grundrechte kommen in Form von Verfassungsaufträgen, Staatszielbestimmungen oder Gesetzgebungsaufträgen vor. Zum Teil werden sie auch als Grundrechte formuliert. Die Untersuchung der einzelnen Normen hat jedoch gezeigt, dass ihre formelle Ausgestaltung im Ergebnis keinen Unterschied macht. So wird zwar zum Teil angenommen, dass Staatsziele, da sie objektive verfassungsrechtliche Pflichten des Landes begründen, deshalb mehr als bloße Programmsätze seien, wie sie z. B. in der Bayerischen Verfassung vielfältig enthalten sind.[907] Letzten Endes ist aber keine unterschiedlich starke Wirkung der Normen auszumachen. Eine verfassungsrechtlich justiziable Rangordnung zwischen den verschiedenen Staatszielen und Verfassungsaufträgen lässt sich nicht begründen.[908] Die gesamten Staatszielbestimmungen und Verfassungsaufträge lassen sich nur als politische Programmatik

---

904 BerlVerfG, LVerfGE 4, 62 (64); vgl. BVerfGE 36, 237 (248, 249) bzgl. des Sozialstaatsprinzips; BrdbgVerfG, LVerfGE 8, 97 ff.

905 BayVerfGHE 17, 46 (58); 28, 99 (102); 37, 126 (131); Nawiasky/Leusser, Art. 128, S. 209.

906 Epiney, in: von Mangoldt/Klein/Starck, Art. 20 a, Rn. 45; Brockmeyer, in: Schmidt-Bleibtreu/Klein, Art. 20 a, Rn. 4.

907 Degenhart, in: Stober (Hrsg.), § 2, Rn. 6.

908 Würtenberger/Beck, in: Schmitt (Hrsg.), Thüringen, eine politische Landeskunde, S. 85 (92).

ohne eigenständigen rechtlichen Gehalt verstehen, so dass sich ein verfassungsrechtlicher Streit in aller Regel nicht darauf zuspitzen kann, welche der vielfältigen Staatsziele und Verfassungsaufträge angesichts des knappen Ressourcenrahmens vorrangig zu fördern sind.[909] Nach *Zivier* erscheint allerdings vor allem für die Grundrechte, die den wirtschaftlichen und sozialen Bereich betreffen, die Frage angebracht, ob eine Formulierung als Grundrecht nicht im Interesse einer normerhaltenden Interpretation ganz oder teilweise als Staatszielbestimmung umgedeutet werden sollte.[910] Eine Umdeutung ist indes nicht nötig. Trotz ihrer Formulierung sind die als Grundrechte formulierten sozialen Grundrechte nämlich Staatszielbestimmungen und als solche zu behandeln. Die Gerichte beschäftigen sich, wie bereits bei der Untersuchung der einzelnen Normen deutlich wurde, relativ wenig mit sozialen Grundrechten. Daran lässt sich die recht geringe Bedeutung dieser Staatszielbestimmungen ablesen. So bemerkt *Meder* für die Bayerische Verfassung, dass die Wirkung der programmatischen Grundsätze, die der Abschnitt „Wirtschaft und Arbeit" hauptsächlich enthält, äußerst gering ist.[911] Daher rühre auch die Zurückhaltung des bayerischen Verfassungsgerichtshofes bzgl. der Beschäftigung mit diesen Normen.

Bei der Beschäftigung mit sozialen Grundrechten in den Landesverfassungen fällt die sehr unterschiedliche Fülle von Literatur zu den jeweiligen Verfassungen auf. Auch daran wird der Stellenwert, der sozialen Grundrechten auf der Ebene der jeweiligen Länder eingeräumt wird, deutlich. So ist das Hauptthema der Literatur zur saarländischen Verfassung die Saarfrage. Neuere Literatur, welche ausführlicher auf soziale Grundrechte eingeht, existiert kaum. Zu den Verfassungen der neuen Bundesländer besteht hingegen eine nahezu unüberschaubare Menge an Quellen, da insbesondere der Prozess der Verfassungsentstehung nicht nur in den neuen Bundesländern selbst, sondern auch im Westen mit großem Interesse begleitet wurde. Ebenso haben sich die Gerichte, namentlich die Landesverfassungsgerichte bzw. Staatsgerichtshöfe, in unterschiedlicher Weise mit den sozialen Grundrechten beschäftigt, wie bei der Darstellung der einzelnen Rechte zu sehen ist.

---

909 Würtenberger/Beck, in: Schmitt (Hrsg.), Thüringen, eine politische Landeskunde, S. 85 (92).

910 Zivier, § 35.2.1.

911 Meder, Vorb. Vor Art. 151, Rn. 1; Zacher, Vor Art. 151, Rn. 17.

Viertes Kapitel: Weiterführende Überlegungen

Nachdem die sozialen Staatszielbestimmungen in den Landesverfassungen im Einzelnen beleuchtet wurden, sollen nun weiterführende Überlegungen zur Problematik der sozialen Grundrechte angestellt werden. Daher wird zunächst die verfassungspolitische Diskussion um soziale Grundrechte, die immer dann wieder verstärkt aufgenommen wird, wenn es um die Implementierung solcher Rechte in Verfassungstexte geht (z. B. in die Verfassungen der neuen Bundesländer, aber auch in die Europäische Grundrechtscharta), dargestellt. Im Anschluss daran wird versucht, Rechtsinstitute zu finden, mit denen soziale Grundrechte in ihrer Struktur oder Wirkungsweise verglichen werden können. Daneben wird erläutert, welche Möglichkeiten der Durchsetzung sozialer Grundrechte auf verfassungsgerichtlicher Ebene denkbar sind. Außerdem werden soziale Grundrechte im internationalen Rahmen betrachtet. Es klang bereits an, dass z. B. die Sächsische Verfassung ihren Art. 7 in enger Anlehnung an den IPWSKR formuliert hat. Darüber hinaus sind die Verfassungen der neuen Bundesländer zum Teil Vorbild für die Europäische Grundrechtscharta, womit die Verflechtung auch der Länder mit der europäischen Ebene deutlich wird.

I. Die verfassungspolitische Diskussion um soziale Grundrechte

Gerade im Bereich der sozialen Grundrechte sind Verfassungsnormen Gegenstand politischer Auseinandersetzungen. Eine abschließende Bewertung der sozialen Grundrechte in den Landesverfassungen sowie der Europäischen Grundrechtscharta erfordert daher auch einen Blick auf die verfassungspolitische Seite. Hierbei ist zu beachten, dass im Schrifttum diese Fragen hauptsächlich in Bezug auf das Grundgesetz erörtert werden, so z. B. bei der Frage, ob ein Staatsziel Umweltschutz in das Grundgesetz aufgenommen werden soll. Die Argumente, die in diesem Zusammenhang vorgebracht werden, gelten aber auch für die Diskussion um die Aufnahme sozialer Grundrechte in die Landesverfassungen, so dass sie der Vollständigkeit halber mit berücksichtigt werden.

1. Argumente pro soziale Grundrechte

Als Argument für die Aufnahme sozialer Grundrechte in eine Verfassung wird angeführt, dass es geboten sei, endlich die Mindestvoraussetzungen eines menschenwürdigen Lebens festzuschreiben, deren Gewährleistung den Kern des Sozialstaatsprinzips ausmacht. Hierher gehöre das Recht auf das wirtschaftliche Existenzminimum und insbesondere auch das Recht auf eine angemessene Wohnung. Beides sollte als einklagbares Recht formuliert werden.[912] Doch auch eine objektiv-rechtliche Verpflichtung könne dazu beitragen, dass z. B. für den Bereich Wohnraum eine aktive Wohnungsmarktpolitik, die finanzierbaren Wohnraum auch in Zeiten knapper Mittel in den öffentlichen Haushalten für breite Bevölkerungsschichten schafft, als Zielsetzung erhalten bleibe.[913] Die Aufnahme sozialer Grundrechte in die Verfassung berge die Chance in sich, die bestehende Rechtsordnung auf ihre Berechtigung zu überprüfen. So muss bei der Formulierung eines jeden sozialen Grundrechts gefragt werden, ob der bisher erreichte soziale Standard beibehalten, ausgeweitet oder auch eingeschränkt werden soll.[914]

Durch die Aufnahme sozialer Grundrechte in eine Verfassung könne diese anschaulicher und attraktiver gemacht werden.[915] In den achtziger Jahren wurde die leichtere Identifikation mit der Verfassung vor allem für die jüngere Generation, die konkreter nach dem Wesen des Staates und seinen Zielen frage, als Argument für die Aufnahme sozialer Grundrechte in die Verfassung angeführt.[916] Doch auch bereits bei den praeföderalen Verfassungen wurde die Verankerung sozialer Grundrechte in der Verfassung damit begründet, dass eine höhere Identifikation der Bürger mit dem neuen Verfassungsstaat erreicht werden sollte.[917] Daneben sollte die Aufnahme sozialer Grundrechte auch verhindern, dass dem Faschismus jemals neuer Nährboden gegeben werden könnte. So entsprach es der damaligen Grundüberzeugung, dass Arbeitslosigkeit und soziale Not zu den wesentlichen Ursachen des Faschismus gehörten, denen mit der Neuausrichtung der Verfassungsgarantien vorgebeugt werden sollte.[918] *Arndt* drückte es so aus: „Hunger und Frieren erzeugen nichts als Angst; die politische Ausgeburt der Angst aber ist stets der Faschismus“[919]. Daneben wird vertreten, dass soziale Grundrechte erzieherisch im Sinne staatsbürgerlicher Zuwendung zu Gemeinschaftswerten oder einheitsstiftend und fortdauernd, die Einheit der staatsbürgerlichen Gemeinschaft erhaltend, wirken können.[920]

---

912 Lange, in: NG/FH, S. 832 (834).
913 Lange/Jobs, in: Eichel/Möller, S. 445 (468).
914 Ramm, in: Böckenförde, S. 17 (30).
915 Vgl. Darstellung bei Lücke, AöR 107 (1982), S. 15 (16).
916 So Schmude (SPD), Bulletin der BReg vom 23. März 1981, S. 233/234.
917 von Zezschwitz, in: Heidenreich/Böhme, S. 317 (328) für die Hessische Verfassung.
918 von Zezschwitz, in: Heidenreich/Böhme, S. 317 (328) für die Hessische Verfassung.
919 Arndt, in: Berding, Dokument Nr. 22, S. 243 (247).
920 Bericht der Sachverständigenkommission Staatszielbestimmungen/Gesetzgebungsaufträge, S. 36.

Es wird auch auf den herausgehobenen Charakter sozialer Grundrechte aufmerksam gemacht. Nach *Stettner* ginge dieser, den etwa das Recht auf Ausbildung nach Art. 128 Abs. 1 BayVerf durch seine ausdrückliche Nennung in der Bayerischen Verfassung erhält, verloren, wenn es zusammen mit anderen sozialen Belangen in eine keine Differenzierungen aufweisende Generalklausel eingebracht bzw. aus ihr ableitbar wäre. Insbesondere im Zusammenhang mit Abwägungsvorgängen, die der Gesetzgeber bei der Berücksichtigung sozialer Belange leisten muss, fehle es an der ausreichenden Verfassungsanleitung für die Gewichtung der einzustellenden Einzelbelange. Dadurch werde die Gefahr heraufbeschworen, dass relevante Einzelbelange ohne ausreichende politische Durchsetzungskraft, wie es im Sozialbereich häufig der Fall sei, zu Unrecht auf der Strecke blieben.[921]

Obwohl Staatsziele nicht individuell einklagbar sind, sind sie für alle Staatsorgane Verfassungsauftrag und rechtliche Verpflichtung.[922] Der Gesetzgeber bleibt zumindest bei Staatszielbestimmungen maßgebliches Entscheidungsorgan. Die verfassungsrechtliche Verankerung eines Ziels, z. B. des Umweltschutzes, lässt nämlich sowohl Auswahl und Gewichtung der im Einzelnen verfolgten Teilziele offen als auch die Auswahl der Mittel.[923] Soziale Grundrechte könnten bei der Bestimmung der Gesetzgeber und Behörden zustehenden Ermessensräume eine Rolle spielen und politischen Druck ausüben.[924] Nach *Hernekamp* könnten sie in ihrer verfassungsrechtlichen Substanz durchaus auf einer Stufe mit liberalen Grundrechten eingestuft werden. Das Problem der „Austarierung" der unterschiedlichen Grundrechte stelle sich dem Verfassungsgeber nicht anders als bei anderen Kollisionslagen im Grundrechtsbereich.[925]

Auf Landesebene bedeutet die Entscheidung für die Verankerung von Staatszielbestimmungen zugleich, dass der verfassungsrechtlich gegebene Spielraum des Landesverfassungsgebers im föderativen Staat in einem zentralen Bereich genutzt wird.[926] Die für diesen Spielraum konstitutive Verfassungshoheit und –autonomie der Länder ergibt sich aus der originären, d.h. nicht vom Bund abgeleiteten Staatsqualität der Länder.

---

921 Stettner, in: Nawiasky u.a., Art. 128, Rn. 6.
922 Künzel, Brandenburgs Landesverfassung in Geschichte und Gegenwart, S. 22.
923 Uhle, DÖV 1993, S. 947 (951).
924 K. Müller, Art. 7, S. 84.
925 Hernekamp, S. 16.
926 Sacksofsyky, NVwZ 1993, S. 235 (239); Edinger, in: Schmitt (Hrsg.) Die Verfassung des Freistaats Thüringen, S. 101 (107).

Zusammenfassend werden also die nötige Spezifizierung des Sozialstaatsprinzips, größere Identifikation mit der Verfassung, Hilfe bei der Abwägung zwischen einzelnen sozialen Belangen, die Ausschöpfung des verfassungsrechtlichen Spielraums der Länder sowie der Verfassungsauftrag für alle staatlichen Organe als Argumente für die Aufnahme sozialer Grundrechte in eine Verfassung aufgeführt.

2. Argumente contra soziale Grundrechte

Gegen die Aufnahme von sozialen Grundrechten kann angeführt werden, dass das Sozialstaatsprinzip an Wirkung einbüßen würde, sofern einzelne Belange als soziale Grundrechte besonders hervorgehoben würden, da dem offen formulierten Sozialstaatsprinzip somit seine Flexibilität genommen würde.[927] Außerdem wird häufig eingewandt, soziale Grundrechte versprächen mehr als sie halten könnten, würden die Anziehungskraft und Durchschlagskraft einer Verfassung schmälern und führten damit zum Verlust der Integrationskraft der Verfassung.[928] Konstitutionell festgeschriebene soziale Grundrechte könnten langfristig zu ernsthaften Verfassungsproblemen führen, sofern sie nicht eingelöst würden.[929] Damit unmittelbar zusammen hängt das Problem der fehlenden Justiziabilität sozialer Grundrechte, welche einerseits notwendig erscheint, andererseits dazu führt, dass der einzelne Bürger den Verfassungstext missverstehen und die Einlösung der gemachten Versprechen nicht einfordern kann. Wären sie justiziabel, so bestünden für die Justiz zwei Möglichkeiten: Entweder die Gerichte proklamieren zwar soziale Grundrechte, überlassen die Entscheidung im Einzelnen aber dem Gesetzgeber, der diese Grundrechte leer laufen lassen kann. Oder die Gerichte übernehmen selbst die Aufgabe, den Inhalt der sozialen Grundrechte zu konkretisieren und beschwören dadurch einen Verfassungskonflikt herauf.[930] Auch besteht eine Gefährdung für die Effektivität des Rechtsschutzes durch extensiv interpretierte soziale Grundrechte, da die Gerichte wenig Möglichkeiten haben, ihre Direktiven in die Praxis umzusetzen.[931] Dazu führt *Wank* aus, Gerichte könnten zwar staatliche Maßnahmen für unzulässig erklären oder abstrakt staatliche Aktivitäten gebieten, aber z. B. keine Universitätsgebäude errichten.[932] Bei diesem Argument ist indes zu beachten, dass gerichtliche Entscheidungen in aller Regel auf Vollzug angewiesen sind. *Von Mangoldt*

---

927 Vgl. H. Klein, DVBl. 1991, S. 729 (734-736); Isensee, Der Staat 1980, S. 367 (377).
928 Merten, VerwArch 83 (1992), S. 183 (297); vgl. Graf Vitzthum, ZfA 1991, S. 695 (698, 711).
929 Merten, DÖV 1993, S. 368 (376); Graf Vitzthum, VBlBW 1991, S. 404 (410).
930 Wank, S. 40.
931 Wank, S. 41.
932 Wank, S. 41.

ist der Ansicht, dass zur Wahrung des Demokratiegebots die Achtung eines Mindestbestandes an Entscheidungsfreiheit für den künftigen Gesetzgeber gehöre, ganz besonders bei der originären Haushaltskompetenz des Landtages. Klagbare soziale Grundrechte würden diese schwer stören, der Haushaltsgesetzgeber wäre auf lange Zeit gezwungen, verfassungsrechtlich begründeten Ansprüchen hinterherzulaufen, weit über die staatliche Leistungsfähigkeit hinaus.[933]

Die Inkorporation sozialer Grundrechte kann darüber hinaus auch zu einer Durchbrechung des Gewaltenteilungsprinzips führen. Der Gesetzgeber sei nämlich, sofern solche Rechte in der Verfassung verankert seien, bereits politisch gebunden und habe nur noch wenig eigenen Gestaltungsraum, da er verfassungsrechtlich verpflichtet sei, auf die Umsetzung dieser Direktiven hinzuwirken.[934]

Gegen soziale Grundrechte wird weiterhin ihre mangelnde Konkretisierbarkeit als Argument vorgebracht sowie die Beeinträchtigung der Freiheit anderer, welche nicht genügend beachtet werde.[935] Probleme bei der Normierung sozialer Grundrechte in einer Verfassung entstehen letztlich also mit der Flexibilität des Sozialstaatsprinzips, zu hohen Versprechungen durch die Verfassung, Kollisionen mit anderen sozialen Belangen, dem Gewaltenteilungsprinzip sowie mit der Festlegung möglicher Anspruchsgegner.

Wie *Schmidt* am Beispiel Hessens deutlich macht, sollte über die Streitigkeiten um rechtliche Abgrenzungen in Einzelfragen die politische Grundsatzproblematik der meisten landesverfassungsrechtlich gewährleisteten „sozialen Grundrechte" nicht übersehen werden: So sei Hessen – wie jedes andere Bundesland – nicht in der Lage, eine von der Wirtschafts- und Sozialpolitik des Bundes abweichende Linie zu verfolgen und so diesen Teil seiner Verfassung aus eigener Kraft zu verwirklichen.[936] Dieser Aspekt erschwert die Durchsetzung sozialer Grundrechte auf Landesebene.

Schwarz fasst Nutzen und Schaden von Staatszielbestimmungen wie folgt zusammen: Auf der einen Seite vermöge eine Staatszielbestimmung der Politik neue Impulse zu geben; zugleich bestehe aber die Gefahr, dass Verantwortlichkeiten im Verfassungsstaat aufgelöst und insbesondere staatliche

---

933 von Mangoldt, in: Gerlach, S. 221 (244).
934 Vgl. H. Klein, DVBl 1991, S. 729 (735, 736); Graf Vitzthum, VBlBW 1991, S. 404 (413).
935 Wank, S. 37 mit näheren Ausführungen dazu.
936 Schmidt, in: Meyer/Stolleis, S.35 (48) mit Hinweis darauf, dass die Finanzreformen dies endgültig besiegelt hätten.

Aufgabenzuweisungen von der finanziellen Leistungsfähigkeit und der Finanzkraft der öffentlichen Haushalte abgelöst würden. Konsequent schließt er daraus, dass nur elementare – also nicht lediglich dem Zeitgeist entsprechende – Gemeinschaftsbelange als Staatszielbestimmungen normiert werden sollten.[937] Nach *Dietlein* handelt es sich bei den wohnungs- sowie den arbeitsrechtlichen Sozialbestimmungen aber gerade um „konjunkturabhängige" Verbürgungen, deren Popularität in Zeiten besonders ansteige, in denen sie vom Staat am wenigsten verwirklicht werden können.[938]

3. Zusammenfassung

Der Blick auf die verfassungspolitische Diskussion um soziale Grundrechte zeigt, wie kontrovers ihr Schaden und Nutzen beurteilt wird. Der Streit über den politischen Wert sozialer Grundrechte soll letztendlich jedoch der Politik vorbehalten bleiben. Die Frage, welche über das juristische Instrument hinausgehende politisch-appellative Bedeutung eine Verfassung für ein Gemeinwesen hat[939], soll daher nicht näher betrachtet werden.

II. Wirkung sozialer Grundrechte

Um die Wirkung sozialer Grundrechte einordnen zu können, ist es möglicherweise hilfreich, Struktur und Wirkung anderer „Rechtsgebilde" zum Vergleich heranzuziehen. Als solche kommen Verfassungsaufträge des Grundgesetzes, die eine Reflexwirkung entfalten, aber auch das Institut der staatlichen Schutzpflichten in Frage.

1. Reflexwirkung

Es ist zu überlegen, ob die Wirkung sozialer Grundrechte mit der Wirkung von Verfassungsaufträgen, wie sie das Grundgesetz kennt, verglichen werden kann. Ein Beispiel für einen solchen Verfassungsauftrag bildet Art. 6 Abs. 5 GG, welcher zugleich eine Wertentscheidung für das gesamte Recht enthält,[940] so dass sämtliche Normen daran zu messen sind. Daneben enthält Art. 6 Abs. 5 GG indes ein Grundrecht mit unmittelbarer Rechtswirkung, so dass jedes einfache Gesetz an ihm zu messen ist.[941] Art. 6 Abs. 5 GG gewährt ein subjektives Recht. Somit kommt ihm in der Bedeutung für den einzelnen

937 Schwarz, NdsVBl. 1998, S. 225 (227).
938 Dietlein, S. 146.
939 Vgl. dazu Hesse, Die normative Kraft der Verfassung, S. ff.
940 Coester-Waltjen, in: von Münch, Art. 6 Rn. 112, 113.
941 Coester-Waltjen, in: von Münch, Art. 6, Rn. 114; BVerfGE 17, 148 (155).

größeres Gewicht zu als den sozialen Grundrechten, welche Staatszielbestimmungen darstellen.

Dies soll zusätzlich am Beispiel des Art. 33 Abs. 5 GG erläutert werden. Art. 33 Abs. 5 GG, welcher die hergebrachten Grundsätze des Berufsbeamtentums regelt. Dabei geht der Verfassungsauftrag nicht dahin, die hergebrachten Grundsätze des Berufsbeamtentums unbesehen in neues Recht umzusetzen, sondern verlangt nur, sie zu *berücksichtigen*, d.h. sie mitzubeachten neben anderen Erfordernissen, die sich aus den Grundsätzen der freiheitlichen, rechts- und sozialstaatlichen Demokratie oder gewandelten Zeitverhältnissen notwendig ergeben.[942] Allerdings leitet das Bundesverfassungsgericht aus Art. 33 Abs. 5 GG für einzelne hergebrachte Grundsätze über die Berücksichtigungspflicht hinaus z.T. eine Beachtenspflicht ab.[943] Damit kommt das besondere Gewicht, das einem zu beachtenden Belang innerhalb einer Abwägung zukommt, zum Ausdruck.[944]

Fraglich bleibt dabei, welche Ähnlichkeiten soziale Grundrechte tatsächlich mit einer institutionellen Garantie wie derjenigen des im Grundgesetz verankerten Berufsbeamtentums aufweisen. Zunächst stellt Art. 33 Abs. 5 GG einen Regelungsauftrag dar, der vor allem die Legislative betrifft.[945] Daneben ist Art. 33 Abs. 5 GG als unmittelbar geltendes Recht auch Maßstab für dienstrechtliche Einzelentscheidungen der Exekutive.[946] Art. 33 Abs. 5 GG ist damit nicht nur „Programm" oder „Anweisung", sondern unmittelbar im Sinne einer Verfassungspflicht formuliert.[947] Da Art. 33 Abs. 5 GG als unmittelbar geltendes Recht Maßstab für dienstrechtliche Entscheidungen ist, kann insofern von einer Reflexwirkung der Norm gesprochen werden. Als Reflexwirkungen werden solche Wirkungen einer Norm bezeichnet, die eine Person faktisch begünstigen oder belasten, ohne ihren Bestand an Rechten oder Pflichten zu verändern.[948]

Auch die sozialen Grundrechte werden zum Teil als Verfassungsaufträge formuliert und geben, wie oben bereits gezeigt wurde, der Legislative den Auftrag, auf ihre Verwirklichung hinzuwirken. Auch sind sie unmittelbar

---

942 Vgl. Bergmann, in: Seifert/Hömig, Art. 33, Rn. 10; BVerfGE 11, 203 (215); 15, 167 (195).
943 Lecheler, in: HbdStR, Bd. III, § 72, Rn. 66; BVerfGE 62, 374 (383); vgl. Darstellung bei Pieroth, in: Jarass/Pieroth, Art. 33, Rn. 36.
944 Jachmann, in: von Mangoldt/Klein/Starck, Art. 33 Abs. 5, Rn. 53.
945 Jachmann, in: von Mangoldt/Klein/Starck, Art. 33 Abs. 5, Rn. 40.
946 Jachmann, in: von Mangoldt/Klein/Starck, Art. 33 Abs. 5, Rn. 40; BVerfGE 15, 167 (195); 9, 268 (286); Lecheler, in: HbdStR, Bd. III, § 72, Rn. 66.
947 Kunig, in: von Münch, Art. 33, Rn. 53.
948 Bachof, in: GS für W. Jellinek, S. 287 (288).

geltendes Recht, welches stets beachtet werden muss. Es ist daher zu überlegen, ob von sozialen Grundrechten eine ähnliche Reflexwirkung ausgeht wie von Art. 33 Abs. 5 GG. *Gallwas* führt in diesem Zusammenhang aus, dass Bildungsleistungen, die der Einzelne erhält, Reflexe staatlicher Verpflichtung oder staatlichen Handelns seien, aber nicht Gegenstand eines subjektiven Rechts des „Bildungsbürgers" gegen den staatlichen Bildungsträger.[949] Dies lässt sich auch auf Leistungen des Staates hinsichtlich der Verwirklichung anderer sozialer Grundrechte, also dem Bereitstellen von Wohnraum oder der Förderung von Arbeitsplätzen übertragen. So spricht *Müller* davon, dass aus den Verpflichtungen des Staates durch Staatszielbestimmungen für den Bürger „positive Situationen", die auch als „Rechtsreflexe" oder „Reflexrechte" bezeichnet werden, entstehen.[950]

Letztlich besteht allerdings ein bedeutender Unterschied zwischen Art. 33 Abs. 5 GG und sozialen Grundrechten. So korrespondiert der objektiv-rechtlichen Regelungsaussage des Art. 33 Abs. 5 GG zu deren Absicherung eine grundrechtsähnliche Individualgarantie, also ein verfassungsbeschwerdefähiges subjektives Recht des Beamten darauf, dass seine individuelle Rechtstellung den Anforderungen des Art. 33 Abs. 5 GG genügt.[951] Es besteht also ein grundrechtsgleiches Recht des Beamten auf Berücksichtigung der hergebrachten Grundsätze des Berufsbeamtentums durch den Dienstherrn und durch die Gesetzgebung, soweit diese Grundsätze die beamtenrechtliche Rechtsstellung des Beamten betreffen.[952] Subjektive Rechte aus Art. 33 Abs. 5 GG sollen verletzt sein, wenn der Gesetzgeber dem Regelungsauftrag nicht oder unvollkommen entsprochen habe, überdies auch dann, wenn er das Gesetzesrecht in unbestimmten Zustand überlassen habe.[953] Als grundrechtsgleiches Recht können aus Art. 33 Abs. 5 GG damit subjektive Rechte erwachsen, was bei sozialen Grundrechten nicht der Fall ist, denen allenfalls Reflexwirkung zukommt. Daher kommt Art. 33 Abs. 5 GG letztlich größeres Gewicht zu als sozialen Grundrechten.

---

949 Gallwas, BayVBl. 1976, S. 385 (385).

950 K. Müller, Art. 7, S. 83.

951 Jachmann, in: von Mangoldt/Klein/Starck, Art. 33 Abs. 5, Rn. 40; BVerfGE 12, 81 (87); 8, 1 (17); 64, 367 (375); nach a. A. sprechen grammatische, genetische und systematische Gründe gegen die Annahme eines grundrechtsgleichen Rechts, Pieroth, in: Jarass/Pieroth, Art. 33, Rn. 32; Kunig, in: von Münch, Art. 33, Rn. 55 unter Hinweis darauf, dass ein „Beachtungsauftrag" nicht korrespondierende subjektive Rechte hervorrufen muss.

952 Brockmeyer, in: Schmidt-Bleibtreu/Klein, Art. 33, Rn. 13.

953 So die Rechtsprechung seit BVerfGE 12, 81 (87); Stern, Bd. I, § 11 III 4 S. 353.

2. Soziale Grundrechte und staatliche Schutzpflichten

Parallelen können möglicherweise auch zwischen dem Institut der sozialen Grundrechte und dem staatlicher Schutzpflichten bestehen. Nach *Pietzcker* liegt es in der Konsequenz eines Grundrechtsverständnisses, das in den Grundrechten nicht (nur) den Wert der Staatsfreiheit, sondern die jeweils in den Grundrechten thematisierten Güter wie Gesundheit, Beruf, Wohnung geschützt sieht, staatliche Pflichten zum Schutz dieser Güter gegen Angriffe, von welcher Seite auch, zu postulieren.[954]

Den Grundrechten werden also staatliche Schutzpflichten entnommen.[955] Diese verpflichten den Staat dazu, den Einzelnen durch aktives Tätigwerden vor nichtstaatlichen Gefährdungen seiner Grundrechtsgüter zu schützen.[956] Den Gedanken der staatlichen Schutzpflicht hat das Bundesverfassungsgericht zum ersten Mal im ersten Abtreibungsurteil ausgesprochen, in dem das Gericht den Staat zum Erlass eines Strafgesetzes verpflichtet, das die Leibesfrucht gegen Eingriffe Dritter schützt.[957] Andere Beispiele bilden Entscheidungen des Bundesverfassungsgerichts[958] wie Schleyer[959], Kalkar[960], Mülheim-Kärlich[961], Fluglärm[962], C-Waffen[963] oder Nachtbackverbot[964]. Neben Schutzpflichten im Bereich von Leben und Gesundheit[965] hat das Bundesverfassungsgericht solche aus der Garantie der Berufsfreiheit abgeleitet[966]. Hier ist zu untersuchen, inwieweit Parallelen zum Recht auf Arbeit bestehen, da die staatliche Schutzpflicht nach *Pietzcker* nicht in jeder, aber in mancher Hinsicht die Problematik sozialer Grundrechte teilt.[967]

Pietzcker verweist darauf, dass die unterschiedlichen grundrechtsfortbildenden Konzepte wie die Drittwirkung, die objektivrechtliche Wertordnung und die staatliche Schutzpflicht eines gemeinsam haben, nämlich die Auffassung,

---

954 Pietzcker, NVwZ 1984, S. 550 (554).
955 Isensee, HbdStR, Bd. V, § 111, Rn. 1 ff.; Dietlein, Die Lehre von den grundrechtlichen Schutzpflichten; S. 34 ff.; H. Klein, DVBl. 1994, S. 489 ff; Unruh, S. 20 ff.; Ehlers, FS für Lukes, S. 337 (338).
956 Erichsen, Jura 1997, S. 85 (85); Ehlers, FS für Lukes, S. 337 (338, 339).
957 BVerfGE 39, 1 (42 ff.).
958 Bzgl. eines Überblicks siehe Erichsen, Jura 1997, S. 85 ff.
959 BVerfGE 46, 160 (164).
960 BVerfGE 49, 89 ff.
961 BVerfGE 53, 30 (57).
962 BVerfGE 56, 54 (73, 78).
963 BVerfGE 77, 170 (214).
964 Z.B. BVerfGE 85, 191 (212).
965 BVerfGE 88, 203 (251).
966 BVerfGE 92, 26 (46).
967 Pietzcker, NVwZ 1984, S. 550 (554).

dass Grundrechte Werte oder Güter sind. Als Werte aber könnten sie von Privaten genauso verletzt werden wie vom Staat, müssten also umfassend geschützt werden. Als Werte zielten sie außerdem nicht nur auf Schutz vor Eingriffen, sondern auch auf Förderung ihrer Entwicklung. Der Staat müsse daher von Grundrechts wegen für die Realisierung der durch die Grundrechte geschützten Güter sorgen, und dürfe sich nicht auf die gesellschaftliche Selbstregulierung verlassen.[968] *Pietzcker* untersucht für das Recht auf Arbeit, wie die genannten Ansätze dieses soziale Grundrecht beeinflussen können. So beeinflusst die objektivrechtliche Ausstrahlung oder wertsetzende Bedeutung des Art. 12 Abs. 1 GG zwar die Auslegung arbeitsrechtlicher Normen und Verträge (Stichwort: Drittwirkung bzw. Ausstrahlungswirkung der Grundrechte), kann aber keine Einstellungspflicht schaffen und die Kündigung nicht beliebig beschränken. Nur der staatliche Schutzanspruch könnte hier eventuell weiterhelfen. Allerdings stieße auch er auf Grenzen. Zum einen ist nämlich der Beruf nicht ein dem Einzelnen verfügbares Gut, welches vor Eingriffen Dritter geschützt werden muss (wie z. B. die Gesundheit), sondern bei abhängig Arbeitenden ein Arbeitsverhältnis, das erst einmal begründet werden muss. Damit würde ein Schutzanspruch nicht ausreichen, vielmehr müsste es sich um einen echten Verschaffungsanspruch handeln.

Zum anderen hat das Bundesverfassungsgericht, um zu verhindern, dass über die Entwicklung grundrechtlicher Schutzpflichten politische Entscheidungen zunehmend der Judikative zugeschlagen werden, eine Verletzung solcher Pflichten nur bei Evidenz bejaht und im Übrigen der Legislative die Entscheidung über den richtigen Weg überlassen.[969] Ein solch evidenter Verstoß dürfte angesichts des bestehenden Arbeitsschutzrechts sowie der verschiedenen Möglichkeiten der Bekämpfung der Arbeitslosigkeit jedoch nicht bestehen.[970] Daneben darf nicht übersehen werden, dass ein solcher staatlicher Schutz nicht selten nur durch einen Eingriff in Grundrechte Dritter realisiert werden kann.[971] Ist dies der Fall, so ist der Gesetzgeber Adressat der Schutzpflicht.[972] Dieses Problem stellt sich in der gleichen Weise wie bei staatlichen Schutzpflichten auch bei der Verwirklichung sozialer Grundrechte, sofern diese einen subjektiven Anspruch geben würden. Die Grundrechtsfortbildung von Art. 12 GG hat also eine geringe Bedeutung für ein Recht auf Arbeit. Um

968 Pietzcker, Recht auf Arbeit – Verfassungsrechtliche Aspekte, in: Recht auf Arbeit – Vorträge, S. 15 (21); vgl. auch Erichsen, Jura 1997, S. 85 (85).

969 BVerfGE 56, 54 (80, 81).

970 Pietzcker, Recht auf Arbeit – Verfassungsrechtliche Aspekte, in: Recht auf Arbeit – Vorträge, S. 15 (23).

971 Preu, JZ 1991, 265 (266 ff.).

972 Erichsen, Jura 1997, S. 85 (88).

angemessenere Arbeitsmöglichkeiten zu schaffen, bleibt das Sozialstaatsprinzip als Grundlage bestehen.[973]

Es bestehen jedoch auch Unterschiede zwischen der Struktur sozialer Grundrechte und der staatlicher Schutzpflichten. Die grundrechtlichen Schutzpflichten unterscheiden sich von der Verpflichtung aus Staatszielen darin, dass sie der Gewährleistung individual-rechtlich abgesicherter Freiheitsräume dienen und die Grundrechte als subjektive Rechte stärken sollen.[974] Sie zielen damit auf normative Leistungen des Staates bzw. auf den Schutz der Grundrechtsgüter vor Beeinträchtigung.[975] Vor allem steht dem einzelnen Bürger zur Durchsetzung einer staatlichen Schutzpflicht der Rechtsweg zum Bundesverfassungsgericht offen, so kann insbesondere die Verfassungsbeschwerde gegen ein Unterlassen des Gesetzgebers, eine schutzpflichtkonforme Regelung bereitzustellen, geltend gemacht werden.[976] Die Subjektivierung grundrechtlicher Schutzpflichten lässt sich auf staatliche Schutzpflichten aus Staatszielen nicht übertragen. Dies schließt es freilich nicht aus, dass auch Staatsziele punktuell subjektive Elemente im Sinne eines Rechts auf Schutz enthalten können.[977] Allerdings zielen soziale Grundrechte auf materielle Leistungen des Staates, auf die Befähigung der Grundrechtsträger zu tatsächlicher Grundrechtsausübung und damit auf die Erweiterung von Freiheit hin.[978] Darüber hinaus dienen Schutzansprüche der Abwehr drohender und bereits eingetretener Gefahren für abwehrrechtlich-geschützte Rechtsgüter, während sich die sozialen Grundrechte nicht auf Abwehrrechte beziehen.[979]

Das inhaltliche Programm sozialer Grundrechte geht weit über die anerkannte Auslegung der geltenden Grundrechte im Sinne objektiver Gewährleistungen oder Schutzaufträge, z. B. zur Sicherung von Leben und Gesundheit nach Art. 2 Abs. 2 GG, hinaus. Auch sind die sozialen Grundrechte in der Regel inhaltlich bestimmter. Allerdings sind auch einige Schutzansprüche aus

---

973 Pietzcker, Recht auf Arbeit – Verfassungsrechtliche Aspekte, in: Recht auf Arbeit – Vorträge, S. 15 (24, 25).

974 BrdbgVerfG, LVerfGE 8, 97 (134); vgl. BVerfGE 50, 290 (337); Brohm, JZ 1994, S. 213 (217, 218).

975 H. Klein, DVBl. 1994, S. 489 (497).

976 Möstl, DÖV 1998, S. 1029 (1029), der genauer die Schwierigkeiten einer solchen Verfassungsbeschwerde beleuchtet.

977 BrdbgVerfG, LVerfGE 8, 97 (134); vgl. H. Klein, DVBl. 1991, S. 729 (733); Böckenförde, in: Böckenförde, S. 7 (14).

978 H. Klein, DVBl. 1994, S. 489 (497), der soziale Grundrechte unter die von Sachs geprägten „Rechte auf Realisierungshilfe“ fasst.

979 Diercks, S. 6; Stern, Bd. III/1, S. 736; vgl. Pietzcker, NVwZ 1998, S. 550 (554).

Grundrechten inhaltlich bestimmt, so vor allem Art. 6 Abs. 1[980], Abs. 4[981] und Abs. 5 GG[982]. Im Gegensatz zu staatlichen Schutzpflichten sind soziale Grundrechte jedoch gerichtlich nicht durchsetzbar. Damit kommt ihnen letztlich eine geringere unmittelbare Wirkung für den einzelnen Bürger zu.

3. Appellentscheidungen als Möglichkeiten der gerichtlichen Verwirklichung sozialer Grundrechte

Nach einhelliger Auffassung begründen soziale Grundrechte keine subjektiven öffentlichen Rechte für den einzelnen Bürger und können somit nicht gerichtlich eingeklagt werden. Sie waren jedoch innerhalb von Abwägungsvorgängen bereits Gegenstand gerichtlicher Entscheidungen.[983] Eine Möglichkeit, auch außerhalb von Abwägungsvorgängen zu gerichtlicher Beachtung sozialer Grundrechte zu kommen, könnten sogenannte Appellentscheidungen sein. Für die Rechtsprechung des Bundesverfassungsgerichts sind solche Appellentscheidungen anerkannt.[984] Bei diesen Appellentscheidungen fordert das Verfassungsgericht den Gesetzgeber auf, die aufgezeigten Unebenheiten zu berücksichtigen und den in Zukunft verfassungswidrig werdenden Rechtszustand innerhalb einer bestimmten Frist zu beseitigen und so das Gesetzesrecht entsprechend der Verfassung auszugestalten.[985] Dabei wird aber weder die Nichtigerklärung einer Norm, noch die förmliche Feststellung eines Verfassungsverstoßes vorgenommen. Somit handelt es sich auch nicht um einen unzulässigen Übergriff der Judikative in den Funktionsbereich des Gesetzgebers; im Gegenteil sind die Appellentscheidungen geradezu eine Bestätigung des vom Bundesverfassungsgericht geübten judicial self-restraint.[986] Darüber hinaus betont das Bundesverfassungsgericht in diesem Zusammenhang die weite Gestaltungsfreiheit des Gesetzgebers z. B. auf dem Gebiet der Arbeitsmarkt-, Sozial- und Wirtschaftsordnung und dessen Einschätzungs- und Prognosevorrang.[987]

Möglicherweise könnten auch die Landesverfassungsgerichte von Appellentscheidungen Gebrauch machen, um landesverfassungsrechtlich verankerten

---

980 BVerfGE 6, 55 (76); 55, 114 (126 ff.); 66, 84 (94).
981 BVerfGE 60, 68 (74); 32, 273 (277).
982 BVerfGE 17, 148 (153 ff.); 25, 167 (173).
983 Z.B. BrdbgVerfG LVerfGE 8, 97 ff.
984 Vgl. BVerfGE 39, 169 (194); 55, 100 (110); 54, 11 (37); weiterführend siehe Kleuker, S. 16 ff.
985 Gerontas, DVBl. 1982, S. 486 (486); Sannwald, in: Schmidt-Bleibtreu/Klein, Vorb. Vor Art. 70, Rn. 2.
986 Rupp-v.Brünneck, in: FS für G. Müller, S. 355 (269); siehe auch Pestalozza, § 20, Rn. 128 ff.
987 Sannwald, in: Schmidt-Bleibtreu/Klein, Vorb. Vor Art. 70, Rn. 2; BVerfGE 51, 193 (208).

sozialen Grundrechten zu mehr Beachtung zu verhelfen. Auch hier würde den Landesgesetzgebern ein ausreichend weiter Entscheidungsspielraum verbleiben.

III. Soziale Grundrechte im Europäischen Kontext

Nachfolgend soll dargestellt werden, welche Bedeutung soziale Grundrechte im internationalen, vor allem im europäischen Rahmen haben.[988] Dies erscheint notwenig, da seit Beginn des europäischen Einigungsprozesses die Rechtsordnung in der Bundesrepublik nicht mehr isoliert betrachtet werden kann, ohne einen Blick auf die europäische Ebene zu werfen.

1. Soziale Grundrechte im internationalen Rahmen

Auf internationaler Ebene ist die Allgemeine Erklärung der Menschenrechte vom 10. Dezember 1948 zu beachten, die in ihren Artikeln 22 bis 28 das Recht auf soziale Sicherheit, das Recht auf Arbeit, sowie die Rechte auf Erholung und Freizeit, auf soziale Betreuung, auf Bildung sowie auf Teilnahme am kulturellen Leben und das Recht auf eine soziale und internationale Ordnung, in welcher die angeführten Rechte voll verwirklicht werden können, enthält.

Bedeutsam ist auch der Internationale Pakt über wirtschaftliche, soziale und kulturelle Rechte vom 19. Dezember 1966 (IPWSKR). In Teil III dieses Pakts erkennen die Vertragsstaaten unter anderem das Recht eines jeden auf Arbeit
(Art. 6 IPWSKR), auf soziale Sicherheit (Art. 9 IPWSKR), auf einen angemessenen Lebensstandard einschließlich Ernährung, Bekleidung und Unterbringung (Art. 11 IPWSKR), auf ein Höchstmaß an körperlicher und geistiger Gesundheit (Art. 12 IPWSKR) und auf Bildung (Art. 13 IPWSKR) an.

Dass die sinnvariablen Formeln eines „Rechts auf Arbeit", „auf Gesundheit" usw. in völkerrechtliche Abkommen eingehen, erscheint verständlich, denn „Völkerrecht lebt von der Rhetorik, die zur Tat anfeuern, von der Hoffnung, die zu praktikablem Recht erstarken kann. Die juristischen Schwächen der internationalen Sozialpakte können sich als politische Vorzüge erweisen."[989]

---

[988] Hierbei handelt es sich um eine exemplarische Darstellung, es wird kein Anspruch auf Vollständigkeit erhoben; die genannten Vorschriften sind durch Bundesgesetze gemäß Art. 59 Abs. 2 GG von der Bundesrepublik Deutschland ratifiziert worden.

[989] Isensee, Der Staat 1980, S. 367 (382).

Auf europäischer Ebene existieren bereits etliche soziale Bestimmungen. So widmen sich z. B. Art. 149 und Art. 150 EG-Vertrag der Bildung und Berufsbildung. Art. 136 ff. EG-Vertrag enthalten Regelungen zur Verbesserung von Arbeitsbedingungen und Art. 152 EG-Vertrag soll dazu dienen, die Gesundheit der Bevölkerung zu verbessern. In Art. 2 EU-Vertrag wird neben wirtschaftlichem Fortschritt auch sozialer Fortschritt als Ziel vorgegeben.

Aus Art. 2 Abs. 1 Zusatzprotokoll Europäische Menschenrechtskonvention ergibt sich, dass niemandem ein Recht auf Bildung verwehrt werden darf. Dieses Minimumgrundrecht ist ein Leistungsanspruch, der sich gegen den Staat richtet, soweit private Bildungsmöglichkeiten nicht ausreichen.[990]. Damit beinhaltet diese Vorschrift ein Abwehrrecht gegen staatliche Maßnahmen, die den Zugang zu vorhandenen Bildungsmöglichkeiten ohne sachliche Rechtfertigung sperren oder erschweren.[991]

Die Europäische Sozialcharta vom 18.10.1961[992] ergänzt die EMRK um die sozialen Grundrechte.[993] Mit ihr haben die beteiligten Länder vereinbart, eine Politik zu verfolgen, die geeignete Voraussetzungen schafft, damit die aufgestellten Ziele und Grundsätze der Charta erfüllt werden. Zu diesen Rechten und Grundsätzen gehört auch das Recht auf Arbeit nach Art. 1 der Sozialcharta Teil II.[994] Art. 1 von Teil II der Europäischen Sozialcharta spricht ausdrücklich von einem Recht auf Arbeit, allerdings wird darin von der herrschenden Meinung nur ein Programmsatz zur Verpflichtung auf eine Vollbeschäftigungspolitik, jedoch kein subjektives Recht des Einzelnen gesehen.[995] Nach Art. 1-10 der Charta Teil II verpflichten sich die Mitgliedsstaaten,

1. zwecks Verwirklichung der Vollbeschäftigung die Erreichung und Aufrechterhaltung eines möglichst hohen und stabilen Beschäftigungsstandes zu einer ihrer wichtigsten Zielstellungen und Aufgaben zu machen;
2. das Recht des Arbeitnehmers wirksam zu schützen, seinen Lebensunterhalt durch eine frei übernommene Tätigkeit zu verdienen;
3. unentgeltliche Arbeitsvermittlungsdienste für alle Arbeitnehmer einzurichten oder aufrecht zu erhalten;
4. eine geeignete Berufsberatung, Berufsausbildung und berufliche Wiedereingliederung sicherzustellen und zu fördern.

---

990 Richter in AK, Art. 7, Rn. 39.
991 Heymann /Stein, AöR 97 (1972), S. 185 (189).
992 Inkraftgetreten am 26. Februar 1965, BGBl. 1964 II, S. 1262 ff.
993 Frowein, in: HbdStR, Bd. VII, § 180, Rn. 30.
994 Hinkel, Art. 28.
995 Wank, S. 13; Tomandl, S. 19; K. Ipsen, in: K. Ipsen, Völkerrecht, § 49, Rn. 14.

Damit wird nicht nur das Recht auf Arbeit, sondern auch das Recht auf Bildung angesprochen. In Art. 16 ist vom Schutz des Familienlebens durch Förderung des Baus von familiengerechten Wohnungen die Rede, Art. 12 normiert ein Recht auf soziale Sicherheit. Die Charta ist nicht „self-executing", d.h. sie kann nicht unmittelbar von Behörden und Gerichten angewandt werden.[996] Deutschland hat sich aber mit der Ratifizierung der Charta verpflichtet, seine Sozialordnung anzugleichen.[997]

2. Soziale Grundrechte in europäischen Verfassungen

Bei einem Blick auf die Verfassungen europäischer Staaten ist festzustellen, dass etliche dieser Verfassungen soziale Grundrechte enthalten.[998] Der größere Teil der sozialen Grundrechte hat rechtlich die Bedeutung von an den Gesetzgeber gerichteten Verfassungsprinzipien, Richtlinien und Aufträgen, mit denen das allgemeine wohlfahrtsstaatliche Staatsziel für bestimmte Bereiche oder Fragen eine Konkretisierung erfährt und aus denen grundsätzlich subjektiv-öffentliche Rechte nicht abgeleitet werden können. In diesem Sinne erschöpfen sich zahlreiche als „Rechte" formulierte soziale Grundrechte darin, den Gesetzgeber auf ein mehr oder weniger verdichtetes Programm sozialer Gestaltung zu verpflichten. In den Verfassungen Irlands und Italiens wird dementsprechend schon äußerlich zwischen dem eigentlichen Grundrechtskatalog und „Grundprinzipien" bzw. „Leitenden Prinzipien der staatlichen Politik" unterschieden.[999]

Das Recht auf Arbeit ist in vielen Verfassungen enthalten, so z. B. in Art. 4 der italienischen Verfassung von 1947, Art. 58 Abs. 1 der portugiesischen Verfassung von 1992 und Art. 35 Abs. 1 der spanischen Verfassung von 1978.[1000] In Schweden und den Niederlanden sind die Vorschriften zum Recht auf Arbeit so formuliert, dass sie als Appellfunktion für den Gesetzgeber zum Tragen kommen.[1001] In einigen Ländern wird ausdrücklich der Auftrag zu einer Politik der Vollbeschäftigung erteilt, so in Art. 19 Abs. 1 der niederländischen Verfassung. Auch die Verfassungen von Griechenland, Portugal und Spanien enthalten dies neben den Normierungen eines Rechts

---

996 Frowein, in: HbdStR, Bd. VII, § 180, Rn. 31.

997 K. Ipsen,, in: K. Ipsen, Völkerrecht, § 49, Rn. 14.

998 Zum Ganzen siehe auch Meyer/Engels, ZRP 2000, S. 368 (369).

999 Badura, Der Staat 1975, S. 17 (27).

1000 Z.B. § 18 Finnland, Art. 22 Griechenland, Art. 45 Abs. 2 Irland, Art. 35 ff. Italien, Art. 11 Luxemburg, Art. 58 Portugal, Art. 35 Spanien. Vgl. Präambel der französischen Verfassung von 1946; Kapitel 1 § 2 Schweden; Art. 42 Türkei; Art. 38 Abs. 1 Rumänien (1991); Art. 48 Abs. 1 Bulgarien (1991); Art. 35 Abs. 3 Slowakei (1992).

1001 Tomuschat, Recht auf Arbeit, S. 45 (51).

auf Arbeit. Nach § 75 der dänischen Verfassung ist anzustreben, dass jeder Bürger die Möglichkeit hat, unter Bedingungen zu arbeiten, die sein Dasein sichern. So unterschiedlich die Aufnahme des Rechts auf Arbeit in die Verfassungen auch ausgefallen ist, lässt sich doch eine bedeutende Gemeinsamkeit ausmachen: Das Recht auf Arbeit wird nirgendwo als das jedermann zustehende Recht auf Verschaffung eines Arbeitsplatzes verstanden und vermag sich im übrigen als Leistungsanspruch nur nach Maßgabe der zu seiner Ausführung ergangenen einfachen Gesetzgebung entfalten.[1002] Auch andere soziale Grundrechte tauchen in den einzelnen europäischen Verfassungen auf, so das Recht auf soziale Sicherheit.[1003] Das Recht auf Bildung ist ebenfalls in etlichen europäischen Verfassungen enthalten[1004], beispielhaft sei hier genannt, dass in Irland die Volksschulbildung in Art. 42 Abs. 4 als Einrichtungsgarantie verankert ist[1005]. Auch von einem Recht auf Wohnraum ist in einigen europäischen Verfassungen die Rede, so z. B. in Art. 21 Abs. 4 der griechischen Verfassung, in Art. 65 der portugiesischen Verfassung von 1992 und Art. 47 der spanischen Verfassung von 1978.[1006] Andere sprechen von der Verpflichtung zur Bereitstellung und Schaffung von Wohnraum, so die griechische Verfassung und die niederländische Verfassung. Der italienische Verfassungsgeber erteilt in Art. 47 Abs. 2 den Auftrag zur Förderung von Wohnungseigentum.[1007]

In der türkischen Verfassung findet sich zum Abschluss des dritten Abschnitts über „soziale und wirtschaftliche Rechte und Pflichten" in Art. 53 der Vorbehalt, dass der Staat seine Aufgaben und Ziele nur so weit durchführt, wie es die wirtschaftliche Entwicklung und die ihm zur Verfügung stehenden Geldquellen zulassen. Diese Norm macht deutlich, dass auch die Staaten, die großzügig soziale Grundrechte in ihren Verfassungstexten enthalten, nicht vom Bürger verpflichtet werden können, diese einzuhalten.

3. Charta der Grundrechte der Europäischen Union

Der modernste Grundrechtskatalog, der sich derzeit finden lässt, ist die Europäische Grundrechtscharta. Im Juni 1999 hat der Europäische Rat in Köln die Erarbeitung einer solchen Charta initiiert. Am 07. Dezember 2000 wurde sie beim Rat von Nizza feierlich unterzeichnet durch den Rat, das Europäische

---

1002 Tomuschat, Recht auf Arbeit, S. 45 (51).
1003 § 19 Finnland, Art. 11 Luxemburg, Art. 20 Niederlande, Art. 63 Portugal, Art. 41 Spanien; Art. 48 Türkei.
1004 Art. 24 Belgien, § 76 Dänemark, § 16 Finnland, Art. 42 Abs. 4 Irland, Art. 27 Spanien.
1005 So Riepe, S. 164.
1006 Art. 21 Abs. 4 Griechenland, Art. 22 Abs. 2 Niederlande.
1007 Sommermann, S. 228.

Parlament und die Kommission. Damit erlangt sie jedoch noch keine Verbindlichkeit im Recht der Europäischen Union[1008] und ist nicht rechtlich durchsetzbar.

Als Vorbild neuren Datums für die Europäische Grundrechtscharta dienten unter anderem Verfassungen der neuen deutschen Bundesländer.[1009] Auch für die Europäische Grundrechtscharta stand in der Diskussion fest, dass soziale Grundrechte nicht individuell eingeklagt werden können.[1010] Soziale Grundrechte könnten nur als Leitlinien dienen und nicht mit derselben Verbindlichkeit gewährleistet werden wie die herkömmlichen Freiheitsrechte; sie können jedoch grundlegende politische Verantwortungsverhältnisse herausarbeiten.[1011] Schließlich setzte sich auch aus diesem Grund der Kompromiss durch, z. B. für den Bereich Arbeit die Formulierung zu wählen „Jeder hat das Recht zu arbeiten". Darin liegt, wie auch der systematische Zusammenhang von Art. 15 der Charta unter der Rubrik wirtschaftliche Grundrechte ergibt, kein Recht *auf* Arbeit.[1012]

Das Recht auf Bildung wurde gegenüber der Europäischen Menschenrechtskonvention um das Recht auf Zugang zur beruflichen Aus- und Weiterbildung erweitert. Als systematisch unglücklich wird der leistungsrechtliche Anspruch auf Teilnahme an einem unentgeltlichen Pflichtschulunterricht, der im Rahmen der Freiheitsrechte gewährleistet wird, beurteilt.[1013]

Im Zusammenhang mit den Beratungen über die Grundrechtscharta wurde ein Drei-Säulen-Modell diskutiert, durch das die sozialen Rechte gleichberechtigte Aufnahme in die Grundrechtscharta finden sollten.[1014] Damit sollte ein möglichst breiter Konsens herbeigeführt werden. Als erste Säule wurde neben den Prinzipien der Freiheit, Demokratie und Rechtsstaatlichkeit vorgeschlagen, auch das Prinzip Solidarität in die Präambel der Charta aufzunehmen. Dieses Prinzip ist auch in den Mitgliedsstaaten zumindest implizit in den Verfassungen enthalten. Die zweite Säule besteht aus den sozialen Rechten, die in einer Vielzahl von nationalen Verfassungen und internationalen Konventionen enthalten und daher weitgehend unstreitig sind. Sie wurden als Abwehrrechte gegen die Union formuliert, so dass der einzelne Bürger einen

---

1008 Grabenwarter, DVBl. 2001, S. 1 (1).
1009 So MdB Meyer im ZRP-Rechtsgespräch, ZRP 2000, S. 114 (114).
1010 So MdB Meyer im ZRP-Rechtsgespräch, ZRP 2000, S. 114 (115); Grabenwarter, DVBl. 2001, S. 1 (10).
1011 Losch/Radau, ZRP 2000, S. 84 (87).
1012 Grabenwarter, DVBl. 2001, S. 1 (5).
1013 Grabenwarter, DVBl. 2001, S. 1 (5).
1014 Im Folgenden nach Meyer/Engels, ZRP 2000, S. 368 (370/371).

Bestandsschutz für national erreichte Standards erhält. Als dritte Säule sollte eine horizontale Bestimmung eingeführt werden, in der für die Auslegung der Charta auf die internationalen Konventionen hingewiesen wird, die alle Mitgliedsstaaten angenommen haben.[1015] Damit sollte der Charta auch ein dynamisches Element verliehen werden. Mit dem Drei-Säulen-Modell sollte vor allem auch den Befürchtungen mancher Mitgliedsstaaten (insbesondere auch der deutschen Bundesländer) entgegengetreten werden, dass die EU durch die Charta weitere Kompetenzen an sich ziehen könnte.[1016]

Die Europäische Grundrechtscharta ist derzeit nicht rechtlich verbindlich. Trotzdem steht zu erwarten, dass sowohl der Europäische Gerichtshof, als auch die Verfassungsgerichte der einzelnen Mitgliedsstaaten und der Europäische Gerichtshof für Menschenrechte sie zunehmend berücksichtigen werden.[1017] Bisher konnte dies in der Rechtsprechung jedoch noch nicht ausgemacht werden. Das Europäische Parlament sowie die Kommission haben bereits angekündigt, sich an die Charta zu binden.[1018] Würde auch der EuGH sich bei seiner Rechtsprechungstätigkeit an die Charta binden, würde dies, wie *Alber* zutreffend ausführt, eine weitere Bindung Dritter, nämlich des Rates und vor allem der Mitgliedsstaaten bewirken, was die Möglichkeit der Selbstbindung des EuGH ausschließt.[1019] Die Charta kann jedoch, solange eine direkte Bezugnahme (noch) nicht möglich ist, in die Urteilsausführungen und die Entscheidungsgründe mit einfließen.[1020] Wünschenswert ist, dass der EuGH davon in zunehmendem Maße Gebrauch macht.

IV. Fazit

Insgesamt lässt sich in der Entwicklung des Grundrechtsverständnisses eine Tendenz zu mehr staatlicher Tätigkeit feststellen. Dies wird bei der Durchsicht der einschlägigen Literatur ebenso deutlich wie bei der Entwicklung der Rechtsprechung des Bundesverfassungsgerichts. In diesem Zusammenhang sind z. B. die Schlagwörter „Teilhaberechte", „staatliche Schutzpflichten" oder die „positive Verpflichtung des Staates, alles zu tun, um Grundrechte zu verwirklichen, auch wenn ein subjektiver Anspruch des Bürgers nicht be-

---

1015 Art. 53 der Charta; klarstellend, dass keine neuen EU-Kompetenzen begründet werden: Art. 51 der Charta
1016 Vgl. z.B. Ritgen, ZRP 2000, S. 371 (373); Knöll, NJW 2000, S. 1845 ff.
1017 Grabenwarter, DVBl. 2001, S. 1 (11).
1018 Auszüge der Erklärungen anlässlich der Unterzeichnung der Charta von Parlamentspräsidentin Nicole Fontaine sowie Kommissionspräsident Romano Prodi, abgedruckt bei Alber, EuGRZ 2001, S. 349 (350).
1019 Alber, EuGRZ 2001, S. 349 (351).
1020 Alber, EuGRZ 2001, S. 349 (351).

steht“[1021] zu nennen. Die Aufnahme sozialer Grundrechte in die Landesverfassungen, aber auch in die Europäische Grundrechtscharta fügt sich ein in den Übergang vom liberalen zum modernen, dem Sozialstaatsprinzip verpflichteten und in vielerlei Weise lenkenden und intervenierenden Staat der Gegenwart.[1022] Auf der anderen Seite ist ein Übergang von staatlicher Erfüllungsverantwortung zu privatwirtschaftlicher Aufgabenerledigung zu verzeichnen und damit ein Rückgang unmittelbarer Grundrechtsbindung.[1023] Ob durch sie tatsächlich ein Wandel im Umgang mit Verfassungen in dem Sinne einhergeht, dass der Bürger positive Auswirkungen verspürt, lässt sich auch nach inzwischen mehr als 10 Jahren nach der deutschen Wiedervereinigung nicht positiv beantworten.

Fraglich bleibt, warum die Formulierung sozialer Grundrechte als „Recht auf ..“ sich teilweise immer noch einer gewissen Beliebtheit erfreut. Diese sprachliche Formulierung erweckt gezielt den Anlass, dass es sich um Grundrechte handelt. Sie soll die Wichtigkeit betonen, die solchen Verfassungssätzen zugemessen wird. Juristisch-dogmatische Einwände haben in solchen Fällen keine Chance, sich gegen den sprachpolitisch einleuchtend begründeten Wortgebrauch durchzusetzen, zumal wenn dieser international gebräuchlich geworden ist. Um so wichtiger ist es, sich des Unterschieds zu den klassischen Grundrechten bewusst zu sein.[1024] Aus sozialen Grundrechten erwachsen keine subjektiven Rechte für den Einzelnen. Dies wird bei der Auslegung der jeweiligen Normen deutlich. So hat die Auslegung einer Norm Rücksicht zu nehmen auf die „realen Gegebenheiten, aus denen ein Gesetz erwachsen und auf die es bezogen ist“[1025]. Die Auslegung einer Norm darf nämlich an den konkreten Lebensverhältnissen nicht vorübergehen.[1026] Soziale Grundrechte können in einem Staat mit freiheitlicher Gesamtordnung und marktwirtschaftlichen Grundlagen gar nicht im Sinne eines umfassenden Verteilungs- und Verschaffungsanspruchs wirken, zumal sie ohnehin stets unter dem Vorbehalt des „Möglichen“, d.h. der Entscheidung des Haushaltsgesetzgebers über die verfügbaren Finanzmittel stehen und deshalb allenfalls „Vorbehaltsrechte“, aber nicht unmittelbar gerichtlich verfolgbare subjektivrechtliche Ansprüche sein können.[1027] Es ist nicht ersichtlich, dass

---

[1021] Z.B. „die Aufgabe, ein freiheitliches Kunstleben ... zu fördern“, so BVerfGE 36, 321 (331); Hesse, EuGRZ 1978, S. 427 (433).

[1022] Hesse, HbdVerfR, § 5, Rn. 24.; Pieroth/Schlink, Rn. 85 ff.; Möstl, DÖV 1998, S. 1029 (1030), der allerdings auch auf den auf der anderen Seite verstärkten Trend zur Privatisierung hinweist.

[1023] Möstl, DÖV 1998, S. 1029 (1030).

[1024] Murswiek, in: HbdStR, Bd. V, § 112, Rn. 53.

[1025] Wintrich, in: FS für Laforet 1952, S. 227 (248).

[1026] Hesse, Die normative Kraft der Verfassung, S. 11, 12.

rechtliche Ansprüche sein können.[1027] Es ist nicht ersichtlich, dass die jeweiligen Gesetzgeber beabsichtigt haben, den als Grundrechten formulierten staatlichen Aufgaben ein größeres Gewicht beizumessen als denen, die als Staatszielbestimmungen formuliert wurden. Auch dies spricht dafür, dass eine subjektiv-rechtliche Formulierung nicht notwendig ist. Werden soziale Grundrechte als objektive Rechtssätze angesehen, stellt sich die Frage, wie Leistungsansprüche entstehen können. Diese können durch Interpretation, Verfassungsrechtsprechung oder durch Anerkennung entsprechender ungeschriebener Verfassungsrechtssätze abgeleitet werden.[1028] Eigenständig können soziale Grundrechte als Leitlinie des gesetzgeberischen Handelns dienen.[1029] Daneben können soziale Staatsziele einen – wenn auch begrenzten - verfassungsrechtlichen Bestandsschutz bewirken, wenn Verstöße darin gesehen werden, dass ein bereits erreichter Standard ausgeformter sozialer Verbürgungen empfindlich abgebaut wird.[1030]

Werden soziale Grundrechte in eine Verfassung aufgenommen, sollten vor allem drei Dinge beachtet werden:

Zum einen sollten sie systematisch klar von den Abwehrrechten getrennt werden, um eine Irreführung zu vermeiden.[1031] Zweitens sind Regelungen vorzuziehen, welche die aufgestellte Staatszielbestimmung unter einen „Vorbehalt des Möglichen“ stellen, da nur so eine Verpflichtung im Rahmen des Angemessenen und Möglichen garantiert werden kann.[1032] Um Unklarheiten und vor allem falsche Hoffnungen derjenigen, die eine Verfassung zur Hand nehmen und sich ihrer Rechte darin vergewissern wollen, zu vermeiden, sollte drittens die Formulierung „Recht auf ...“ vermieden werden, sofern es sich nicht wirklich um ein individuell einklagbares Recht handelt.[1033]

Bedeutung entfalten soziale Grundrechte in der Abwägung mit anderen Rechten. *Wank* gibt ein Beispiel dafür, dass ein Recht nicht absolut gesetzt werden kann, sondern eine Abstimmung mit anderen Rechten verlangt: Wenn nämlich z. B. unter Berufung auf ein Grundrecht auf gesunde Umwelt die Einstel-

---

1027 Stettner, in: Nawiasky u. a., Art. 128, Rn. 5; Dreier, in: Dreier, Vorb. vor Art. 1, Rn. 42; Murswiek, in: HbdStR, Bd. V, § 112, Rn. 57.

1028 Thamm, S. 41; Wipfelder, ZRP 1986, S. 140 (145).

1029 Edinger, in: Schmitt (Hrsg.), Die Verfassung des Freistaats Thüringen, S. 101 (130); Häberle bezeichnet sie daher als „Maßgabegrundrechte“, JZ 1984, S. 345 (352).

1030 Kutscha, ZRP 1993, S. 339 (343); vgl. Hesse, HbdVerfR, § 5, Rn. 32.

1031 Wank, S. 44.

1032 So Murswieck, in: HbdStR, Bd. V, § 112, Rn. 57; Brohm, JZ 1994, S. 213 (216).

1033 So auch für das Recht auf Arbeit Pietzcker, Recht auf Arbeit – Verfassungsrechtliche Aspekte, in: Recht auf Arbeit – Vorträge, S. 15 (17).

lung einer Kraftwerksanlage gefordert wird, so könnten Verfechter eines Rechts auf Arbeit verlangen, dass die Anlage weiterbetrieben wird und dass dadurch Arbeitsplätze erhalten bleiben.[1034] Ähnlich deutlich wird dies in dem Urteil des Landesverfassungsgerichts von Brandenburg, welches das Minderheitenrecht der Sorben und das Recht auf Arbeit gegeneinander abwägt[1035].

Bedenken gegenüber sozialen Grundrechten werden vielfach mit der Begründung geäußert, dass diese Rechte reine Leistungsrechte seien und dem Staat Lasten aufbürden würden. Im Gegensatz zu Freiheitsrechten würden sie dem Staat teuer zu stehen kommen und dadurch eine Standortgefahr darstellen. Dieser Ansicht wird im Rahmen der Diskussion um die Europäische Grundrechtscharta damit begegnet, dass Grundrechte, gleich welcher Art, drei Verpflichtungen für den Staat enthalten:[1036] Zum Ersten sei dies die Respektierungs- oder Unterlassungspflicht. Diese bedeute z. B. für das Recht auf Arbeit, dass der Staat nichts unternehmen darf, was den Zugang zu Arbeitsplätzen verhindert. Zweitens bestehe eine Schutz-, bzw. Durchsetzungspflicht für den Staat. Für das Recht auf Arbeit bedeute dies, dass der Staat Regelungen bzgl. Kündigungsschutz, Urlaub sowie gesunden und sicheren Arbeitsbedingungen erlässt. Die dritte Pflicht des Staates betrifft die Bereitstellung und Förderung. Beim Recht auf Arbeit besagt diese Leistungspflicht, dass z. B. unentgeltliche Arbeitsvermittlungsdienste bereitgestellt werden oder dass Fördermaßnahmen für bestimmte benachteiligte Gruppen angeboten werden. Diese Unterscheidung macht auch deutlich, wie soziale Grundrechte im modernen Verfassungsstaat letztlich wirken können. Andererseits muss in diesem Zusammenhang aber bedacht werden, dass es diese genannten Maßnahmen im modernen Staat aufgrund einfachgesetzlicher Regelungen, die auf dem Sozialstaatsprinzip beruhen, in der Praxis längst gibt. Außerdem werden soziale Grundrechte auf diese Weise dogmatisch neben (Freiheits-) Grundrechte gestellt. Auch wenn das Grundrechtsverständnis sich immer weiter entwickelt hat in eine Richtung, die mehr Schutz und Teilhabe enthält, so sollten doch die dogmatischen Unterschiede zu Freiheitsrechten nicht vollständig verwischt werden.

Aus der Fragestellung der Verwirklichung sozialer Grundrechte innerhalb der Rechtsordnung ergibt sich der Blick auf das Sozialrecht. Bereits 1963 forderte *van der Ven*, dass die sozialen Grundrechte an den Anfang einer Abhandlung über das Sozialrecht gestellt werden müssten. Dies trage dazu bei, dass das Sozialrecht in seinem materiellen Umfang leichter überschaut werden

---

1034 Wank, S. 39.
1035 BrdbgVerfG, LVerfGE 8, 97 ff.
1036 Meyer/Engels, ZRP 2000, S. 368 (369/370).

könne und hinsichtlich seines geistigen Substrates vielleicht auch besser verstanden werde.[1037] Einige Autoren gehen davon aus, dass sich soziale Grundrechte bereits im SGB I, und damit im einfachen Bundesrecht finden.[1038] Inhaltlich kommen die Formulierungen im SGB I denen sozialer Grundrechte allerdings sehr nahe. So regelt § 3 SGB I die Bildungs- und Arbeitsförderung, nach § 4 hat jeder ein Recht auf Zugang zur Sozialversicherung und nach § 7 hat, wer nicht zumutbare Aufwendungen für eine angemessene Wohnung aufbringen muss, einen Anspruch auf Zuschuss zur Miete. Auch sind das Recht auf soziale Entschädigung bei Gesundheitsschäden, auf Minderung des Familienaufwands, auf Kinder- und Jugendhilfe, Sozialhilfe sowie auf Hilfe bei Behinderung enthalten. Dies bedeutet jedoch nicht, dass sie in einer Verfassung überflüssig wären. In der Verfassung enthaltenen Staatszielen kommt nämlich aufgrund ihrer exponierten Stellung und der besonderen Aussagekraft der Verfassung auf den ersten Blick eine viel größere Bedeutung zu. Letztlich besteht diese jedoch hauptsächlich in einer größeren politischen Verpflichtung, während die juristischen Möglichkeiten, die entsprechenden Staatsziele durchzusetzen, praktisch nicht vorhanden sind.

Der Stellenwert, den soziale Grundrechte in den Landesverfassungen einnehmen, kommt auch in Stellungnahmen unterschiedlicher Landesministerien zum Ausdruck. So wird auch hier darauf aufmerksam gemacht, dass sie aufgrund ihrer Ressourcenabhängigkeit nicht als subjektive, einklagbare Rechte garantiert sein können und aufgrund der vom Bund wahrgenommenen Gesetzgebungskompetenz die Gesetzgebung nicht nennenswert beeinflusst werden könne.[1039] Die in den Landesverfassungen niedergelegten sozialen Grundrechte würden aber bei der Erstellung von Landesgesetzen im Rahmen des Möglichen berücksichtigt und in die parlamentarischen Gesetzgebungsverfahren argumentativ eingebracht.[1040] Daneben wird auf die Möglichkeit der Einflussnahme durch die Länder im Bundesrat und seinen Ausschüssen sowie vorbereitend auf Referentenebene hingewiesen.[1041]

1037 van der Ven, S. 110.

1038 So Wank, S. 45.

1039 Auskunft der Senatsverwaltung für Wissenschaft, Forschung und Kultur von Berlin vom 19.03.2000; Auskunft der Hessischen Staatskanzlei vom 29. März 2001.

1040 Auskunft des Ministeriums der Justiz und für Europaangelegenheiten des Landes Brandenburg vom 27. Juni 2001; Auskunft der Senatsverwaltung für Wissenschaft, Forschung und Kultur von Berlin vom 19.03.2001; Auskunft des Senators für Arbeit, Frauen, Gesundheit, Jugend und Soziales des Freien Hansestadt Bremen vom 27.02.2001; Auskunft des Justizministeriums Mecklenburg-Vorpommern vom 08.03.2001.

1041 Auskunft des Senators für Arbeit, Frauen, Gesundheit, Jugend und Soziales des Freien Hansestadt Bremen vom 27.02.2001.

Die Verfassungsräume der Länder können – bei aller Eigenständigkeit – nicht völlig losgelöst von Verfassungsfragen des Bundes getrennt werden. Dafür bestehen in einem Bundesstaat zu viele Berührungs- und Verflechtungspunkte. Problematisch an der Normierung sozialer Grundrechte in den Landesverfassungen ist vor allem, dass die Länder oftmals gar keine oder nur geringe Kompetenz zur Regelung der entsprechenden Sachbereiche haben.[1042] Aus der Kompetenzverteilung des Grundgesetzes ergibt sich, dass die einschlägigen Gesetzesmaterien (bürgerliches Recht, Arbeitsrecht, Kartellrecht, Sozialversicherungsrecht, Recht der Sozialhilfe) weitgehend durch (einfaches) Bundesrecht - zunehmend auch durch Europarecht - geregelt sind.[1043] Für die Anwendung entsprechender landesrechtlicher Grundrechtsnormen bleibt daher praktisch kein Raum.[1044] Dagegen bleibt ihnen als Staatszielbestimmungen immer die Bedeutung, dass die politischen Landesorgane im Rahmen ihrer rechtlichen und tatsächlichen Möglichkeiten verpflichtet sind, auf Erfüllung der darin verankerten Verfassungsaufträge hinzuwirken.[1045] Den Landesverfassungen könnte jedoch eine Art Vorbildfunktion bzw. Signalwirkung für mögliche Änderungen des Grundgesetzes zukommen. Diese Ansicht wurde vor allem im Zuge der Wiedervereinigung vertreten.[1046] Hinsichtlich der Europäischen Grundrechtscharta hat sich diese Vorbildfunktion gezeigt, da während der Beratungen durchaus auf die Erfahrungen gerade der neueren Landesverfassungen Bezug genommen wurde.[1047]

Wie sich bei einem Blick auf die Entstehung der Länderverfassungen ergibt, sind die aufgenommenen sozialen Grundrechte durchaus zeitgebunden.[1048] Die Verfassungen der neuen Bundesländer befassen sich in voller Breite mit sozialen Grundrechten und übertreffen dabei quantitativ die der alten Bundesländer. Ursache hierfür dürften auch die besonderen Biographien und daraus resultierend die besondere Empfindlichkeit der Bürger in den neuen Ländern sein, die stärker das Bedürfnis nach Festlegung der sozialen Grundsätze und Ziele des Staates haben.[1049]

1042 Sacksofsky, NVwZ 1993, S. 235 (240).
1043 Zivier, § 35.2.1.
1044 Wahl, AöR 1987, S. 26 (28).
1045 Zivier, § 35.2.1.
1046 Martina, S. 150; A.A. von Mangoldt, Die Verfassungen der neuen deutschen Bundesländer, S. 24, der sich gegen das „wegweisende Verfassungsmodell“ wendet, durch das die Bundesverfassung beeinflusst werden soll.
1047 So MdB Meyer im ZRP-Rechtsgespräch, ZRP 2000, S. 114 (114).
1048 Wipfelder, VBlBW 1986, S. 241 (249).
1049 Vogelgesang, DÖV 1991, 1045 (1051).

Die Themen, die durch soziale Grundrechte behandelt werden, sind solche, die den Bürger unmittelbar in seinem alltäglichen Leben betreffen. So spielen die Suche oder der Erhalt des Arbeitsplatzes, das Finden einer Wohnung zu bezahlbaren Preisen auch und gerade in Zeiten von akuter Wohnungsnot z. B. in Ballungsgebieten sowie das Erlangen eines gewissen Bildungsstandes für das berufliche Fortkommen eine existenzielle Rolle. Für die Bürger sind die Verfassungsnormen, die sich mit diesen Problemen befassen, daher von besonderer Bedeutung für das eigene Leben. Gerade aus diesem Grund müssen aber Formulierungen, welche übertriebene Erwartungen wecken, vermieden werden. Ist dies nicht der Fall, so könnte ein Glaubwürdigkeitsverlust in Verfassungsfragen eintreten. Ein solcher ist bereits für weite Teile der Politik zu beobachten. Daher sollte gerade eine Verfassung sich durch Genauigkeit und Realitätssinn auszeichnen.

Anhang

I. Synopse der landesverfassungsrechtlichen Normen

1. Soziales Grundrecht / Staatszielbestimmung Arbeit

Hessen	**Bayern**	**Bremen**	**Saarland**
Art. 28 (1) Die menschliche Arbeitskraft steht unter dem besonderen Schutz des Staates. (2) Jeder hat nach seinen Fähigkeiten ein Recht auf Arbeit und, unbeschadet seiner persönlichen Freiheit, die sittliche Pflicht zur Arbeit. (3) Wer ohne Schuld arbeitslos ist, hat Anspruch auf den notwendigen Unterhalt für sich und seine Angehörigen. Ein Gesetz regelt die Arbeitslosenversicherung.	*Art. 166* (1) Arbeit ist die Quelle des Volkswohlstandes und steht unter dem besonderen Schutz des Staates. (2) Jedermann hat das Recht und die Pflicht, sich durch Arbeit eine auskömmliche Existenz zu sichern. (3) Er hat das Recht und die Pflicht, eine seinen Anlagen und seiner Ausbildung entsprechende Arbeit im Dienste der Allgemeinheit zu wählen.	*Art. 8* (1) Jeder hat die sittliche Pflicht zu arbeiten und ein Recht auf Arbeit. *Art. 49* (1) Die menschliche Arbeitskraft genießt den besonderen Schutz des Staates. (2) Der Staat ist verpflichtet, geeignete Maßnahmen zu treffen, dass jeder, der auf Arbeit angewiesen ist, durch Arbeit seinen Lebensunterhalt erwerben kann. (3) Wer ohne Schuld arbeitslos ist, hat Anspruch auf Unterhalt für sich und seine unterhaltsberechtigten Angehörigen.	*Art. 45* Die menschliche Arbeitskraft genießt den Schutz des Staates. Jeder hat nach seinen Fähigkeiten ein Recht auf Arbeit.

Soziales Grundrecht / Staatszielbestimmung Arbeit

Schleswig-Holstein	Niedersachsen	Nordrhein-Westfalen	Hamburg
	Art. 6a Das Land wirkt darauf hin, dass jeder Mensch Arbeit finden und dadurch seinen Lebensunterhalt bestreiten kann ...	*Art. 24* (1) Im Mittelpunkt des Wirtschaftslebens steht das Wohl des Menschen. Der Schutz seiner Arbeitskraft hat den Vorrang vor dem Schutz des materiellen Besitzes. Jedermann hat ein Recht auf Arbeit.	*Präambel* Die Arbeitskraft steht unter dem besonderen Schutz des Staates.

Baden-Württemberg	Berlin	Rheinland-Pfalz	Sachsen
	Art. 18 Alle haben das Recht auf Arbeit. Dieses Recht zu schützen und zu fördern ist Aufgabe des Landes. Das Land trägt zur Schaffung und Erhaltung von Arbeitsplätzen bei und sichert im Rahmen des gesamtwirtschaftlichen Gleichgewichts einen hohen Beschäftigungsstand. Wenn Arbeit nicht nachgewiesen werden kann, besteht Anspruch auf Unterhalt aus öffentlichen Mitteln.	*Art. 53* (1) Die menschliche Arbeitskraft ist als persönliche Leistung und grundlegender Wirtschaftsfaktor gegen Ausbeutung, Betriebsgefahren und sonstige Schädigungen zu schützen. (2) Das Land, die Gemeinden und Gemeindeverbände wirken darauf hin, dass jeder seinen Lebensunterhalt durch frei gewählte Arbeit verdienen kann.	*Art. 7* (1) Das Land erkennt das Recht eines jeden Menschen auf ein menschenwürdiges Dasein, insbesondere auf Arbeit, auf angemessenen Wohnraum, auf angemessenen Lebensunterhalt, auf soziale Sicherung und auf Bildung, als Staatsziel an.

Soziales Grundrecht / Staatszielbestimmung Arbeit

Sachsen-Anhalt	Brandenburg	Mecklenburg-Vorpommern	Thüringen
Art. 39 (1) Allen die Möglichkeit zu geben, ihren Lebensunterhalt durch eine frei gewählte Arbeit zu verdienen, ist dauernde Aufgabe des Landes und der Kommunen. (2) Das Land wirkt im Rahmen seiner Zuständigkeit darauf hin, dass sinnvolle und dauerhafte Arbeit für alle geschaffen wird und dabei Belastungen für die natürlichen Lebensgrundlagen vermieden oder vermindert, humanere Arbeitsbedingungen geschaffen und die Selbstentfaltung des Einzelnen gefördert wird.	*Art. 48* (1) Das Land ist verpflichtet, im Rahmen seiner Kräfte durch eine Politik der Vollbeschäftigung und Arbeitsförderung für die Verwirklichung des Rechts auf Arbeit zu sorgen, welche das Recht jedes einzelnen umfasst, seinen Lebensunterhalt durch freigewählte Arbeit zu verdienen. (2) Unentgeltliche Berufsberatung und Arbeitsvermittlung werden gewährleistet. Soweit angemessene Arbeitsgelegenheit nicht nachgewiesen werden kann, besteht Anspruch auf Umschulung, berufliche Weiterbildung und Unterhalt.	*Art. 17* (1) Das Land trägt zur Erhaltung und Schaffung von Arbeitsplätzen bei. Es sichert im Rahmen des gesamtwirtschaftlichen Gleichgewichts einen hohen Beschäftigungsstand.	*Art. 36* Es ist ständige Aufgabe des Freistaats, jedem die Möglichkeit zu schaffen, seinen Lebensunterhalt durch frei gewählte und dauerhafte Arbeit zu verdienen. Zur Verwirklichung dieses Staatsziels ergreifen das Land und seine Gebietskörperschaften insbesondere Maßnahmen der Wirtschafts- und Arbeitsförderung, der beruflichen Weiterbildung und Umschulung.

2. Soziales Grundrecht / Staatszielbestimmung soziale Sicherung

Hessen	Bayern	Bremen	Saarland
	Art. 168 (3) Jeder Bewohner Bayerns, der arbeitsunfähig ist oder dem keine Arbeit vermittelt werden kann, hat ein Recht auf Fürsorge. *Art. 171* Jedermann hat Anspruch auf Sicherung gegen die Wechselfälle des Lebens durch eine ausreichende Sozialversicherung im Rahmen der Gesetze.		

Schleswig-Holstein	Niedersachsen	Nordrhein-Westfalen	Hamburg

Soziales Grundrecht / Staatszielbestimmung soziale Sicherung

Baden-Württemberg	Berlin	Rheinland-Pfalz	Sachsen
	Art. 22 (1) Das Land ist verpflichtet, im Rahmen seiner Kräfte die soziale Sicherung zu verwirklichen. Soziale Sicherung soll eine menschenwürdige und eigenverantwortliche Lebensgestaltung ermöglichen. (2) Die Errichtung und Unterhaltung von Einrichtungen für die Beratung, Betreuung und Pflege im Alter, bei Krankheit, Behinderung, Invalidität und Pflegebedürftigkeit sowie für andere soziale und karitative Zwecke sind staatlich zu fördern, unabhängig von ihrer Trägerschaft. *Art. 18* S. 4 Wenn Arbeit nicht nachgewiesen werden kann, besteht Anspruch auf Unterhalt aus öffentlichen Mitteln.	*Art. 64* Das Land, die Gemeinden und Gemeindeverbände schützen behinderte Menschen vor Benachteiligung und wirken auf ihre Integration und die Gleichwertigkeit ihrer Lebensbedingungen hin.	*Art. 7* (1) Das Land erkennt das Recht eines jeden Menschen auf ein menschenwürdiges Dasein, insbesondere auf Arbeit, auf angemessenen Wohnraum, auf angemessenen Lebensunterhalt, auf soziale Sicherung und auf Bildung, als Staatsziel an. (2) Das Land bekennt sich zu der Verpflichtung der Gemeinschaft, alte und behinderte Menschen zu unterstützen und auf die Gleichwertigkeit ihrer Lebensbedingungen hinzuwirken.

Soziales Grundrecht / Staatszielbestimmung soziale Sicherung

Sachsen-Anhalt	Brandenburg	Mecklenburg-Vorpommern	Thüringen
Art. 38 Ältere Menschen und Menschen mit Behinderung stehen unter dem besonderen Schutz des Landes. Das Land fördert ihre gleichwertige Teilnahme am Leben der Gemeinschaft.	Art. 45 (1) Das Land ist verpflichtet, im Rahmen seiner Kräfte für die Verwirklichung des Rechts auf soziale Sicherung bei Krankheit, Unfall, Invalidität, Behinderung, Pflegebedürftigkeit und im Alter zu sorgen. Soziale Sicherung soll eine menschenwürdige und eigenverantwortliche Lebensgestaltung ermöglichen. (2) In Notlagen, die ein menschenwürdiges Leben nicht ermöglichen und die durch eigene Kräfte und Mittel nicht behoben werden können, besteht ein Anspruch auf Sozialhilfe. (3) Errichtung und Unterhaltung von Einrichtungen für die Beratung, Betreuung und Pflege im Alter, bei Krankheit, Behinderung, Invalidität und Pflegebedürftigkeit sowie für andere soziale und karitative Zwecke sind staatlich zu fördern, unabhängig von ihrer Trägerschaft. In Heimen stehen den Bewohnern Mitentscheidungsrechte zu.	Art 17 (2) Land, Gemeinden und Kreise gewähren alten und behinderten Menschen besonderen Schutz. Soziale Hilfe und Fürsorge dienen dem Ziel, das Leben gleichberechtigt und eigenverantwortlich zu gestalten.	

3. Soziales Grundrecht / Staatszielbestimmung Bildung

Hessen	**Bayern**	**Bremen**	**Saarland**
Art. 55 ff. Erziehung und Schule	*Art. 128* (1) Jeder Bewohner Bayerns hat Anspruch darauf, eine seinen erkennbaren Fähigkeiten und seiner inneren Berufung entsprechende Ausbildung zu erhalten. (2) Begabten ist der Besuch von Schulen und Hochschulen, nötigenfalls aus öffentlichen Mitteln zu ermöglichen. *Art. 133* Jugendbildung *Art. 139* Erwachsenenbildung	*Art. 27* (1) Jeder hat nach Maßgabe seiner Begabung das gleiche Recht auf Bildung. (2) Das Recht wird durch öffentliche Einrichtungen gesichert. *Art. 35* Erwachsenenbildung	*Art. 26 ff.* Schulwesen *Art. 32* Staat und Gemeinden fördern das Volksbildungswesen, einschließlich der Volksbüchereien und Volkshochschulen.

Schleswig-Holstein	**Niedersachsen**	**Nordrhein-Westfalen**	**Hamburg**
	Art. 4 (1) Jeder Mensch hat das Recht auf Bildung.	*Art. 8* (1) Jedes Kind hat Anspruch auf Erziehung und Bildung. *Art. 17* Erwachsenenbildung	

Soziales Grundrecht / Staatszielbestimmung Bildung

Baden-Württemberg	Berlin	Rheinland-Pfalz	Sachsen
Art. 11 (1) Jeder junge Mensch hat ohne Rücksicht auf Herkunft oder wirtschaftliche Lage das Recht auf eine seiner Begabung entsprechende Erziehung und Ausbildung. (2) Das öffentliche Schulwesen ist nach diesem Grundsatz zu gestalten. (3) Staat, Gemeinden und Gemeindeverbände haben die erforderlichen Mittel, insbesondere auch Erziehungsbeihilfen, bereitzustellen.	*Art. 20* (1) Jeder Mensch hat das Recht auf Bildung. Das Land ermöglicht und fördert nach Maßgabe der Gesetze den Zugang eines jeden Menschen zu den öffentlichen Bildungseinrichtungen, insbesondere ist die berufliche Erstausbildung zu fördern. (2) Das Land schützt und fördert das kulturelle Leben.	*Art. 31* Jedem jungen Menschen soll zu einer seiner Begabung entsprechenden Ausbildung verholfen werden. Begabten soll der Besuch von höheren und Hochschulen, nötigenfalls aus öffentlichen Mitteln, ermöglicht werden.	*Art. 7* (1) Das Land erkennt das Recht eines jeden Menschen auf ein menschenwürdiges Dasein, insbesondere auf Arbeit, auf angemessenen Wohnraum, auf angemessenen Lebensunterhalt, auf soziale Sicherung und auf Bildung, als Staatsziel an. *Art. 29* (2) Alle Bürger haben das Recht auf gleichen Zugang zu den öffentlichen Bildungseinrichtungen. *Art. 101 ff.* Bildungswesen *Art.108* Erwachsenenbildung

Soziales Grundrecht / Staatszielbestimmung Bildung

Sachsen-Anhalt	Brandenburg	Mecklenburg-Vorpommern	Thüringen
Art. 25 (1) Jeder junge Mensch hat ohne Rücksicht auf seine Herkunft und wirtschaftliche Lage das Recht auf eine seine Begabung und seine Fähigkeiten fördernde Erziehung und Ausbildung. *Art. 30* Erwachsenenbildung	*Art. 29* (1) Jeder hat das Recht auf Bildung. (2 Das Land ist verpflichtet, öffentliche Bildungseinrichtungen zu schaffen und berufliche Ausbildungssysteme zu fördern. (3) Jeder hat das Recht auf gleichen Zugang zu den öffentlichen Bildungseinrichtungen, unabhängig von seiner wirtschaftlichen und sozialen Lage und seiner politischen Überzeugung. Begabte, sozial Benachteiligte und Menschen mit Behinderungen sind besonders zu fördern. *Art. 33* Weiterbildung von Erwachsenen	*Art. 8* Jeder hat nach seiner Begabung das Recht auf freien Zugang zu allen öffentlichen Bildungseinrichtungen, unabhängig von seiner wirtschaftlichen und sozialen Lage sowie seiner weltanschaulichen oder politischen Überzeugung. Das Nähere regelt ein Gesetz.	*Art. 20* Jeder Mensch hat das Recht auf Bildung. Der freie und gleiche Zugang zu den öffentlichen Bildungseinrichtungen wird nach Maßgabe der Gesetze gefördert. Begabte, Behinderte und sozial Benachteiligte sind besonders zu fördern.

4. Soziales Grundrecht / Staatszielbestimmung Wohnraum

Hessen	Bayern	Bremen	Saarland
	Art. 106 (1) Jeder Bewohner Bayerns hat Anspruch auf eine angemessene Wohnung. (2) Die Förderung des Baues billiger Volkswohnungen ist Aufgabe des Staates und der Gemeinden.	*Art. 14* (1) Jeder Bewohner der Freien Hansestadt Bremen hat Anspruch auf eine angemessene Wohnung. Es ist Aufgabe des Staates und der Gemeinden, die Verwirklichung dieses Anspruchs zu fördern.	

Schleswig-Holstein	Niedersachsen	Nordrhein-Westfalen	Hamburg
	Art. 6a Das Land wirkt darauf hin, ...und dass die Bevölkerung mit angemessenem Wohnraum versorgt ist.	*Art. 29* (2) Das Land hat die Aufgabe, nach Maßgabe der Gesetze neue Wohn- und Wirtschaftsheimstätten zu schaffen und den klein- und mittelbäuerlichen Besitz zu stärken.	

Soziales Grundrecht / Staatszielbestimmung Wohnraum

Baden-Württemberg	Berlin	Rheinland-Pfalz	Sachsen
	Art. 28 (1) Jeder Mensch hat das Recht auf angemessenen Wohnraum. Das Land fördert die Schaffung und Erhaltung von angemessenem Wohnraum, insbesondere für Menschen mit geringem Einkommen, sowie die Bildung von Wohnungseigentum.	*Art. 63* Das Land, die Gemeinden und Gemeindeverbände wirken auf die Schaffung und Erhaltung von angemessenem Wohnraum hin.	*Art. 7* (1) Das Land erkennt das Recht eines jeden Menschen auf ein menschenwürdiges Dasein, insbesondere auf Arbeit, auf angemessenen Wohnraum, auf angemessenen Lebensunterhalt, auf soziale Sicherung und auf Bildung, als Staatsziel an.

Soziales Grundrecht / Staatszielbestimmung Wohnraum

Sachsen-Anhalt	Brandenburg	Mecklenburg-Vorpommern	Thüringen
Art. 40 (1) Das Land und die Kommunen haben durch die Unterstützung des Wohnungsbaues, die Erhaltung vorhandenen Wohnraums und durch andere geeignete Maßnahmen die Bereitstellung ausreichenden, menschenwürdigen Wohnraums zu angemessenen Bedingungen für alle zu fördern. (2) Das Land und die Kommunen sorgen dafür, dass niemand obdachlos wird.	*Art. 47* (1) Das Land ist verpflichtet, im Rahmen seiner Kräfte für die Verwirklichung des Rechts auf eine angemessene Wohnung zu sorgen, insbesondere durch Förderung von Wohneigentum, durch Maßnahmen des sozialen Wohnungsbaus, durch Mieterschutz und Mietzuschüsse. (2) Die Räumung einer Wohnung darf nur vollzogen werden, wenn Ersatzwohnraum zur Verfügung steht. Bei einer Abwägung der Interessen ist die Bedeutung der Wohnung für die Führung eines menschenwürdigen Lebens besonders zu berücksichtigen.	*Art. 17* (3) Land, Gemeinden und Kreise wirken im Rahmen ihrer Zuständigkeit darauf hin, dass jedem angemessener Wohnraum zu sozial tragbaren Bedingungen zur Verfügung steht. Sie unterstützen insbesondere den Wohnungsbau und die Erhaltung vorhandenen Wohnraums. Sie sichern jedem im Notfall ein Obdach.	*Art. 15* Es ist ständige Aufgabe des Freistaats, darauf hinzuwirken, dass in ausreichendem Maße angemessener Wohnraum zur Verfügung steht. Zur Verwirklichung dieses Staatsziels fördern das Land und seine Gebietskörperschaften die Erhaltung, den Bau und die Bereitstellung von Wohnraum im sozialen, genossenschaftlichen und privaten Bereich. *Art. 16* Das Land und seine Gebietskörperschaften sichern allen im Notfall ein Obdach.

5. Staatszielnormen

Hessen	Bayern	Bremen	Saarland

Schleswig-Holstein	Niedersachsen	Nordrhein-Westfalen	Hamburg

Baden-Württemberg	Berlin	Rheinland-Pfalz	Sachsen
			Art. 13 Das Land hat die Pflicht, nach seinen Kräften die in dieser Verfassung niedergelegten Staatsziele anzustreben und sein Handeln danach auszurichten.

Sachsen-Anhalt	Brandenburg	Mecklenburg-Vorpommern	Thüringen
Art. 3 (2) Die nachfolgenden Einrichtungsgarantien verpflichten das Land, diese Einrichtungen zu schützen sowie deren Bestand und Entwicklung zu gewährleisten. (3) Die nachfolgenden Staatsziele verpflichten das Land, sie nach Kräften anzustreben und sein Handeln danach auszurichten.			*Art. 43* Der Freistaat hat die Pflicht, nach seinen Kräften und im Rahmen seiner Zuständigkeiten die Verwirklichung der in dieser Verfassung niedergelegten Staatsziele anzustreben und sein Handeln danach auszurichten.

II. Preußisches Allgemeines Landrecht von 1794

Teil 2, Titel 19, §§ 1 und 2:
§ 1 Dem Staat kommt es zu, für die Ernährung und Verpflegung derjenigen Bürger zu sorgen, die sich ihren Unterhalt nicht selbst verschaffen und denselben auch von anderen Privatpersonen, welche nach besonderen Gesetzen dazu verpflichtet sind, nicht erhalten können.
§ 2 Denjenigen, welchen es nur Mitteln und Gelegenheit, ihren und der Ihrigen Unterhalt selbst zu verdienen, ermangelt, sollen Arbeiten, die ihren Kräften und Fähigkeiten gemäß sind, angewiesen werden.

III. Die revidierte Verfassung für den preußischen Staat vom 31.1.1850

Art. 21
Für die Bildung der Jugend soll durch öffentliche Schulen genügend gesorgt werden.
Eltern und deren Stellvertreter dürfen ihre Kinder oder Pflegebefohlenen nicht ohne den Unterricht lassen, welcher für die öffentlichen Volksschulen vorgeschrieben ist.

IV. Die Verfassung des Deutschen Reiches vom 28. März 1849

Art. VI, § 155
Für die Bildung der deutschen Jugend soll durch öffentliche Schulen überall genügend gesorgt werden. Eltern oder deren Stellvertreter dürfen ihre Kinder oder Pflegebefohlenen nicht ohne den Unterricht lassen, welcher für die unteren Volksschulen vorgeschrieben ist.

V. Die Weimarer Reichsverfassung vom 11. August 1919

Art. 143 WRV
Für die Bildung der Jugend ist durch öffentliche Anstalten zu sorgen. Bei ihrer Einrichtung wirken Reich, Länder und Gemeinden zusammen.
Die Lehrerbildung ist nach den Grundsätzen, die für die höhere Bildung allgemein gelten, für das Reich einheitlich zu regeln.
Die Lehrer an öffentlichen Schulen haben die Rechte und Pflichten der Staatsbeamten.

Art. 155 WRV
Die Verteilung und Nutzung des Bodens wird von Staats wegen in einer Weise überwacht, die Missbrauch verhütet und dem Ziele zustrebt, jedem Deut-

schen eine gesunde Wohnung und allen deutschen Familien, insbesondere den kinderreichen, eine ihren Bedürfnissen entsprechende Wohn- und Wirtschaftsheimstätte zu sichern. Kriegsteilnehmende sind bei dem zu schaffenden Heimstättenrecht besonders zu berücksichtigen.

Grundbesitz, dessen Erwerb zur Befriedigung des Wohnungsbedürfnisses, zur Förderung der Siedlung und Urbarmachung oder zur Hebung der Landwirtschaft nötig ist, kann enteignet werden.
...

Art. 157 WRV
Die Arbeitskraft steht unter dem besonderen Schutz des Reichs.
Das Reich schafft ein einheitliches Arbeitsrecht.

Art. 161 WRV
Zur Erhaltung der Gesundheit und Arbeitsfähigkeit, zum Schutz der Mutterschaft und zur Vorsorge gegen die wirtschaftlichen Folgen von Alter, Schwäche und Wechselfällen des Lebens schafft das Reich ein umfassendes Versicherungswesen unter maßgebender Mitwirkung der Versicherten.

Art. 163 WRV
Jeder Deutsche hat unbeschadet seiner persönlichen Freiheit die sittliche Pflicht, seine geistigen und körperlichen Kräfte so zu betätigen, wie es das Wohl der Gesamtheit erfordert.

Jedem Deutschen soll die Möglichkeit gegeben werden, durch wirtschaftliche Arbeit seinen Unterhalt zu erwerben. Soweit ihm angemessene Arbeitsgelegenheit nicht nachgewiesen werden kann, wird für seinen notwendigen Unterhalt gesorgt. Das Nähere wird durch besondere Reichsgesetze geregelt.

VI. Die Verfassung der DDR vom 07. Oktober 1949

Art. 15
Die Arbeitskraft wird vom Staat geschützt.
Das Recht auf Arbeit wird verbürgt. Der Staat sichert durch Wirtschaftslenkung jedem Bürger Arbeit und Lebensunterhalt. Soweit dem Bürger angemessene Arbeitsgelegenheit nicht nachgewiesen werden kann, wird für seinen notwendigen Unterhalt gesorgt.

Art. 16
Jeder Arbeitende hat ein Recht auf Erholung, auf jährlichen Urlaub gegen Entgelt, auf Versorgung bei Krankheit und im Alter.
...

Der Erhaltung der Gesundheit und Arbeitsfähigkeit der arbeitenden Bevölkerung, dem Schutze der Mutterschaft und der Vorsorge gegen die Wirtschaftlichen Folgen von Alter, Invalidität, Arbeitslosigkeit und sonstigen Wechselfällen des Lebens dient ein einheitliches, umfassendes Sozialversicherungswesen auf der Grundlage der Selbstverwaltung der Versicherten.

Art. 26

...

Jedem Bürger und jeder Familie ist eine gesunde und ihren Bedürfnissen entsprechende Wohnung zu sichern. Opfer des Faschismus, Schwer-Körperbehinderte, Kriegsgeschädigte und Umsiedler sind dabei bevorzugt zu berücksichtigen.

...

Art. 35

Jeder Bürger hat das gleiche Recht auf Bildung und auf freie Wahl seines Berufes. Die Bildung der Jugend sowie die geistige und fachliche Weiterbildung der Bürger werden auf allen Gebieten des staatlichen Lebens durch öffentliche Einrichtungen gesichert.

VII. Die Verfassung der DDR vom 06. April 1968 in der Fassung vom 07. Oktober 1974

Art. 24

(1) Jeder Bürger der Deutschen Demokratischen Republik hat das Recht auf Arbeit. Er hat das Recht auf einen Arbeitsplatz und dessen freie Wahl entsprechend den gesellschaftlichen Erfordernissen und der persönlichen Qualifikation. Er hat das Recht auf Lohn nach Qualität und Quantität der Arbeit. Mann und Frau, Erwachsene und Jugendliche haben das Recht auf gleichen Lohn bei gleicher Arbeitsleistung.

(2) Gesellschaftlich nützliche Tätigkeit ist eine ehrenvolle Pflicht für jeden arbeitsfähigen Bürger. Das Recht auf Arbeit und die Pflicht zur Arbeit bilden eine Einheit.

(3) Das Recht auf Arbeit wird gewährleistet durch das sozialistische Eigentum an den Produktionsmitteln; durch die sozialistische Leitung und Planung des gesellschaftlichen Reproduktionsprozesses; durch das stetige und planmäßige Wachstum der sozialistischen Produktivkräfte und der Arbeitsproduktivität; durch die konsequente Durchführung der wissenschaftlich-technischen Revolution; durch ständige Bildung und Weiterbildung der Bürger und durch das einheitliche sozialistische Arbeitsrecht.

Art. 25
(1) Jeder Bürger der Deutschen Demokratischen Republik hat das gleiche Recht auf Bildung. Die Bildungsstätten stehen jedermann offen. Das einheitliche sozialistische Bildungssystem gewährleistet jedem Bürger eine kontinuierliche sozialistische Erziehung, Bildung und Weiterbildung.
...

Art. 35
(1) Jeder Bürger der Deutschen Demokratischen Republik hat das Recht auf Schutz seiner Gesundheit und seiner Arbeitskraft.
(2) Dieses Recht wird durch die planmäßige Verbesserung der Arbeits- und Lebensbedingungen, die Pflege der Volksgesundheit, eine umfassende Sozialpolitik, die Förderung der Körperkultur, des Schul- und Volkssports und der Touristik gewährleistet.
(3) Auf der Grundlage eines sozialen Versicherungssystems werden bei Krankheit und Unfällen materielle Sicherheit, unentgeltliche ärztliche Hilfe, Arzneimittel und andere medizinische Sachleistungen gewährt.

Art. 36
(1) Jeder Bürger der Deutschen Demokratischen Republik hat das Recht auf Fürsorge der Gesellschaft im Alter und bei Invalidität.
(2) Dieses Recht wird durch eine steigende materielle, soziale und kulturelle Versorgung und Betreuung alter und arbeitsunfähiger Bürger gewährleistet.

Art. 37
(1) Jeder Bürger der Deutschen Demokratischen Republik hat das Recht auf Wohnraum für sich und seine Familie entsprechend den volkswirtschaftlichen Möglichkeiten und örtlichen Bedingungen. Der Staat ist verpflichtet, dieses Recht durch die Förderung des Wohnungsbaus, die Werterhaltung vorhandenen Wohnraumes und die öffentliche Kontrolle über die gerechte Verteilung des Wohnraumes zu verwirklichen.
(2) Es besteht Rechtsschutz bei Kündigungen.
(3) Jeder Bürger hat das Recht auf Unverletzbarkeit seiner Wohnung.

VIII. Charta der Grundrechte der Europäischen Union vom 07. Dezember 2000

Art. 14
(1) Jede Person hat das Recht auf Bildung sowie auf Zugang zur beruflichen Ausbildung und Weiterbildung.
(2) Dieses Recht umfasst die Möglichkeit, unentgeltlich am Pflichtschulunterricht teilzunehmen.

Art. 15
(1) Jede Person hat das Recht, zu arbeiten und einen frei gewählten oder angenommenen Beruf auszuüben.

Art. 25
Die Union anerkennt und achtet das Recht älterer Menschen auf ein würdiges und unabhängiges Leben und auf Teilnahme am sozialen und kulturellen Leben.

Art. 26
Die Union anerkennt und achtet den Anspruch von Menschen mit Behinderung auf Maßnahmen zur Gewährleistung ihrer Eigenständigkeit, ihrer sozialen und beruflichen Eingliederung und ihrer Teilnahme am Leben der Gemeinschaft.

Art. 34
(1) Die Union anerkennt und achtet das Recht auf Zugang zu den Leistungen der sozialen Sicherheit und zu den sozialen Diensten, die in Fällen wie Mutterschaft, Krankheit, Arbeitsunfall, Pflegebedürftigkeit oder im Alter sowie bei Verlust des Arbeitsplatzes Schutz gewährleisten, nach Maßgabe des Gemeinschaftsrechts und der einzelstaatlichen Rechtsvorschriften und Gepflogenheiten.
(2) Jede Person, die in der Union ihren rechtmäßigen Wohnsitz hat und ihren Aufenthalt rechtmäßig wechselt, hat Anspruch auf die Leistungen der sozialen Sicherheit und die sozialen Vergünstigungen nach dem Gemeinschaftsrecht und den einzelstaatlichen Rechtsvorschriften und Gepflogenheiten.
(3) Um die soziale Ausgrenzung und die Armut zu bekämpfen, anerkennt und achtet die Union das Recht auf eine soziale Unterstützung und eine Unterstützung für die Wohnung, die allen, die nicht über ausrechende Mittel verfügen, ein menschenwürdiges Dasein sicherstellen sollen, nach Maßgabe des Gemeinschaftsrechts und der einzelstaatlichen Rechtsvorschriften und Gepflogenheiten.

Literaturverzeichnis

Abel, Gunther Die Bedeutung der Lehre von den Einrichtungsgarantien für die Auslegung des Bonner Grundgesetzes, Berlin 1964.

Abelein, Manfred Recht auf Bildung, in: DÖV 1967, S. 375-379.

Alber, Siegbert Die Selbstbindung der europäischen Organe an die Europäische Charta der Grundrechte, in: EuGRZ 2001, S. 349-353.

Alexy, Robert Theorie der Grundrechte, 1. Auflage, Baden-Baden 1985.

Alternativkommentar Kommentar zum Grundgesetz für die Bundesrepublik Deutschland, Reihe Alternativkommentare, hrsg. von Wassermann, Rudolf, Band 1, Art. 1-37 GG, 2. Auflage, Neuwied 1989, Band 2, Art. 38-146 GG, 2. Auflage, Neuwied 1989.

Anschütz, Gerhard Die Verfassung des Deutschen Reiches vom 11. August 1919, 14. Auflage 1933, Nachdruck Bad Homburg 1968.

Arndt, Adolf Vortrag zu Verfassungsfragen vom 06. August 1946, abgedruckt in: Berding, Helmut (Hrsg.), Die Entstehung der Hessischen Verfassung von 1946, Wiesbaden 1996, Dokument 22, S. 243-259.

Bachmann, Ulrich Die Hessische Verfassung – Pate und Vorbild des Grundgesetzes? Einflüsse der Hessischen Verfassungsgesetzgebung und Verfassungsgeber auf das Bonner Grundgesetz, in: Eichel, Hans / Möller, Klaus Peter (Hrsg.) 50 Jahre Verfassung des Landes Hessen, S. 90-121.

Bachof, Otto Reflexwirkungen und subjektive Rechte im öffentlichen Recht, in: Bachof, Otto / Drath, Martin / Gönnenwein, Otto / Waltz, Ernst (Hrsg.), Gedächtnisschrift für Walter Jellinek, München 1955, S. 287-307.

Badura, Peter Staatsrecht: Systematische Erläuterungen des Grundgesetzes für die Bundesrepublik Deutschland, 2. Auflage, München 1996.

Badura, Peter Das Prinzip der sozialen Grundrechte und seine Verwirklichung im Recht der Bundesrepublik Deutschland, in: Der Staat, 14. Band, 1975, S. 17-48.

Barschel, Uwe / Gebel, Volkram Landessatzung für Schleswig-Holstein: Kommentar, Neumünster 1976.

Baumbach, Adolf / Lauterbach, Wolfgang / Albers, Jan / Hartmann, Peter Zivilprozeßordnung mit Gerichtsverfassungsgesetz und anderen Nebengesetzen, 59. Auflage, München 2001.

Benda, Ernst Der soziale Rechtsstaat, in: Benda, Ernst / Maihofer, Werner / Vogel, Hans-Jochen, Handbuch des Verfassungsrechts der Bundesrepublik Deutschland, 2. Auflage, Studienausgabe Teil 1, Berlin 1995, § 17, S. 719-797.

Bentele, Max Das Recht auf Arbeit in rechtsdogmatischer und ideengeschichtlicher Betrachtung, Juristische Dissertation, Zürich 1949.

Bericht der Sachverständigenkommission Staatszielbestimmungen – Gesetzgebungsaufträge, Bericht der Sachverständigenkommission, hrsg. vom Bundesminister des Innern / Bundesminister der Justiz, Bonn 1983.

Berlit, Uwe Verfassungsgebung in den fünf neuen Ländern – ein Zwischenbericht, in: KJ 1992, S. 437-462.

Berlit, Uwe Die niedersächsische Verfassung, Zur Ablösung eines provisorischen Organisationsstatuts, in: NVwZ 1994, S. 11-17.

Bertrams, M. Schulrechtliche Entscheidungen des OVG NW, NWVBl. 1990, S. 181-186.

Bethge, Herbert Staatszwecke im Verfassungsstaat – 40 Jahre Grundgesetz, in: DVBl. 1989, S. 841-850.

Beutler, Bengt Das Staatsbild in den Länderverfassungen nach 1945, Berlin 1973.

Biegler, Dagmar / Frey, Birgit / Kleinfeld, Ralf Nordrhein-Westfalen, in: Hartmann, Jürgen (Hrsg.), Die deutschen Bundesländer, S. 383-432.

Birn, Helmut Die Aufnahme von Grundrechten und staatsbürgerlichen Rechten des Grundgesetzes in die Verfassung von Baden-Württemberg, Juristische Dissertation, Tübingen 1972.

Böckenförde, Ernst-W. / Grawert, Rolf Kollisionsfälle und Geltungsprobleme im Verhältnis von Bundesrecht und Landesverfassungen, in: DÖV 1971, S. 119-127.

Böckenförde, Ernst-W. Die sozialen Grundrechte im Verfassungsgefüge, in: Böckenförde, Ernst-Wolfgang / Jekewitz, Jürgen / Ramm, Thilo (Hrsg.), Soziale Grundrechte, Heidelberg 1981, S. 7-16.

Braas, Gerhard Die Entstehung der Länderverfassungen in der Sowjetischen Besatzungszone Deutschlands 1946/47, Köln 1987.

Braun, Klaus Kommentar zur Verfassung des Landes Baden-Württemberg, Stuttgart 1984.

Brohm, Winfried Soziale Grundrechte und Staatszielbestimmungen in der Verfassung, JZ 1994, S. 213-220.

Brunner, Georg Die Problematik der sozialen Grundrechte, Recht und Staat, Heft 404/405, Tübingen 1971.

Bushart, Christoph Verfassungsänderung in Bund und Ländern, München 1989.

Clevinghaus, Bernd Recht auf Bildung (Grundlagen und Inhalt), Juristische Dissertation, Bremen 1973.

Dahrendorf, Ralf Bildung ist Bürgerrecht, Bramsche / Osnabrück 1966.

Dästner, Christoph Die Verfassung des Landes Nordrhein-Westfalen: Kommentar, Köln 1996.

Daum, Werner Soziale Grundrechte, in: RdA 1968, S. 81-87.

David, Klaus Verfassung der Freien und Hansestadt Hamburg: Kommentar, Stuttgart 1994.

Degenhart, Christoph Grundzüge der neuen sächsischen Verfassung, in: LKV 1993, S. 33-39.

Degenhart, Christoph Die Staatszielbestimmungen der Sächsischen Verfassung, in: Degenhart, Christoph / Meissner, Claus (Hrsg.), Handbuch der Verfassung des Freistaates Sachsen, Stuttgart 1997, § 6, S. 157-180.

Degenhart, Christoph Verfassungsrecht, in: Stober, Rolf (Hrsg.), Handbuch des Sächsischen Staats- und Verwaltungsrechts, Stuttgart 1996, § 2, S. 43-121.

Denninger, Erhard Sicherheit / Vielfalt / Solidarität: Ethisierung der Verfassung?, in: Preuß, Ulrich K. (Hrsg.), Zum Begriff der Verfassung, Frankfurt am Main 1994, S. 95-129.

Der Präsident des Landtags Rheinland-Pfalz (Hrsg.) Verfassungsreform, Der Weg zur neuen Landesverfassung vom 18. Mai 2000, Heft 9 der Schriftenreihe des Landtags Rheinland-Pfalz, Mainz 2000.

Diercks, Kerstin Soziale Grundrechte der neuen Landesverfassungen, in: LKV 1996, S. 231-235.

Diercks, Kerstin Soziale Grundrechte in der DDR: Bewertung und die verfassungsrechtliche Problematik ihrer Verbürgung im Grundgesetz, Juristische Dissertation, Köln 1993.

Dietlein, Johannes Die Lehre von den grundrechtlichen Schutzpflichten, Berlin 1992.

Dietlein, Johannes Die Grundrechte in den Verfassungen der neuen Bundesländer, München 1993.

**Doemming, Klaus-Berto von
Füßlein, Rudolf W.
Matz, Werner** Entstehungsgeschichte der Artikel des Grundgesetzes, in: JöR, Band 1 (1951), S. 1-926.

Dörfler, Reinhard Die Vereinbarkeit sozialer Grundrechte mit dem Grundgesetz der Bundesrepublik Deutschland, Juristische Dissertation, Erlangen 1978.

Dreier, Horst Grundgesetz Kommentar, Band 1 (Art. 1-19), Tübingen 1996, Band 3 (Art. 83-146), Tübingen 2000.

Edinger, Michael Staatszielbestimmungen als Gegenstand der Verfassungsgebung in Thüringen, in: Schmitt, Karl (Hrsg.) Die Verfassung des Freistaats Thüringen, Weimar 1995, S. 101-131.

**Edinger, Michael
Lembcke, Oliver
Lange, Erhard H.M.** Thüringen, in: Hartmann, Jürgen (Hrsg.), Die deutschen Bundesländer, Bonn 1997, S. 613-654.

Ehlers, Dirk Der Schutz wirtschaftlicher Unternehmen vor terroristischen Anschlägen, Spionage und Sabotage, in: Leßmann, Herbert / Vollmer, Lothar und Großfeld, Bernd (Hrsg.), Festschrift für Rudolf Lukes zum 65. Geburtstag, Köln 1989, S. 337-357.

Endemann, Fritz Die Landesverfassung – ihre Entwicklung seit 1953, in: Landeszentrale für politische Bildung Baden-Württemberg (Hrsg.), Baden Württemberg: Eine politische Landeskunde, 4. Auflage, Stuttgart 1997, S. 67-88.

Erichsen, Hans-Uwe Grundrechtliche Schutzpflichten in der Rechtsprechung des Bundesverfassungsgerichts, Jura 1997, S. 85-89.

Feddersen, Christoph Die Verfassungsgebung in den neuen Ländern: Grundrechte, Staatsziele, Plebiszite, in: DÖV 1992, S. 989-998.

Feuchte, Paul (Hrsg.) Verfassung des Landes Baden-Württemberg, Stuttgart 1987.

Fichte, J.H. (Hrsg.) Johann Gottlieb Fichtes sämtliche Werke, Dritter Band, Berlin 1845, unveränderter Nachdruck, Berlin 1965.

Fichte, Johann Gottlieb Der geschloßne Handelsstaat, mit einer Einleitung versehen von Hans Hirsch (Hrsg.), 3. Auflage, Hamburg 1979.

Fischer, Peter Christian Staatszielbestimmungen in den Verfassungen und Verfassungsentwürfen der neuen Bundesländer, München 1994.

Franke, Dietrich Der Entwurf der brandenburgischen Landesverfassung, in: Stern, Klaus (Hrsg.), Deutsche Wiedervereinigung, Bd. III: Zur Entstehung von Landesverfassungen in den neuen Ländern der Bundesrepublik Deutschland, Köln 1992, S. 1-23.

Frowein, Jochen Abr. Übernationale Menschenrechtsgewährleistungen und nationale Staatsgewalt, , in: Handbuch des Staatsrechts der Bundesrepublik Deutschland, Band VII, hrsg. von Isensee, Josef und Kirchhof, Paul, Heidelberg 1992, § 180, S. 731-765.

Füssel, Hans-Peter Erziehung und Unterricht, in: Kröning, Volker / Pottschmidt, Günter / Preuß, Ulrich K. / Rinken, Alfred (Hrsg.), Handbuch der Bremischen Verfassung, Baden-Baden 1991, S. 185-207.

Gallwas, Hans-Ullrich Konkurrenz von Bundes- und Landesgrundrechten, in: JA 1981, S. 536-541.

Gallwas, Hans-Ullrich Das Grundrecht auf Ausbildung gemäß Art. 128 Abs. 1 der Bayerischen Verfassung, in: BayVBl. 1976, S. 385-389.

Geller-Kleinrahm Die Verfassung des Landes Nordrhein-Westfalen, Fortgeführt von Kleinrahm, Kurt / Dickersbach, Alfred / Kühne, Jörg-Detlef, 3. Auflage, 2. Ergänzungslieferung, Göttingen 1994.

Gerontas, Apostolos Die Appellentscheidung, Sondervotumsappelle und die bloße Unvereinbarkeitsfeststellung als Ausdruck der funktionellen Grenzen der Verfassungsgerichtsbarkeit, DVBl. 1982, S. 486-491.

Glatz, Carl Heinrich Haas, Diether Die Verfassung der Freien und Hansestadt Hamburg vom 6. Juni 1952, in: JöR, Band 6 (1957), S. 223-250.

Gode, Johannes Recht auf Arbeit, in: DVBl. 1990, S. 1207-1213.

Grabenwarter, Christoph Die Charta der Grundrechte für die Europäische Union, DVBl. 2001, S. 1-13.

Grimm, Christoph Caesar, Peter Verfassung für Rheinland-Pfalz: Kommentar, Baden-Baden 2001.

Groß, Rolf Die Fortentwicklung der Hessischen Verfassung, in: Heidenreich, Bernd und Böhme, Klaus (Hrsg.), Hessen – Verfassung und Politik, Stuttgart 1997, S. 365-396.

Häberle, Peter Arbeit als Verfassungsproblem, JZ 1984, S. 345-355.

Häberle, Peter Rechtsvergleichung im Kraftfeld des Verfassungsstaates, Berlin 1992.

Hattenhauer, Hans Die geistesgeschichtlichen Grundlagen des deutschen Rechts, 4. Auflage, Heidelberg 1996.

Heitmann, Steffen Die neue sächsische Verfassung – zwischen Aufbruch und Bewahrung, SächsVBl. 1993, S. 2-8.

Henn, Walter Die verfassungsrechtliche Lage des Saarlandes, Meisenheim am Glan 1959.

Hernekamp, Karl Soziale Grundrechte, Berlin 1979.

Hesse, Konrad Bedeutung der Grundrechte, in: Benda, Ernst / Maihofer, Werner / Vogel, Hans-Jochen, Handbuch des Verfassungsrechts der Bundesrepublik Deutschland, 2. Auflage, Studienausgabe Teil 1, Berlin 1995, § 5, S. 124-160.

Hesse, Konrad Die normative Kraft der Verfassung, Freiburger Antrittsvorlesung, in: Recht und Staat, Heft 222, Tübingen 1959.

Hesse, Konrad Grundzüge des Verfassungsrechts der Bundesrepublik Deutschland, 20. Auflage, Heidelberg 1995.

Hesse, Konrad Bestand und Bedeutung der Grundrechte in der Bundesrepublik Deutschland, in: EuGRZ 1978, S. 427-438.

Heymann, Klaus-Dieter Stein, Ekkehart Das Recht auf Bildung, Dargestellt am Beispiel der Schulbildung, AöR 97 (1972), S. 185-232.

Hinds, Caroline Die neue Verfassung des Freistaates Sachsen – Berechtigte oder unberechtigte Kritik an der Verfassungsgebung, in: ZRP 1993, S. 149-151.

Hinkel, Karl Reinhard Verfassung des Landes Hessen: Kommentar, Wiesbaden 1998.

Hoebink, Hein Das Recht auf Arbeit und seine Verankerung in der nordrhein-westfälischen Verfassung, in: Der Staat, 27. Band, 1988, S. 290-302.

Hoegner, Wilhelm Lehrbuch des Bayerischen Verfassungsrechts, München 1949.

Hölscheidt, Sven / Wiese, Irina von Grundrechte und Staatsziele im Verfassungsentwurf für Mecklenburg-Vorpommern, in: LKV 1992, S. 393-398.

Huber, Peter M. Die Verfassung des Freistaats Thüringen – ein Überblick, in: Schmitt, Karl (Hrsg.), Die Verfassung des Freistaats Thüringen, Weimar 1995, S. 69-100.

Huber, Peter M. Die neue Verfassung des Freistaats Thüringen, in: LKV 1994, S. 121-131.

Hueck, Alfred / Nipperdey, Hans Carl Lehrbuch des Arbeitsrechts, Erster Band, 7. Auflage, Berlin 1963.

Hueck, Alfred Anmerkung zu BGH, RdA 1953, S. 117, in: RdA 1953, S. 117-118.

Ipsen, Hans Peter Über das Grundgesetz, Hamburg 1950.

Ipsen, Hans Peter Hamburgs Verfassung und Verwaltung, Hamburg 1956.

Ipsen, Knut Individualschutz im Völkerrecht, in: Ipsen, Knut (Hrsg.), Völkerrecht, 4. Auflage, München 1999, S. 668-709.

Isensee, Josef Verfassung ohne soziale Grundrechte, in: Der Staat, 19. Band, 1980, S. 367-384.

Isensee, Josef Das Grundrecht als Abwehrrecht und als staatliche Schutzpflicht, Handbuch des Staatsrechts der Bundesrepublik Deutschland, Band V, hrsg. von Isensee, Josef und Kirchhof, Paul, Heidelberg 1992, § 111, S. 143-241.

Jann, Werner
Muszynski, Bernhard

Brandenburg, in: Hartmann, Jürgen (Hrsg.), Die deutschen Bundesländer, Bonn 1997, S. 163-207.

Jarass, Hans D.
Pieroth, Bodo

Grundgesetz für die Bundesrepublik Deutschland: Kommentar, 5. Auflage, München 2000.

Jellinek, Georg

System der subjektiven öffentlichen Rechte, 2. Auflage, Tübingen 1905, 2. unveränderter Nachdruck 1963.

Jüngel, Erwin

Mecklenburg-Vorpommern, in: Hartmann, Jürgen (Hrsg.), Die deutschen Bundesländer, Bonn 1997, S. 306-347.

Jutzi, Siegfried

Staatsziele in der Verfassung des Freistaats Thüringen - zugleich ein Beitrag zur Bedeutung landesverfassungsrechtlicher Staatsziele im Bundesstaat -, ThürVBl. 1995, S. 25-31, S. 54-59.

Jutzi, Siegfried

Landesverfassungsrecht und Bundesrecht, Berlin 1982.

Kanther, Wilhelm

Die neuen Landesverfassungen im Lichte der Bundesverfassung, Juristische Dissertation, Köln 1993.

Kilian, Michael

Die neue Verfassung des Landes Sachsen-Anhalt, in: LKV, S. 73-78.

Klein, Friedrich
Fabricius, Fritz

Das Recht auf Bildung und seine Verwirklichung im Ballungsraum, Stuttgart 1969.

Klein, Hans H.

Die grundrechtliche Schutzpflicht, DVBl. 1994, S. 489-497.

Klein, Hans H.

Die Grundrechte im demokratischen Staat, Stuttgart 1972.

Klein, Hans H.

Staatsziele im Verfassungsgesetz – Empfiehlt es sich, ein Staatsziel Umweltschutz in das Grundgesetz aufzunehmen?, in: DVBl. 1991, S. 729-739.

Kleinrahm, Kurt Landesverfassung, in: Loschelder, Wilhelm / Salzwedel, Jürgen (Hrsg.), Verfassungs- und Verwaltungsrecht des Landes Nordrhein-Westfalen, Köln 1961, S. 49-92.

Klenner, Hermann Das Recht auf Arbeit bei Johann Gottlieb Fichte, in: Festschrift für Erwin Jacobi, Berlin 1957, S. 149-163.

Kleuker, Mathias Gesetzgebungsaufträge des Bundesverfassungsgerichts, Berlin 1992.

Kluge, Hans-Georg Die Verfahrensarten, in: Wolnicki, Boris, Verfassungsgericht des Landes Brandenburg, Baden-Baden 1995, S. 71-106.

Knöll, Ralf Die Diskussion um die Grundrechtscharta der Europäischen Union aus dem Blickwinkel der deutschen Länder, in: NJW 2000, S. 1845-1848.

Korte, Heinrich
Rebe, Bernd Verfassung und Verwaltung des Landes Niedersachsen, 2. Auflage, Göttingen 1986.

Kratzmann, Horst Grundrechte – Rechte auf Leistungen, Frankfurt/Main 1974.

Krause, Peter Die Entwicklung der sozialen Grundrechte, in: Birtsch, Günter (Hrsg.), Grund- und Freiheitsrechte im Wandel von Gesellschaft und Geschichte: Beiträge zur Geschichte der Grund- und Freiheitsrechte vom Ausgang des Mittelalters bis zur Revolution von 1848, Göttingen 1981, S. 402-431.

Kringe, Wolfgang Die Verfassung für das Land Nordrhein-Westfalen: Spielregel der Demokratie, Entstehung-Inhalt-Bewährung, Landeszentrale für politische Bildung NRW, Düsseldorf 1990.

Kühne, Jörg-Detlef 45 Jahre Landesverfassung Nordrhein-Westfalen – Jubiläumsbemerkungen besonders zu ihrem Kulturstaatsteil, in: NWVBl. 1996, S. 325-330.

Künzel, Werner Die Verfassung der DDR vom 7. Oktober 1949 – Quellen und Genesis, Staat und Recht 1989, S. 745-753.

Künzel, Werner Brandenburgs Landesverfassung in Geschichte und Gegenwart, 2. Auflage 1995.

Kunzmann, Bernd; Haas, Michael; Baumann-Hasske, Harald Die Verfassung des Freistaates Sachsen: kommentierte Textausgabe, 2. Auflage, Berlin 1997.

Kutscha, Martin Soziale Grundrechte und Staatszielbestimmungen in den neuen Landesverfassungen, in: ZRP 1993, S. 339-344.

Landtag des Saarlandes (Hrsg.) Die Verfassung des Saarlandes, Das Grundgesetz für die Bundesrepublik Deutschland, erläutert von Oberregierungsrat Alfons Senz und Regierungsrat Dr. Hans Treinen, Neunkirchen (Saar), 1. Auflage.

Lange, Klaus; Jobs, A. Thorsten Brauchen wir eine Verfassungsreform? Vom Beruf unserer Zeit zur Landesverfassungsgesetzgebung, in: Eichel/Möller (Hrsg.) 50 Jahre Verfassung des Landes Hessen, S. 445-476.

Lange, Klaus Egozentrik als Verfassungsprinzip?, Zur Bedeutung von sozialen Grundrechten und Staatszielbestimmungen in einer deutschen Verfassung, in: NG/FH 1991, S. 832-835.

Lange, Klaus Die Landesverfassung – Fundament des politischen Lebens, in: Heidenreich, Bernd und Schacht, Konrad (Hrsg.), Hessen: eine politische Landeskunde, Stuttgart 1993, S. 95-112.

Lange, Klaus Soziale Grundrechte in der deutschen Verfassungsentwicklung und in den derzeitigen Länderverfassungen, in: Böckenförde, Ernst-Wolfgang / Jekewitz, Jürgen / Ramm, Thilo (Hrsg.), Soziale Grundrechte, Heidelberg 1981, S. 49-60.

Lecheler, Helmut Der öffentliche Dienst, in: Handbuch des Staatsrechts der Bundesrepublik Deutschland, Band III, hrsg. von Isensee, Josef und Kirchhof, Paul, Heidelberg 1988, § 72, S. 717-773.

Leibholz, Gerhard Das Wesen der Repräsentation und der Gestaltwandel der Demokratie im 20. Jahrhundert, 3. Auflage, Berlin 1966.

Leibholz, Gerhard / Rinck, Hans-Justus / Hesselberger, Dieter Grundgesetz für die Bundesrepublik Deutschland: Kommentar an Hand der Rechtsprechung des Bundesverfassungsgerichts, Loseblattausgabe, Köln, Stand Mai 1998.

Leisner, Walter Die bayerischen Grundrechte, Wiesbaden 1968.

Lepa, Manfred Der Inhalt der Grundrechte nach der Rechtsprechung, in: Staatsrechtliche Abhandlungen verschiedener Autoren, Sammelband 7.

Ley, Richard Staats- und Verfassungsrecht, in: Ley, Richard (Hrsg.), Staats- und Verwaltungsrecht für Rheinland-Pfalz, 3. Auflage, Baden-Baden 1992, S. 21-85.

Linck, Joachim / Jutzi, Siegfried / Hopfe, Jörg Verfassung des Freistaats Thüringen, Stuttgart 1994.

Losch, Bernhard / Radau, Wiltrud Christine Grundrechtskatalog für die Europäische Union, in: ZRP 2000, S. 84-87.

Lücke, Jörg Soziale Grundrechte als Staatszielbestimmungen und Gesetzgebungsaufträge, AöR 107 (1982), S. 15-60.

Mahnke, Hans H. Die Verfassung des Landes Sachsen-Anhalt, Berlin 1993.

Malachowski, Walther A. Recht auf Arbeit und Arbeitspflicht, Jena 1922.

Mampel, Siegfried Die Entwicklung der Verfassungsordnung in der sowjetisch besetzten Zone Deutschlands von 1945 bis 1963, in: JöR, Band 13 (1963), Tübingen 1964, S. 455-579.

Mang, Johann
Maunz, Theodor
Mayer, Franz
Obermayer, Klaus Staats- und Verwaltungsrecht in Bayern, 4. Auflage, München 1975.

Mangoldt, Hans von Grundzüge der sächsichen Landesverfassung, in: Gerlach, Siegfried (Hrsg.), Sachsen: eine politische Landeskunde, Stuttgart 1993, S. 221-250.

Mangoldt, Hans von Die Verfassungen der neuen deutschen Bundesländer: Einführung und synoptische Darstellung, 2. Auflage, Berlin 1997.

Mangoldt, Hermann von
Klein, Friedrich
Starck, Christian Das Bonner Grundgesetz, Kommentar, Band 2, Artikel 20 bis 78, 4. Auflage, München 2000, Band 3: Artikel 79 bis 146, 4. Auflage, München 2001.

Mangoldt, Hermann von
Klein, Friedrich Das Bonner Grundgesetz, 1. Lieferung, 2. Auflage, Berlin 1957.

Mann, Günter Niedersachsen, in: Hartmann, Jürgen (Hrsg.), Die deutschen Bundesländer, Bonn 1997, S. 348-382.

Martina, Dietmar Die Grundrechte der nordrhein-westfälischen Landesverfassung im Verhältnis zu den Grundrechten des Grundgesetzes, Juristische Dissertation, Köln 1999.

Massing, Peter
Petratis, Mechthild Berlin, in: Hartmann, Jürgen (Hrsg.), Die deutschen Bundesländer, Bonn 1997, S. 127-162.

Maunz, Theodor Dürig, Günter Grundgesetz Kommentar, Loseblattsammlung, Band I (Art. 1-10), München, Stand: 38. Ergänzungslieferung, März 2001, Band II (Art. 12-20), München, Stand: 38. Ergänzungslieferung, März 2001, Band III (Art. 20a-53), München, Stand: 38. Ergänzungslieferung, März 2001, Band V (Art. 89-146), München, Stand: 38. Ergänzungslieferung, März 2001.

Meder, Theodor Die Verfassung des Freistaates Bayern: Handkommentar, 4. Auflage, Stuttgart 1992.

Menger, Christian-Friedrich Der Begriff des sozialen Rechtsstaates im Bonner Grundgesetz, Tübingen 1952.

Merten, Detlef Über Staatsziele, DÖV 1993, S. 368-377.

Merten, Detlef Verfassungspatriotismus und Verfassungsschwärmerei, VerwArch 83 (1992), S. 283-298.

Meyer, Franz Ule, Carl Hermann (Hrsg.) Staats- und Verwaltungsrecht in Rheinland-Pfalz, Stuttgart 1969.

Meyer, Jürgen Die EU ist auch eine Wertegemeinschaft, ZRP-Rechtsgespräch mit Professor Dr. Jürgen Meyer MdB, Berlin, ZRP 2000, S. 114-116.

Meyer, Jürgen Engels, Markus Aufnahme von sozialen Grundrechten in die Europäische Grundrechtscharta?, ZRP 2000, S. 368-371.

Michel, Lutz H. Staatszwecke, Staatsziele und Grundrechtsinterpretation unter besonderer Berücksichtigung der Positivierung des Umweltschutzes im Grundgesetz, Frankfurt am Main 1986.

Möstl, Markus Probleme der verfassungsprozessualen Geltendmachung gesetzgeberischer Schutzpflichten – Die Verfassungsbeschwerde gegen legislatives Unterlassen - DÖV 1998, S. 1029-1039.

Müller, Klaus Verfassung des Freistaats Sachsen: Kommentar, Baden-Baden 1993.

Münch, Ingo von
Kunig, Philip Grundgesetz-Kommentar, Band 1 (Präambel, Art. 1-19), 5. Auflage, München 2000, Band 2 (Art. 21-69), 4./5. Auflage, München 2001, Band 3 (Art. 70-146), 3. Auflage, München 1996.

Murswiek, Dietrich Grundrechte als Teilhaberechte, soziale Grundrechte, in: Handbuch des Staatsrechts der Bundesrepublik Deutschland, Band V, hrsg. von Isensee, Josef und Kirchhof, Paul, Heidelberg 1992, § 112, S. 243-289.

Nawiasky, Hans
Leussner, Claus Die Verfassung des Freistaates Bayern vom 2. Dezember 1946, München 1948.

Nawiasky, Hans
Leussner, Claus
Schweiger, Karl
Zacher, Hans Die Verfassung des Freistaates Bayern, Loseblattsammlung, München, Stand April 1999.

Nebendahl, Mathias Grundrecht auf Arbeit im marktwirtschaftlichen System?, ZRP 1991, S. 257-264.

Neukirchen, Johannes Bildungspolitik, in: Herzog, Roman / Kunst, Hermann / Schlaich, Klaus / Schneemelcher, Wilhelm (Hrsg.), Evangelisches Staatslexikon, Band 1 A-M, 3. Auflage, Stuttgart 1987, Spalte 258-268.

Neumann, Heinzgeorg Die Niedersächsische Verfassung: Handkommentar, 3. Auflage, Stuttgart 2000.

Neumann, Heinzgeorg Handkommentar zur vorläufigen Niedersächsischen Verfassung, Lüneburg 1983.

Neumann, Heinzgeorg Die Verfassung der Freien Hansestadt Bremen: Kommentar, Stuttgart 1996.

Neumann, Peter Staatszielbestimmungen in den Verfassungen der neuen Bundesländer, in: Neumann, Peter / Tillmanns, Reiner (Hrsg.), Verfassungsrechtliche Probleme bei der Konstituierung der neuen Bundesländer, Berlin 1997.

Neumann, Peter Staatsziele in der Verfassung des Freistaats Thüringen, in: LKV 1996, S. 392-396.

Nipperdey, Hans Carl Die Grundrechte und Grundpflichten der Reichsverfassung, Kommentar zum zweiten Teil des Reichsverfassung, Dritter Band: Art. 143-165 und „Zur Ideengeschichte der Grundrechte“, Berlin 1930.

Oestreich, Gerhard Geschichte der Menschenrechte und Grundfreiheiten im Umriß, 2. Auflage, Berlin 1978.

Olshausen, Henning von Landesverfassungsbeschwerde und Bundesrecht, Baden-Baden 1980.

Oppermann, Thomas Schule und berufliche Ausbildung, Handbuch des Staatsrechts der Bundesrepublik Deutschland, Band VI, hrsg. von Isensee, Josef und Kirchhof, Paul, Heidelberg 1989, § 135, S. 329-368.

Ossenbühl, Fritz Bildungspolitik – Verfassungsrechtliche Aspekte, in: Görres-Gesellschaft (Hrsg.), Staatslexikon (Recht Wirtschaft Gesellschaft), Erster Band, 7. Auflage, Freiburg 1985, Spalte 800-803.

Palandt Bürgerliches Gesetzbuch, 60. Auflage, München 2001.

Papier, Hans-Jürgen Art. 12 GG – Freiheit des Berufs und Grundrecht der Arbeit, DVBl. 1984, S. 801-814.

Parlamentarischer Rat Stenographischer Bericht, 1948/49.

Patzelt, Werner J. Sachsen, in: Hartmann, Jürgen (Hrsg.), Die deutschen Bundesländer, Bonn 1997, S. 503-545.

Pestalozza, Christian	Die überarbeitete Verfassung von Berlin, in: LKV 1995, S. 344-353.
Pestalozza, Christian	Verfassungsprozessrecht, 3. Auflage, München 1991.
Peters, Hans	Die Verfassung von Nordrhein-Westfalen, DVBl. 1950, S. 449-454.
Pfennig, Gero **Neumann, Manfred J. (Hrsg.)**	Verfassung von Berlin: Kommentar, 3. Auflage, Berlin 2000.
Pieroth, Bodo **Schlink, Bernhard**	Grundrechte, Staatsrecht II, 16. Auflage, Heidelberg 2000.
Pieroth, Bodo	Geschichte der Grundrechte, in: Jura 1984, S. 568-578.
Pietzcker, Jost	Recht auf Arbeit – Verfassungsrechtliche Aspekte, in: Recht auf Arbeit: Vorträge anlässlich des Symposiums zum 70. Geburtstag von Karl Josef Partsch, gehalten am 30. Juni 1984 in der Rhein. Friedrich-Wilhelms-Universität Bonn 1984, S. 15-25.
Pietzcker, Jost	Artikel 12 Grundgesetz – Freiheit des Berufs und Grundrecht der Arbeit, NVwZ 1984, S. 550-556.
Pietzcker, Jost	Zuständigkeitsordnung und Kollisionsrecht im Bundesstaat, in: Handbuch des Staatsrechts der Bundesrepublik Deutschland, Band IV, hrsg. von Isensee, Josef und Kirchhof, Paul, Heidelberg 1990, § 99, S. 693-720.
Plöhn, Jürgen	Saarland, in: Hartmann, Jürgen (Hrsg.), Die deutschen Bundesländer, Bonn 1997, S. 470-502.
Preu, Peter	Freiheitsgefährdung durch die Lehre von den grundrechtlichen Schutzpflichten, JZ 1991, S. 265-271.

Quaritsch, Helmut Der grundrechtliche Status der Ausländer, in: Handbuch des Staatsrechts der Bundesrepublik Deutschland, Band V, hrsg. von Isensee, Josef und Kirchhof, Paul, Heidelberg 1992, § 120, S. 663-737.

Ramm, Thilo Die sozialen Grundrechte im Verfassungsgefüge, in: Böckenförde, Ernst-Wolfgang, Jekewitz, Jürgen, Ramm, Thilo (Hrsg.), Soziale Grundrechte, Heidelberg 1981, S. 17-34.

Reeb, Hans-Joachim Bildungsauftrag der Schule, Frankfurt / Main 1981.

Reich, Andreas Verfassung des Landes Sachsen-Anhalt: Kommentar, Bad Honnef 1994.

Reichert, Hans J. (Hrsg.) Die Entstehung der Verfassung von Berlin, Band I und II, Berlin 1990.

Rengeling, Hans-Werner Gesetzgebungszuständigkeiten, in: Handbuch des Staatsrechts der Bundesrepublik Deutschland, Band IV, hrsg. von Isensee, Josef und Kirchhof, Paul, Heidelberg 1990, § 100, S. 723-855.

Reuter, Dieter Die freie Wahl des Arbeitsplatzes – ein nicht realisierbares Grundrecht?, in: RdA 1973, S. 345-353.

Reuter, Lutz-Rainer Das Recht auf chancengleiche Bildung, Ratingen 1975.

Richter, Ingo Überlegungen zur Kodifikation von Grundrechten auf Bildung, in: Böckenförde, Ernst-Wolfgang / Jekewitz, Jürgen / Ramm, Thilo (Hrsg.), Soziale Grundrechte, Heidelberg 1981, S. 119-128.

Richter, Ingo Die Verwirklichung landesverfassungsrechtlicher Grundrechte – HessStaatsGH NJW 1982, 1381, JuS 1982, S. 900-906.

Riepe, Hilmar Soziale Grundrechte in den Verfassungen der Länder Brandenburg, Mecklenburg-Vorpommern, Sachsen, Sachsen-Anhalt und Thüringen, Hamburg 1996.

Rincke, Thomas Staatszielbestimmungen der Verfassung des Freistaates Sachsen, Frankfurt am Main 1997.

Ritgen, Klaus Grundrechtsschutz in der Europäischen Union, ZRP 2000, S. 371-375.

Roggemann, Herwig Die DDR-Verfassungen: Einführung in das Verfassungsrecht der DDR, 4. Auflage, Berlin 1989.

Rohn, Stephan Verfassungsreform in Schleswig-Holstein, in: NJW 1990, S. 2781-2786.

Rommelfanger, Ulrich Die Verfassung des Freistaats Thüringen des Jahres 1993, in: ThürVBl. 1993, S. 145-150, 173-184.

Roth, Reinhold Bremen, in: Hartmann, Jürgen (Hrsg.), Die deutschen Bundesländer, Bonn 1997, S. 208-234.

Rupp - von Brünneck, Wiltrud Darf das Bundesverfassungsgericht an den Gesetzgeber appellieren?, in: Rittersbach, Theo und Geiger, Willi (Hrsg.): Festschrift für Gebhard Müller, Zum 70. Geburtstag des Präsidenten des Bundesverfassungsgerichts, Tübingen 1970, S. 355-378.

Sachs, Michael Grundgesetz Kommentar, 2. Auflage, München 1999.

Sacksofsky, Ute Landesverfassungen und Grundgesetz – am Beispiel der Verfassungen der neuen Bundesländer, in: NVwZ 1993, S. 235-240.

Schambeck, Herbert Grundrechte und Sozialordnung: Gedanken zur Europäischen Sozialcharta, Berlin 1969.

Scheuner, Ulrich Staatszielbestimmungen, in: Schnur Roman (Hrsg.), Festschrift für Ernst Forsthoff zum 70. Geburtstag, München 1972, S. 325-346.

Scheuner, Ulrich Die Funktion der Grundrechte im Sozialstaat. Die Grundrechte als Richtlinie und Rahmen der Staatstätigkeit, in: DÖV 1971, S. 505-513.

Scheuner, Ulrich Wirtschaftslenkung im Verfassungsrecht des modernen Staates, in: Scheuner, Ulrich (Hrsg.), Die staatliche Einwirkung auf die Wirtschaft, Frankfurt am Main 1971, S. 9-84.

Schink, Alexander Umweltschutz als Staatsziel, DÖV 1997, S. 221-229.

Schlink, Bernhard Überlegungen zur Kodifikation von Grundrechten auf Bildung, in: Böckenförde, Ernst-Wolfgang / Jekewitz, Jürgen / Ramm, Thilo (Hrsg.), Soziale Grundrechte, Heidelberg 1981, S. 129-138.

Schmidt, Walter Soziale Grundrechte im Verfassungsrecht der Bundesrepublik Deutschland, in: Grawert, Rolf (Hrsg.), Beihefte zu „Der Staat", Heft 5, Berlin 1981, S. 9-28.

Schmidt, Walter Verfassungsrecht, in: Meyer, Hans / Stolleis, Michael (Hrsg.), Staats- und Verwaltungsrecht für Hessen, 4. Auflage, Baden-Baden 1996, S. 35-69.

Schmidt-Bleibtreu, Bruno / Klein, Franz Kommentar zum Grundgesetz, 9. Auflage, Neuwied 1999.

Schmidt-Eriksen Art. 12 GG – Freiheit des Berufs und das Recht auf Arbeit, DtZ 1990, S. 108-113.

Schmitt, Carl Verfassungslehre, München 1928.

Schmude, Jürgen Erklärung der Bundesregierung zur Rechtspolitik, abgegeben vom Bundesminister der Justiz, Dr. Jürgen Schmude, vor dem Deutschen Bundestag am 19. Mai 1981, in: Bulletin des Presse- und Informationsamts der Bundesregierung 1981, Nr. 28, S. 233-239.

Schneider, Hans-Peter Artikel 12 GG – Freiheit des Berufs und Grundrecht der Arbeit, VVDStRL, Heft 43, Berlin 1985, S. 7-43.

Schneider, Hans-Peter Verfassungsrecht der Länder – Relikt oder Rezept?, DÖV 1987, S. 749-756.

Schöfberger, Rudolf Das Grundrecht auf Naturgenuß und Erholung, Juristische Dissertation, München 1971.

Scholler, Heinrich Die sozialen Grundrechte in der Paulskirche, in: Der Staat, 13. Band, 1975, S. 51-72.

Scholz, Rupert Das Recht auf Arbeit. Verfassungsrechtliche Grundlagen. Möglichkeiten und Grenzen der Kodifikation, in: Böckenförde, Ernst-Wolfgang / Jekewitz, Jürgen / Ramm, Thilo (Hrsg.), Soziale Grundrechte, Heidelberg 1981, S. 75-81.

Schranil, Rudolf Verfassung des Saarlandes mit Kommentar, Saarbrücken 1952.

Schrodt, Dietrich Die Rechtsprechung des Hessischen Staatsgerichtshofs zu den Grundrechten der Hessischen Verfassung, Juristische Dissertation, Frankfurt am Main 1984.

Schüttemeyer, Suzanne S. Schleswig-Holstein, in: Hartmann, Jürgen (Hrsg.), Die deutschen Bundesländer, Bonn 1997, S. 581-612.

Schwarz, Kyrill-A. Neue Staatsziele in der Niedersächsischen Verfassung, NdsVBl. 1998, S. 225-229.

Seifert, Karl-Heinz Hömig, Dieter Grundgesetz für die Bundesrepublik Deutschland: Taschenkommentar, 6. Auflage, Baden-Baden 1999.

Siegel, Walter Bayerns Staatswerdung und Verfassungsentstehung 1945/46, Bamberg 1978.

Simon, Helmut Franke, Dietrich Sachs, Michael (Hrsg.) Handbuch der Verfassung des Landes Brandenburg, Stuttgart 1994.

Sommermann, Karl-Peter Staatsziele und Staatszielbestimmungen, Tübingen 1997.

Spitta, Theodor Kommentar zur Bremischen Landesverfassung von 1947, Bremen 1960.

Starck, Christian Die Grundrechte des Grundgesetzes, JuS 1981, S. 237-246.

Starck, Christian Die neue Niedersächsische Verfassung, NdsVBl. 1994, S. 2-9.

Starck, Christian Die Verfassungen der neuen deutschen Länder: eine vergleichende Untersuchung, Heidelberg 1994.

Stein, Ekkehard Das Recht des Kindes auf Selbstentfaltung in der Schule, Neuwied 1967.

Steinmeier, Frank / Brühl, Albrecht Wohnungslose im Recht, Tradition und Perspektiven staatlicher Konzepte gegen Wohnungslosigkeit, in: KJ 1989, S. 275-294.

Stern, Klaus Das Staatsrecht der Bundesrepublik Deutschland, Band I Grundbegriffe und Grundlagen des Staatsrechts, Strukturprinzipien der Verfassung, 2. Auflage, München 1984, Band III/1 Allgemeine Lehren der Grundrechte, München 1988.

Sterzel, Dieter Staatsziele und soziale Grundrechte, in: ZRP 1993, S. 13-17.

Stiens, Andrea Chancen und Grenzen der Landesverfassungen im deutschen Bundesstaat der Gegenwart, Berlin 1997.

Stöber, Robert Die saarländische Verfassung vom 15. Dezember 1947 und ihre Entstehung, Köln 1952.

Storr, Stefan Verfassungsgebung in den Ländern, Stuttgart 1995.

Süsterhenn, Adolf / Schäfer, Hans Kommentar der Verfassung für Rheinland-Pfalz, Koblenz 1950.

Thamm, Claudia Probleme der verfassungsrechtlichen Positivierung sozialer Grundrechte – eine historisch-vergleichende Darstellung -, Juristische Dissertation, Bielefeld 1989.

Thiele, Burkhard Pirsch, Jürgen Wedemeyer, Kai Die Verfassung des Landes Mecklenburg-Vorpommern: kommentierte Textausgabe, Berlin 1995.

Thieme, Werner Die Entwicklung des Verfassungsrechts im Saarland von 1945 bis 1958, in: JöR, Band 9 (1960), S. 422-473.

Thieme, Werner Verfassung der Freien und Hansestadt Hamburg Kommentar, Hamburg 1998.

Thomas, Heinz Putzo, Hans Reichold, Klaus Hüßtege, Rainer Zivilprozeßordnung, 22. Auflage, München 1999.

Tomandl, Theodor Der Einbau sozialer Grundrechte in das positive Recht, in: Recht und Staat, Heft 337/338, Tübingen 1967.

Tomuschat, Christian Recht auf Arbeit – Rechtsvergleichende Aspekte, in: Recht auf Arbeit: Vorträge anlässlich des Symposiums zum 70. Geburtstag von Karl Josef Partsch, gehalten am 30. Juni 1984 in der Rhein. Friedrich-Wilhelms-Universität Bonn 1984, S. 45-61.

Traumann, Erich Die Verfassung des Landes Nordrhein-Westfalen, Tübingen 1951.

Uhle, Arnd Das Staatsziel „Umweltschutz“ im System der grundgesetzlichen Ordnung, in: DÖV 1993, S. 947-954.

Unruh, Peter Zur Dogmatik der grundrechtlichen Schutzpflichten, Berlin 1996.

Ven, Frans van der Soziale Grundrechte, Köln 1963.

Vitzthum, Wolfgang Graf Auf der Suche nach einer sozio-ökonomischen Identität? –Staatszielbestimmungen und soziale Grundrechte in Verfassungsentwürfen der neuen Bundesländer-, in: VBlBW 1991, S. 404-414.

Vitzthum, Wolfgang Graf Soziale Grundrechte und Staatszielbestimmungen morgen – Landesverfassungsgebung und Grundgesetzreform, in: ZfA 1991, S. 695-711.

Vogel, Klaus Grundzüge des Finanzrechts des Grundgesetzes, in: Handbuch des Staatsrechts der Bundesrepublik Deutschland, Band IV, hrsg. von Isensee, Josef und Kirchhof, Paul, Heidelberg 1990, § 98, S. 3-86.

Vogelgesang, Klaus Die Verfassungsentwicklung in den neuen Bundesländern, in: DÖV 1991, S. 1045-1053.

Wahl, Rainer Grundrechte und Staatszielbestimmungen im Bundesstaat, in: AöR 1987, S. 26-53.

Wank, Rolf Das Recht auf Arbeit im Verfassungsrecht und im Arbeitsrecht, Königstein/Ts. 1980.

Wassermann, Rudolf Grundrechte in ostdeutscher Sicht, in: NJW 1998, S. 3025-3026.

Weber, Werner Die verfassungsrechtlichen Grenzen sozialstaatlicher Forderungen, in: Der Staat, 4. Band, 1965, S. 409-439.

Weber, Werner Spannungen und Kräfte im westdeutschen Verfassungssystem, 3. Auflage, Berlin 1970.

Wegener, Wilhelm Die neuen deutschen Verfassungen, Essen 1947.

Will, Rosemarie Die neue Berliner Verfassung, in: NJ 1995, S. 626-630.

Willoweit, Dietmar Deutsche Verfassungsgeschichte: vom Frankenreich bis zur Wiedervereinigung Deutschlands, 4. Auflage, München 2001.

Wintrich, Josef Über Eigenart und Methode verfassungsgerichtlicher Rechtsprechung, in: Verfassung und Verwaltung in Theorie und Wirklichkeit, Festschrift für Herrn Geheimrat Professor Dr. Wilhelm Laforet anlässlich seines 75. Geburtstages, München 1952, S. 227-249.

Wipfelder, Hans-Jürgen Sozialstaat und soziale Grundrechte – eine rechtsvergleichende Studie -, in: VBlBW 1986, S. 241-252, S.287-291.

Wipfelder, Hans-Jürgen Die verfassungsrechtliche Kodifizierung sozialer Grundrechte, in: ZRP 1986, S. 140-149.

Wu, Hsin-Hua Soziale Grundrechte in der Verfassung, Juristische Dissertation, Tübingen 1997.

Würtenberger, Thomas
Beck, Andreas Grundzüge der Thüringer Verfassung, in: Schmitt, Karl (Hrsg.): Thüringen, eine politische Landeskunde, Weimar 1996, S. 85-106.

Zacher, Hans Verfassungsentwicklung in Bayern 1946 bis 1964, in: JöR, Band 15 (1966), S. 321-404.

Zezschwitz, Friedrich von Die Entstehung der Hessischen Verfassung als Ausdruck des gesellschaftlichen Umbruchs nach 1945, in: Heidenreich, Bernd und Böhme, Klaus (Hrsg.), Hessen – Verfassung und Politik, Stuttgart 1997, S. 317-343.

Zielke, Oliver Das Recht auf Arbeit in der Verfassung, RdA 1992, S. 185-194.

Zinn, Georg August
Stein, Erwin Verfassung des Landes Hessen: Kommentar, Loseblattsammlung, Stand: 16. Lieferung, Baden-Baden 1999.

Zivier, Ernst R. Verfassung und Verwaltung von Berlin, 3. Auflage, Berlin 1998.

VERFASSUNGS- UND VERWALTUNGSRECHT UNTER DEM GRUNDGESETZ

Band 1 Jürgen W. Hidien: Die positive Konkretisierung der öffentlichen Zweckbindung kommunaler Wirtschaftsunternehmen. Zugleich ein Beitrag zu Inhalt und Grenzen der unternehmenswirtschaftlichen Betätigung der Kommunen. 1985.

Band 2 Eckhard Schmidtke: Verfassungsrechtliche Anforderungen an die kassen(zahn-)ärztliche Vergütung unter Berücksichtigung der Kostendämpfungsgesetzgebung des Bundes. 1986.

Band 3 Hans-Michael Wolffgang: Interkommunales Zusammenwirken durch Einbeziehung kreisangehöriger Gemeinden in den Vollzug von Kreisaufgaben. 1987.

Band 4 Friedrich D. Bacmeister: Die Reform des deutschen Kommunalverfassungsrechts durch die britische Besatzungsmacht. Wiedereinführung einer demokratischen Stadtverfassung in Lüneburg 1945 und die Neufassung der Deutschen Gemeindeordnung 1946. 1988.

Band 5 Birgit Spießhofer: Der Störer im allgemeinen und im Sonderpolizeirecht. 1989.

Band 6 Wolfgang Richter: Gentechnologie als Regelungsgegenstand des technischen Sicherheitsrechts. Rechtliche Steuerung unter Bedingungen der Ungewißheit. 1989.

Band 7 Peter Engel: Das schleswig-holsteinische Amt bei Erledigung der Selbstverwaltungsangelegenheiten der amtsangehörigen Gemeinden. 1990.

Band 8 Josef Christ: Raumordnungsziele und Zulässigkeit privater Vorhaben. Bindungswirkung nach der Raumordnungsklausel des § 35 Abs. 3 Satz 3 BauGB. 1990.

Band 9 Helmut Albert: Das Grundrecht auf Leben als Schranke für aufenthaltsbeendende Maßnahmen. 1990.

Band 10 Stephan Dewald: Die privatrechtliche Stiftung als Instrument zur Wahrnehmung öffentlicher Zwecke. 1990.

Band 11 Dimitris Triantafyllou: Haftungsrechtliche Probleme der Staatsaufsicht in der Wirtschaft. Für die Geldwirtschaft dargestellt unter Einbeziehung rechtsvergleichender Befunde. 1991.

Band 12 Wolfgang Buschmann: Kooperationspflichten im Versammlungsrecht. Unter besonderer Berücksichtigung sogenannter Großdemonstrationen. 1990.

Band 13 Armin Teschner: Die Amtshaftung der Gemeinden nach rechtswidrigen Beschlüssen ihrer Kollegialorgane. 1990.

Band 14 Biner Kurt Wenkholm Bähr: Verfassungsmäßigkeit des Einsatzes der Bundeswehr im Rahmen der Vereinten Nationen. 1994.

Band 15 Just Georg Ilgner: Die Rechtsordnung des deutschen Seelotswesens. Eine überkommen ständische Organisation eines staatlich gebundenen Berufs. 1993.

Band 16 Nicola Krekeler: Die Genehmigung gentechnischer Anlagen und Arbeiten nach dem GenTG unter Berücksichtigung europarechtlicher Vorgaben. 1994.

Band 17 Jan van Dyk: Kommunale Elektrizitätsversorgung in den fünf neuen Bundesländern. 1994.

Band 18 David Hawkes: Der Faktor Mensch im Gentechnikrecht. Eine Untersuchung zu den Grenzen probabilistisch geprägter Rechtsbegriffe im Umweltrecht. 1995.

Band 19 Iwan Chotjewitz: Die Organisationsgewalt nach den Verfassungen der deutschen Bundesländer. 1995.

Printed by
CPI books GmbH, Leck